KB175975

꿈을 향한
도전

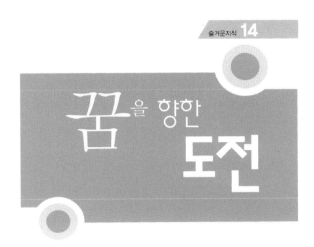

즐거운지식 14

꿈을 향한 도전

송창훈 지음

이담
Books

서 문

    사람들은 꿈이 중요하다는 말을 많이 한다. 누구나 큰 꿈을 가지라고 하고, 꿈에 대해서 강조한다. 그렇다. 인간은 꿈을 가지고 살아가는 존재이다. 꿈이 무엇이며 그 꿈을 어떻게 키워 가느냐가 그 사람의 인생인 것이다. 나는 이 책에서 나의 꿈에 대해서 말하고자 하였다.

    나는 시골에서 초등학교 선생님의 맏아들로 태어났다. 아버지는 나에게 늘 대학교수가 되라고 하셨다. 나의 꿈은 대학교수가 되는 것이었다. 의과대학 시절 나의 꿈은 사지마비 환자를 치료하는 것이었다. 학창시절 독일어 성경책에다 "Ich will allen gelaemten heilen." 이라고 써 둔 낙서를 교수가 된 어느 날 발견하였다. 또 나의 꿈은 메신저가 되는 것이었다. 꿈을 이루기 위해서는 긴 시간과 인내와 노력이 필요하다. 꿈을 잃지 않고 간직하며 불태우는 열정이 필요하다. 의과대학 시절 건강문제로 고생하였다. 군의관 시절에는 특공부대의 훈련이 힘들었다. 특공부대 군의관으로서 고난도의 훈련들을 감당하느라 고생하였다. 전공의 수련기간이 끝나가도록 나의 진로는 모호하기만 하였다. 그러나 기적이 일어났다. 나는 모교에 교수로 임용이 되었고, 어린 시절의 꿈이 현실로 다가오는 것을 느꼈다. 그리고 그 꿈이 이루어졌다. 대학교수가 뭐 별거냐 하고 말하면 할 말은 없지만, 나로서는 어릴 적 꿈이 이루어진 사건이고 나의 인생길에 보이지 않는 하나님의 손길이 인도하신 사건이다. 나의 얘기는 사실 나의 얘기가 아니다. 하나님이 하신 일이고, 하나님께서 나에게 행하신 사건의 기록이다. 나는 이 책을 통해 나의 하나님께 영광을 돌리기를 간절히 희망한다. 의과대학 교수가 되어 강단에 서게 되었다. 그런데 나는 강단에서 심한 좌절을 경험하게 되었다. 강단에서 나는 젊은이들에게 꿈과 비전이 없다는 사실을 깨달았다. 학생들은 재능이 있고 총명하며 우수한 학생들임에 틀림없었다. 그러나 많은 의대생들이 꿈이 없이 생활하고 있었다. 의대생에 국한된 문제가 아니다. 글로벌 환경이 어려워지면서 세계적으로 취업난이 문제가 되고 있다. 이러한 시대에 나는 우리 젊은이들을 생각하면서 깊은 고민에 빠지곤 한다. 그것은 글로벌 경쟁시대에 이 젊은이들로 하여금 어떻게 하면 생존능력과 경쟁력을 갖게 해줄 수 있는가 하는 고민이다. 솔직히 내가 재직하고 있는 대학은 평범한 지방사립대학이다. 많은 대학생들이 졸업 후 취업을 걱정하고 진로를 두고 고민한다. 교수로서 솔직히 나는 이들 젊은 이들에게 책임감을 느낀다. 어떻게 하면 이들을 글로벌 무대에서 리더십을 발휘하는 사람들로 교육할 수 있을까? 나의 가장 큰 고민은 교육이다.

그런데 교육의 문제에서 나는 젊은이들에게 꿈과 비전이 가장 절실하고 중요한 이슈라고 생각한다. 나는 그 사람의 꿈과 비전이 그의 인생을 좌우한다고 믿는다. 나는 그 사람의 꿈과 비전이 그 인생의 성패를 결정짓는다고 믿는다. 그래서 젊은이들에게 꿈과 비전을 심는 일이 우선이다. 꿈과 비전을 갖도록 하는 것이 대학의 사명이다. 나는 대학의 젊은이들이 원대한 꿈을 갖기를 희망한다. 세계적인 비전을 품기를 간절히 원한다. 좁은 한국 땅만 보지 말고 눈을 들어 세계와 우주를 바라보아야 한다. 눈을 들어 오대양 육대주를 바라보고 지구촌을 가슴에 품어야 한다. 세계의 문제를 나의 문제로 품어야 한다. 높은 이상에서 그 사람의 삶의 가치관이 나온다. 높은 이상을 품을 때 현실에 안주하거나 세속의 이해관계에 연연하지 않고 보다 가치 있는 일에 인생을 헌신할 수 있다.

나는 오늘의 시대 문제가 젊은이들의 꿈과 비전의 문제라고 생각한다. 꿈과 비전의 개혁이 일어나야 한다. 꿈과 비전의 폭발이 일어나야 한다. 꿈과 비전을 품는 젊은이들이 미래를 정복하고 지배하며 이끌어 갈 것이다. 꿈과 비전의 젊은이들이 역사를 창조해 나갈 것이다. 세계적인 명문대학은 세계적인 꿈과 비전을 품은 이들이 모인 대학이다. 학생도 교수도 세계적인 꿈과 비전으로 불타는 대학이다. <꿈을 향한 도전>은 그러므로 시대적인 희망이다. 젊은이들이 붙들어야 할 지표요 방향이다. 나는 나의 꿈과 비전의 삶을 오늘 젊은이들을 위해 용기 있게 내놓기를 희망한다. 그래서 우리의 젊은 대학생들이 장차 세계를 지도한 글로벌 리더들로서 역사창조의 일선에 설 수 있기를 희망한다.

이 책은 나의 꿈을 향한 도전을 이야기한 자서전적 글쓰기이다. 전체적인 구성과 흐름을 위해서 나의 군의관 체험기인 <파로호의 젊은 함성>에 나온 내용이 일부 포함되었다. 또 <현대의학이 직면한 패러다임의 변화>에서 수록한 내용 일부도 중복된 점을 미리 밝혀둔다. 이 책이 출간되도록 애써 주신 한국학술정보(주) 여러분께 감사드리며, 나의 인생길에 큰 조력자가 되어주신 아버지께 감사의 마음을 바치고 싶다. 무엇보다도 나의 좋으신 하나님께 모든 감사와 영광을 돌리고자 한다.

2009년 5월에
平康 宋昌勳

차 례

1

느티나무 아래에서

내가 태어난 곳은 전남 여수에 있는 종고산 자락이지만 세 살 때부터 아버지의 고향인 전남 고흥군 동강면 대강리에서 어린 시절을 보냈다. 나의 아버지는 할아버지의 얼굴을 기억할 나이도 못 된 어린 나이에 할아버지가 돌아가시자 할머니께서 청상과부가 되어 아버지를 혼자 키우셨다. 할머니는 고흥 류씨 집안에서 시집오신 분인데, 할머니 친정 쪽 집안 사람들이 머리가 총명하여 판사와 변호사들이 많이 배출된 집안이다. 할머니는 23세의 젊은 나이에 과부가 되셨다. 아버지는 나의 증조할아버지와 할머니 밑에서 홀로 자랐는데, 동네에서는 똑똑하고 총명하기로 칭찬이 자자하였다고 한다. 아버지는 시골에서 초등학교를 마치고 중학교를 전전하였다. 그리고 순천사범학교를 입학하였다. 어려운 가정형편에 할머니는 아버지를 학교에 보내기 위해서 베를 짜 팔아서 생계를 이어가셨다. 할머니 표현으로는 자신이 짠 베를 쌓아 두면 시골 초가집만큼이나 될 것이라고 하셨다. 할머니는 성격이 괄괄하고 화를 잘 내셨으며, 간혹 화가 나면 이를 부드득 갈곤 하셨다. 그러나 어려운 친척들의 근황을 늘 염려하였고 마음 아파하는 모습을 보면서, 나는 할머니가 많은 친척들을 일일이 걱정하고 마음을 쓰시는 분이라는 것을 어려서부터 느끼곤 하였다. 아버지는 사범학교를 졸업하고 여수 동국민학교에 부임한 후 결혼을 하셨다. 어머니의 친정은 아버지의 고향과는 10리 정도 떨어진 이웃 대서면에 있다. 어머니는 어린 시절 비교적 부유한 집안에서 성장하였다. 나의 외할아버지는 마을에서 상당히 재력가로 알려진 분이었는데 인생을 살면서 많은 고난과 아픔을 당하신 분이었다. 어머니는 그 집안의 첫째 딸로 태어났고, 동생들이 여섯이나 있었다.

어머니가 우리 집안에 시집을 온 후 우리 집안은 형편이 나아지기 시작하였다. 우선 어머니는 시집을 오자마자 첫 아들을 안겨 주었다. 그 첫 아들이 바로 필자이다. 첫 아들의 탄생은 온 집안의 경사였다. 특히 할머니에게는 눈에 넣어도 아프지 않을 귀한 손자였다. 할머니는 동네에서 호랑이 할머니로 소문이 난 터였는데, 할머니가 무서워 동네 개구쟁이 아이들이 나에게는 얼씬도 하지 못했다. 나는 어려서 할머니의 사랑과 보호를 많이 받으면서 성장하였다. 초등학교에 다니면서 봄가을 소풍이면 엄마 대신 늘 할머니가 소풍에 따라 다니시는 것이었다. 할머니는 어머니의 친정, 그러니까 사돈댁에도 거침없이 자주 드나드셨다. 내 기억으로는 어머니와 함께 외갓집에 간 기억보다 할머니와 함께 외갓집에 가곤 하던 기억이 더 많은 것 같다. 할머니는 나에게 글을 가르쳐 주셨다. 초등학교에 들어가기 전에 염소가 외나무다리에서 마주쳐서 서로 뿔싸움을 하는 국어책을 읽던 기억이 어렴풋이 다가온다. 당시 우리 집안은 마을에서도 유난히 미신을 섬기던 집이었다. 가족 중에 누군가 아프기라도 하면 어김없이 무당이 와서 굿을 하고 점을 쳤으며, 때로는 밤새도록 굿을 하곤 하였다. 어린 시절 학교에서 집으로 돌아올 때면 저 멀리 우리 마을에서 꽹과리 소리며, 징소리가 나면 그건 어김없이 우리 집에서 무당이 굿을 하는 소리였다. 무당은 때로는 병을 낫게 한다고 칼을 던지는 무속적인 행위를 하기도 하였으며, 집안에서는 나무를 베거나 돼지막을 지으려고 해도 항상 새끼줄을 치고 제사 음식을 차려 놓아야 했다. 어린 시절 무당의 굿거리와 점쟁이, 미신, 당산나무 제사, 이런 일들은 흔하게 보던 일들이었다. 당시 아버지는 고향에 있는 초등학교로 부임하시어 날마다 자전거로 학교에 출퇴근을 하셨다. 아버지는 늘 나를 자전거 앞자리에 태우고 학교를 가셨는데, 등교하는 많은 아이들이 아버지에게 절을 하였고 나는 아버지의 자전거 앞자리에 앉아서 의기양양해지곤 하였다. 고흥 동강국민학교를 다니던 어린 시절은 추억의 보물창고와도 같다. 나는 아버지의 정성어린 교육 덕분에 초등학교 시절을 꿈과 활기가 넘치는 시절로 보냈던 것이다. 학교에 들어가기 전부터 동네에서는 온갖 놀이가 우리를 행복하게 만들었다. 주로 일본식 이름으로 전해 내려온 놀이들인데 '갱가이'가 무슨 뜻인지 모르지만 넓은 공터나 당산나무 아래에 장방형의 금을 긋고 공격과 수비팀으로 이루어진 놀이였다. 공격팀이 수비수를 따돌리고 방어선을 넘고 넘어 골인지점에 점을 찍고는 무사히 빠져 나오면 이기는 놀이다. 수비수를 따돌리는 것은 순전히 순발력과 속도이다. 수비수는 공격수를 막기 위해 공격수와 동시에 움직이는데 두 명의 공격수를 앞뒤로 막아야 하는 경우에는 중간 지점에 서서 양쪽 공격수의 진행을 막는다. 일대일의 상황에서는 수비수를 따돌리기 위해서 순간적인 방향전환을 하기도 한다. 겨울에는 벼를 베고 난 황량한 논에서 주로 야구시합을 하며 놀았다. 지금 생각하면 참으로 후진적인 놀이였는데, 방망이 대신 주먹으로 공을 쳐서 날려 보내는 식이었다. 투수가 던진 공을 멀리 홈런을 치기도 하는데, 일루와 이루, 삼루 표시는 벼를 베고 남은 흙포기를 쌓아서 표시한다. 자치기는 순전히 우리말 놀이였다. 땅에다 홈을 파고 작은 막대 조각을 내리친 후 반동으로 튀어 오른 나무 조각을 멀리 날려 보낸다. 구슬치기도 빼놓을 수 없다. 오각형으로 구멍을 만들고 구멍에 구슬을 넣은 후 구멍에 들어가지 못한 상대편의 구슬을 따 먹는 식이다. 닭싸움과 말좆박기, 기마전도 즐겨 하던 놀이였다. 평평한 바위에다 판을 그려 놓고 장기와 비슷한 놀이를 하던 기억도 있다. 우리의 놀이터는 주로 벼를 베고 벼포기만 남아 있는 겨울 논이나 마을 가운데 있던 느티나무 아래 공터였으나 때로는 우리 집 넓은 마당에서도 야구놀이를 하곤 했다. 여름에는 소를 먹이려고 동네 뒷산으로 올라가는데, 말봉산이라고도 하고 두방산이라고도 하는 산으로 동네 아이들과 소를 몰고 간다. 소를 풀어 놓고 우리는 재미있는 놀이에 들어간다. 소를 먹이는 산 아래에는 저수지가 있고 우리는 저수지에서 수영을 하기도 한다. 이때 배운 수영실력이 나중에 군생활 중에도 매우 유용하게 쓰이기도 하였다. 시골 산야를 달리며 온갖 놀이로 단련한 체력으로 초등학교에 들어가자 나는 단거리 달리기 선수로 뽑혔다. 초등학교 1학년 가을 운동회에서 나는 우리 마을 대표 이어달리기 선수로 선발되었다. 당시 6학년 형들의 달리기는 정말 대단하였다. 우리 마을을 대표하는 6학년 형은 달리기로 유명하였는데, 운동회 때면 그 형은 참으로 우리들의 영웅이었다. 나는 그렇게 두각을 나타내는 달리기 선수는 아니었으나 1학년 또래 중에서는 그래도 잘 달렸는지 청군과 백군으로 나누어 시합을 하던 초등학교 운동회에서 청군 대표 주자로 나갔다. 그런데 나의 상대는 같은 1학년이었지만 나이도 많았고, 키도 6학년 형들만큼이나 커서 우리 둘의 달리기는 그야말로 동등한 게임이 아니었다.

초등학교 시절 아버지는 언제나 그 학교의 5학년이나 6학년 여자반을 담임하셨다. 아버지는 사범학교를 졸업하고 졸업당시의 좋은 성적 덕분에 초임발령은 여수동국민학교로 받으셨다. 그리고 이어서 어머니와 결혼을 하셨다. 나는 여수에서 뱃고동소리를 들으면서 아주 어린 시절을 보냈다. 너무 어린 나이라 이때의 기억은 없다. 그리고 내가 세 살 되던 해에 아버지는 고향인 고흥동강으로 발령을 받아 오셨다. 마을 입구에는 커다란 두 그루의 당산나무가 서 있었는데, 거대한 두 그루의 느티나무였다. 느티나무는 멀리서 보면 두 그루의 나무가 아니라 마치 숲과 같이 보였다. 느티나무는 숲처럼 그늘을 만들고, 그 밑에 아이들의 놀이터며 동네 사람들의 휴식처를 만들어 주었다. 나의 첫 어린 시절에 대한 기억은 이곳 나무아래에서 동네 아이들이 둘러 모았고, 나는 누군가가 내 이름을 부르면서 '악을 써봐' 하면 이를 악물고 부르르 떠는 모습을 하였다. 이것이 아이들에게는 재미있었던지 동네 아이들이 내 주위에 둘러서서 악을 써 보라고 요구하던 장면이 기억의 잔상에 남아 있다. 나는 어린시절을 이곳 느티나무 숲 아래에서 보냈다. 우리 집은 시골 초가집 치고는 꾀 큰 편으로서 방 두개와 큰 마루가 있었으며, 사랑채도 있었다. 집 앞터와 뒤에는 채소밭이 있어서 머슴이 봄이면 쟁기질로 밭을 일구곤 하였다. 우리 집 마당은 동네 아이들이 모여서 손 야구며 배구와 같은 놀이를 할 만큼 넓었다. 집 주위로는 빽빽한 대밭이 삼면을 감싸고 있어서 집은 그야말로 대밭 속에 있었다. 두방산에 올라가서 내려다보면 우리 집이 가장 먼저 눈에 띄는데 넓은 대밭으로 둘러싸인 집은 우리 집 뿐이었다. 대밭은 봄, 여름, 가을, 겨울 사철 신비로운 분위기를 만들었다. 석양 무렵에 서쪽으로 난 작은 방의 창호지에 만드는 대나무 그림자를 보고 나는 형용할 수 없는 신비감에 빠지곤 하였다. 대나무 그림자는 창호지의 뚫린 구멍을 통해서 방바닥에까지 내려앉았는데, 방바닥에 만들어진 석양의 햇살위에 바람에 흔들리는 대나무 잎이 스크린의 화면처럼 신비한 형체를 만들었던 것이다. 바람이 세게 부는 날이면 대나무 숲은 바람에 크게 흔들린다. 바람이 아주 거세게 부는 날 나는 가만히 대나무 숲을 응시하고 있다가 쓰러질 듯이 누웠다가 다시 일어서고 하는 대나무 숲의 요동을 보고는 겁에 질리곤 하였다. 대나무 숲이 쓰러질 듯이 바람에 젖혀지는 것을 보고 공포심을 느꼈던 것이다. 동생 진주가 태어나서 모기장 안에 뉘어 잠을 재웠는데, 나는 바람에 흔들리는 대나무 숲을 보다가 기겁을 하고는 모기장 속에 고개만 처박고 울곤 하였다. 여름철 어린 벼들이 바람에 흔들리는 것을 보고도 나는 무서워하였다. 어린 시절 나는 겁이 많았던 것 같다. 대나무 숲이 이루는 겨울의 풍경은 참으로 신비의 세계였다. 눈의 무게에 겨워서 대나무 가지들이 휘어지고 대나무 숲은 온통 하얀 눈 천지였다. 중학교 1학년 겨울 방학 때 대나무 숲은 어쩐 일인지 많이 죽고 듬성듬성 남은 상태였다.

대나무들이 죽고 사라진 자리에는 무성한 풀숲이 만들어졌다. 눈이 많이 내린 어느 날 나는 대나무 숲은 둘러보았는데, 그 형용하기 어려운 신비로운 광경은 평생 잊을 수가 없을 것이다. 대나무 숲의 설경에 취해서 한참 만에 들어오자 아버지께서 나에게 공부 안 하고 돌아다니느냐고 야단을 치셨다.

　대나무 숲은 여름과 가을철에 산비둘기의 서식처가 된다. 대나무 숲 속에서 잠복하여 기다리고 있으면, 산비둘기들이 해질녘에 깃들일 곳을 찾아서 대나무 숲으로 날아든다. 가끔씩 솔개와 부엉이도 대나무 숲으로 날아오곤 하였다. 아버지는 공기총을 가지고 새사냥을 즐기셨다. 가을과 겨울에는 산비둘기가 주 사냥대상이었고, 여름철에는 뜸부기가 사냥감으로 최고였다. 뜸부기는 모내기를 해 놓은 여름철 논에 많이 날아드는데, 아버지는 논둑을 살금살금 기어서 뜸부기에게 다가가서는 공기총을 발사하신다. 예비군복을 입고 논둑을 기어 사냥을 하는 아버지는 어찌된 영문인지 효자로 소문이 나셨다. 뜸부기를 잡아 할머니에게 드리려고 저렇게 애쓴다는 식으로 소문이 난 것이다. 사실 아버지의 사냥으로 우리는 산비둘기 요리며, 뜸부기 요리를 많이 즐기곤 하였다. 아버지가 사냥하여 탄띠에 달고 오신 산비둘기를 어머니가 요리하여 국을 끓이면 그 맛이 기가 막혔던 것이다. 산비둘기의 앞가슴에 제법 살코기가 붙어 있었다.

2

개미관찰

초등학교 5학년 때 학교에서 과학실험팀을 운영하게 되었다. 전국 과학경시대회를 위한 실험관찰학습이었는데, 초등학교 5학년 남학생팀은 개미관찰을 주제로 하였고, 여학생들은 달맞이꽃을 주제로 하였다. 나는 여섯 명으로 구성된 개미관찰 팀에서 근 일 년 동안이나 방과 후 개미관찰을 하였다. 학교 농장에 텐트를 쳐 두고 우리는 여름 내내 개미관찰에 들어갔다. 학교에서 조금 떨어진 야트막한 산에서도 개미관찰을 하느라 많은 시간을 보냈다. 우리의 주된 관찰 내용은 개미 몸의 구조며, 개미굴의 형태, 그리고 개미의 이동경로와 같은 것들을 관찰하고 관찰한 내용을 기록하는 형식이었다. 여학생들은 밤에 달빛을 보고 꽃을 피우는 달맞이꽃에 대하여 관찰기록을 하였는데, 나는 달맞이꽃이 그저 달을 보고 꽃을 피운다고 하는 내용 외에는 아는 바가 없다. 개미를 관찰하고 관찰한 바를 글로 기록하는 일은 나에게 상당한 유익을 주었으리라 생각된다. 결국 과학연구도 글쓰기의 범주에 들어간다는 사실을 일찍부터 깨우쳐 주는 사건이었던 것이다. 나의 개미관찰 기록은 선생님들에게 흥미와 재밋거리를 제공하였다. 그것은 나의 체험과 느낌을 동시에 기록하였던 까닭이라고 생각하는데 이를테면 한번은 개미가 나의 사타구니로 들어가서 남자의 그곳을 물었던 것이다. 나는 개미에게 그곳을 물린 느낌을 사실적으로 묘사했는데, 선생님들이 모여서 재미있게 얘기하는 것을 들었다. 여선생님도 같이 계셨는데 더욱 재미있어 하는 눈치였다. 나의 글쓰기에 대해서 좀 더 기억을 더듬자면 초등학교 1학년 때 여름방학 숙제로 그림일기를 썼다. 여름방학이 끝나자 방학숙제로 제출한 그림일기가 선생님들의 입에서 회자되었다. 그림일기의 내용 중에 토끼를 교미시킨 내용이 있었던 것이다. 토끼를 교미시키는 장면과 토끼의 성기에 대한 묘사가 여선생님들에게 무척 재미있는 얘깃거리가 되었다. 나에게는 글쓰기로 인한 어린 시절의 잊히지 않는 사건들이 있다. 그것은 초등학교 3학년 때 경희대학교에서 주관하는 백일장 대회에 학교대표로 참가한 일이다. 시골 초등학교인 우리 학교에서 서울에 있는 경희대학교에까지 백일장 대회를 참가한 것은 지금 생각하면 참으로 놀라운 일이었다. 초등학생 다섯 명은 인솔하시던 선생님을 따라 처음으로 서울구경을 하게 되었다. 할머니가 나를 동행하여 따라가셨다. 난생처음 긴긴 기차여행은 나에게 잊히지 않는 추억이었다. 철거덕거리며 달리는 기차의 소음과 연기와 수증기를 내뿜는 화차하며, 기차 안에서 이런저런 일들이 생생하게 추억 속에 간직되었다. 그때 기차 안에서 팔고 있던 감귤을 처음 보았다. 기차 여행 중에 나는 알 수 없는 공황상태를 경험해야 했다. 쉬지 않고 달리는 기차와 끊임없이 반복되는 철거덕거리는 기차

바퀴의 소음과 빠른 속도, 나의 의지와는 관계없이 빠르게 스쳐 가는 차창 밖의 풍경을 바라보다가 알 수 없는 공포심과 공황상태가 엄습해 왔다. 할머니가 놀라셨다. 그리고는 당시 미신을 믿던 풍속대로 점심으로 나온 도시락을 내 위에 빙빙 돌리시더니 무어라고 빌기를 계속하셨다. 그러자 서서히 나는 공황상태에서 안정을 찾기 시작하였다.

이윽고 기차는 여러 시간을 달려와서 서울의 야경이 눈에 들어오기 시작하였다. 밤하늘의 별빛보다도 많고 휘황한 불빛들이 수없이 차창 너머 멀리서 그곳이 서울임을 말해 주듯 빛나고 있었다. 처음 서울을 본 느낌은 밤하늘의 별빛과 같이 빛나는 도시였다. 우리는 약국을 하던 어느 집에 민박을 하였다. 저녁이면 그 집 식구들과 한자리에 앉아서 난생처음 TV를 보았다. 당시 TV에서는 날마다 프로 레슬링을 하고 있었다. 김일 선수를 처음 본 것이 바로 그때였다. 우리가 머물던 민박집 가까이에는 효창운동장도 있었고, 가까이에 공원도 있었다. 서울 나들이에서 우리는 중앙청과 창경원과 박물관을 구경하였으며, 남산공원에도 올라갔다. 중앙청을 둘러보면서 처음 엘리베이터를 탔다. 우리는 서울에서 전차를 타고 다녔다. 백일장이 열렸던 경희대학교는 캠퍼스가 숲 속에 있었으며 우리는 숲 속에 자리 잡은 어느 야회 행사장에서 백일장 대회를 치렀다. 내가 받은 글짓기 제목은 <거울>이었다. 나는 거울을 주제로 동시를 지었다. 그리고 함께 참가한 우리 학교 다섯 명의 학생들 중에 세 명이 입상을 하였지만, 나는 그 세 명 중에 들지를 못했다. 지금 생각하면 그렇게 한자리에 모아 놓고 갑작스럽게 주제를 주면서 동시(童詩)를 지으라고 하는 것이 과연 합리적이고 괜

찮은 방법이었는가는 짚어 보아야 할 문제였다. 요즘에는 대학입시에 논술과목이 있는데, 논술마저도 공식이 있어서 천편일률적인 논술이 많이 나온다고 들었다. 이스라엘에서는 초등학생들의 성적이 매겨지지 않는다고 한다. 유태영 박사가 어느 날 TV에 나와서 유태인의 교육에 대하여 강의하는 것을 들은적이 있는데, 어린아이들의 잠재력과 능력을 개발하는 데 경쟁과 비교는 무익하다는 논리였다. 사람마다 독특한 개성이 있고, 은사와 적성이 다르기때문에 일방적인 잣대로 비교하고 평가한다는 것은 분명 문제가 있어 보인다. 그런 의미에서 경희대학교에서 열렸던 백일장 대회에 입상하지 못한 것은 나에게 잊을 수 없었던 패배였지만 또 한편으로는 중요한 체험이었다. 나중에 6학년 때 나는 다시 고흥 영주중학교에서 열렸던 백일장 대회에 참가하였다. 이때는 입상을 하였고 이때의 경험이 나에게 많은 자신감을 회복하는 데 도움이 되었다. 이런 과정에서 나는 초등학교 시절 비교적 글쓰기에 자신감을 갖기 시작하였다. 초등학교 6학년 어느 날 담임선생님이 글짓기 숙제를 내 주셨다. 반 아이가 나더러 글짓기를 하나 해 달라고 하기에 나는 그의 글짓기 숙제까지 해 주는 열의를 보였다. 그런데 문제는 그다음이었다. 평소에 그만한 글짓기 실력이 아닌 것을 뻔히 알고 계시던 담임선생님이 그의 글짓기 숙제에 문제를 제기하고 나선 것이다. 담임선생님은 수업시간에 그 학생을 지목하고는 꼬치꼬치 묻기 시작하셨다. 참으로 네가 썼느냐? 하시면서 아무리 보아도 이 글은 어른이 써 준 것 같다고 하시는 것이었다. 어른이 써 주었다고 하시는 담임선생님의 말이 어찌나 우스웠던지 나는 크게 웃고 말았다. 결국 그 글을 내가 써 준 것이 밝혀지고 사건은 일단락되었다.

3

소고기와 쇠고기

초등학교 시절 나에게는 최상의 경쟁자요 학습의 파트너가 있었다. 박기성이라고 하는 친구였는데 초등학교 1학년 때부터 줄곧 같은 반을 하다가 6학년 때는 서로 반이 나뉘었다. 초등학교 입학식 날 나보다 작고 똘똘하게 생긴 남자아이가 모자를 썼는데, 모자챙에 파아란 그림이 그려져 있었다. 그런데 그가 나를 노려보더니 입술을 오므려 나에게 위협적인 표정을 보냈다. 기(氣) 싸움을 한 것이다. 그가 우리 반이 되었고, 줄곧 반에서 일등을 하다가 초등학교를 일등으로 졸업하였다. 그는 항상 나보다 공부에서 앞섰다. 내가 앞서는 것은 싸움이었다. 당시 나는 달리기 선수였고, 다리 힘이 강하여 닭싸움의 명수였다. 오랫동안 한 발로 서서 견디는 힘에서 나를 이기는 사람이 없었다. 실제로 나는 기성이를 때린 적도 있었다. 그런데 어느 날인가 초등학교 1학년 때였다. 담임 선생님이 '쇠고기'가 맞는지 '소고기'가 맞는지 학생들에게 질문을 던졌다. 나는 자신 있게 손을 들어 '소고기'가 맞다고 하였다. 그런데 박기성이가 손을 들더니 '쇠고기'가 맞다고 하는 것이었다. 나와 박기성이는 서로가 맞다고 논쟁이 벌어졌다. 나는 사람들이 '쇠고기'라고 하는 것은 사투리를 쓰는 것이고 표준말은 '소고기'가 맞다고 주장하였고, 박기성이는 줄기차게 '쇠고기'가 맞다는 것이었다. '쇠고기'는 '소의 고기'의 준말이다. 즉 '쇠고기'라고 해야 맞다. 박기성이는 누나들이 많은데, 기성이의 누나들은 아버지의 제자들이었다. 기성이 누나들은 공부를 잘하고 머리가 영리하다고 들었다. 기성이 누나들이 동생에게 이렇게 어려운 것도 가르쳐 주었는지 모르지만 초등학교 1학년이 이 정도를 알고 있다는 것이 대단한 것이다. 초등학교 4학년이 되자 나와 기성이, 그리고 훈석이라는 친구는 셋이서 단짝이 되었다. 날마다 방과 후에 학교에 남아서 함께 공부를 하였다. 공부의 주도권은 늘 기성이에게 있었다. 기성이는 노트의 한쪽에다 자를 대고 세로로 줄을 긋고는 전과에 나오는 내용을 정리하였다. 우리는 기성이가 하는 식으로 함께 노트 정리를 하면서 매일 학교에 남아서 공부를 하였다. 공부가 너무 재미있었다. 초등학교 4학년이 되자 아버지가 동아전과를 처음으로 사 주셨는데 이 전과가 꼬투리가 된 것이다. 전과에 나오는 낱말정리며, 요지를 노트에 정리하는 식이었는데 집에 와서도 그렇게 매일 공부하였다. 4학년 때 나는 기성이 덕분에 공부에 몰입하는 시간이 많아졌다. 아버지는 나더러 4학년이 되자 학습자세가 놀랍게 발전하였다고 칭찬을 하셨다. 4학년 때부터 형성된 자율학습의 자세는 그 이후로도 계속되었고, 시간이 갈수록 더욱 집중력 있게 공부하는 습관이 길러졌다. 초등학교 4학년이 되어 처음 아버지가 사 주신 동아전과를 가지고 친구들과 함께 방과 후에 남아서 공부하던 공부습관이 일생을 좌우하는 습관으로 이어진 것이다. 이렇게 방과 후에 남아서 기성이와 함께 공부하던 습관은 5학년이 되어서도 계속되었다. 당시 중학교 시험에 체력측정이 있었다. 턱걸이를 몇 번하느냐가 체력측정에 반영된 것이다. 우리는 집에 가기 전에 늘 철봉대에 와서는 턱걸이 연습을 한 후에 집으로 향했다. 우리의 이러한 모습은 6학년들에도 익히 알려져 있었다. 사실대로 말하면 기성이의 얘기가 선생님들의 입에서 입으로 회자된 것이었다.

4

머슴 살던 이순이

우리 집에는 늘 머슴이 농사의 대부분을 맡아지었다. 할머니가 어려운 가운데 집안을 이끌어 오신 까닭에 우리 집에는 일손이 없었다. 할머니가 거의 유일한 농사일의 일손이었다. 논밭이 변변치 않았던 시절에야 할머니 혼자서도 별로 힘이 들지 않았다. 그러나 아버지께서 국민학교 교사로 발령을 받으시고, 그 덕분에 논밭을 조금 사 모으게 되자 할머니 혼자서는 감당할 수 없게 되었다. 머슴은 늘 농사일이며, 나무하는 일, 소 먹이고 기르는 일, 그리고 집 안 이런저런 일들을 담당하였다. 머슴과 우리는 아침 식사를 함께하였다. 우리는 머슴의 이름을 '아제'라고 불렀다. 그중에서 이순이 아제는 내 어릴 적 대부분을 우리 집에서 농사를 지었던 머슴이다. 이순이 아제는 어머니와 나이가 동갑이었으나 배우지 못하고 가난한 집안에서 태어나서 불운한 일생을 살다 일찍 죽었다고 한다. 이순이는 힘이 장사였다. 그리고 술을 좋아하였다. 일 년 동안 농사를 짓고, 머슴살이 대가로 쌀을 인건비로 받는다. '새갱'이라고 하였는데 새갱을 받는 날 이순이는 술값으로 받은 쌀가마니를 거의 다 지불하고 손에 쥔 것이 별로 없는 그의 허탈한 모습을 여러 번 보았다. 술을 마시고 취해서 집에서 기르던 암소의 뿔을 내리쳐서 암소의 뿔이 부러진 일이 있었다. 소는 밤새도록 고통 속에서 움~매 움~매 울어 댔다. 아침에 마구간을 들여다보니 소의 한쪽 뿔이 부러져 있고, 그곳에서 선혈이 낭자하게 흘렀다. 소가 죽지 않은 것이 천만다행이었다. 우리 집 암소는 그래서 한쪽 뿔이 없는 것이 표가 되었다. 한쪽 뿔이 없었지만, 소먹이기할 때 우리 암소는 소싸움에서 항상 당할 소가 없었다. 소싸움의 결정적인 요인은 소가 갖고 있는 힘의 세기와 민첩성과 기질이다. 단순히 덩치가 크다고 소싸움을 잘하는 것이 아니다. 이순이는 결혼도 하지 않은 채 나중에 죽었다는 소문이 있는데, 아마도 술 때문인 것 같다. 이순이 말고도 한두 명의 머슴이 이순이의 후임으로 일하였는데, 그렇게 고흥동강에서의 어린 시절은 커다란 초가집과 넓은 마당이 있는 집에서 농사짓는 모습을 보면서 보냈다.

우리 마을에서 농사일에 직접 참여하여 일을 돕지 않은 아이들은 없었다. 유일하게 나만 시골에서 자랐으면서 농사일을 하지 않았다. 그리고 동생 명훈이는 소 먹이는 일을 많이 했지만 나는 공부한다는 이유로 집안에서 일체 일을 시키지 않았다. 그래서 농촌에서 살면서도 꼴 베는 일이며, 지겟일들을 하지 못하였다. 내 또래의 아이들은 거의 다 꼴 베는 일과 지겟일을 일상으로 하였다. 학교 다녀온 후에는 지게를 지거나 꼴망태를 메고 산으로 나무하러 가는 것이 일과였다. 내가 중학교 시험을 치르기 위해서 순천으로 버스를 타고 가면서 차창을 내다보니, 같은 반 친구 한 명이

지게를 지고 꼴을 베러 가는 것이 보였다. 중학교 시험이 내일모레인데 친구는 풀 베러 갔던 것이다.

5

만석이 큰 아버지

내가 초등학교 시절이었다. 우리가 살던 시골 마을을 다니던 거지 중의 한 사람이 만석이 큰 아버지였다. 만석이가 누군인지는 모르지만, 아무튼 아이들은 그를 부를 때면 만석이 큰 아버지라고 불렀다. 그는 우선 큰 키에 거구인지라 아이들은 그를 놀리면서도 무서워하였다. 그는 다 떨어진 넝마옷을 주저리주저리 걸쳐 입고는 깡통을 들고 구걸하러 동네를 다녔다. 사람들은 그를 더럽고 못 볼 사람처럼 대하곤 하였다. 아이들은 그를 따라다니면서 돌멩이를 던지고 '만석이 큰 아버지~'하면서 놀리곤 하였다. 그의 거처는 마을 밖 한적한 무덤가이거나 으쓱한 골짜기였다. 의과대학에서 정신과학을 공부하면서 정신분열증 중에서 파과형(Hebephrenic type)을 들을 때 나는 만석이 큰 아버지를 떠올렸다. 만석이 큰 아버지는 겨울이고 여름이고 들과 산에서 잠을 잤다. 추운 겨울에 얼어 죽지 않고 어떻게 살았는지 지금 생각하면 불쌍한 삶이었는데, 사람들은 그를 불쌍히 여기지 않았다. 그를 볼 때 마치 못 볼 것을 본 것처럼 가까이 해서는 안 되는 짐승처럼 그렇게 멀리하고 더럽게 여겼고 천대하였다. 그런데 나는 한번 만석이 큰 아버지를 한적한 골짜기에서 마주한 적이 있었다. 할머니와 함께 외갓집을 가고 있을 때였다. 할머니와 나는 걸어서 약 4km 떨어진 대서에 있는 외갓집을 가고 있었다. 때는 아마도 이른 봄쯤 되었다. 양지바른 산기슭에는 마른 풀들이 아직 봄볕을 기다리고 있었고 여기저기에서 새 움을 내고 있었다. 만석이 큰 아버지를 만난 곳은 인적이 한적한 골짜기였다. 나와 할머니는 신작로를 걷다가 이제 막 산길로 접어들었다. 산길을 가야만 지름길로 들어설 수 있었기 때문이다. 그곳은 사람들의 인적이 없었고, 좁은 외길로서 길 양편에는 무덤과 골짜기가 있는 곳이었다. 나와 할머니는 외갓집에 가면서 소주병에다 무엇인가 한 병 넣어 들고 가고 있었다. 나는 당시 초등학교 1~2학년 쯤 되었다. 골짜기로 접어든 순간 저만치에서 만석이 큰 아버지가 웅크리고 있었다. 그리고는 일어서서 이리저리로 돌아다니는 것이 보였다. 할머니와 나는 순간 긴장을 하였고, 혹시라도 우리에게 해를 끼치지나 않을까 싶어 두려웠다. 나는 들고 있던 소주병을 품에다 꼭 안고는 겁을 먹은 채로 종종걸음을 하였고, 할머니도 내심 두려워하셨다. 그러나 만석이 큰 아버지는 우리에게 아무런 해를 끼치지 않았고 우리는 만석이 큰 아버지를 지나쳐서 무사히 외갓집에 다녀왔다. 사람들은 만석이 큰 아버지를 그렇게 터부시하였고, 멀리하였지만 실은 그는 사람들의 동정을 구걸하며 살아가고 있었다. 당시 우리들은 소위 콩나물 교실에서 수업을 하였다. 반 아이들이 넘쳐나기 때문에 오전반과 오후반을 나누어 수업을 하였던 것이다. 오후반은 점심을 먹고 학교에 가곤 하였는데, 그때도 나는 오후반이라 친구들과 함께 학교를 가고 있었다. 우리 동네에는 문둥이들이 많았다. 문둥이들이 두세 명씩 떼를 지어 동냥을 하면 마을 아이들은 돌을 던지면서 문둥병자 거지들의 뒤를 따라다니곤 하였다. 보리가 피어 날 때면 문둥이들은 보리밭에서 애기를 잡아먹는다는 소문이 나돌곤 하였다. 그런데 하루는 오후반 수업을 받기 위해서 친구들과 학교에 가고 있을 때였다. 학교로 가는 길은 야트막한 산을 끼고 펼쳐진 평야를 지나야 한다. 논에는 보리를 심어서 온 들이 파랗게 보리 이삭으로 출렁이는 4월경이었다. 친구들과 한창 떠들며 이야기하고 가는 우리를 향해서 문둥병자 거지 한 명이 걸어오고 있는 것이 아닌가? 우리는 보리밭에서 애기를 잡아먹는다는 얘기를 생각하면서 겁에 질렸다. 그와 우리 사이가 점점 가까워져 오면서 우리는 서로 약속하기를 절을 하자고 하였다. 그래서 그가 가까이 다가 왔을 때 우리는 소리를 맞춰서 절을 하였다. "안녕하쇼?" "안녕하쇼?" "안녕하십니까?" 다른 애들은 그냥 평상시 하던 인사처럼 "안녕하쇼?"라고 인사를 했고 나는 깍듯한 표준말로 "안녕하십니까?"라고 인사를 하였다. 그러자 문둥병자 거지는 우리에게 응답을 하는 것이었다. "얘들아 우리 같은 사람에게는 인사하는 것이 아니란다." 지금도 그 거지의 음성이 귀에 들리듯 하다.

6

두방산

승호와 나는 동갑내기이다. 승호는 나보다 키도 크고 힘이 세었다. 승호는 형제가 많았다. 승호 아버지 역시 형제가 많았고 승호네는 동네에서 알아주는 부자였다. 내가 승호보다 잘한 것은 공부뿐이었다. 승호와 나는 학교에 입학하기 전부터 친하게 지내던 친구였다. 동네에서 우리는 팽이치기며 갱까이, 제기차기, 자치기 등을 하면서 놀았는데, 항상 싸움은 내가 먼저 걸었다. 어릴 때 나는 성질이 급하고 지는 것을 싫어하였다. 그래서 승호와 놀이를 하다가 화가 난 일이 있을라치면 내가 먼저 승호에게 주먹을 날려서 그렇게 싸움은 시작되곤 하였다. 승호와 싸움이 붙으면 가장 먼저 달려오는 사람이 우리 어머니였다. 느티나무 아래에서 아이들의 노는 소리가 들리다가 갑자기 싸움소리가 나면 어머니는 이내 달려나오시곤 하셨다. 승호와 싸움이 붙으면 힘에서는 내가 당해 내지 못했다. 그래도 승호는 나와는 아주 단짝 친구였다. 승호는 친구인 나를 매우 자랑스럽게 생각하고 있었다. 그런 승호가 어느 날 동네에 있는 다른 형과 싸움이 붙었다. 몸집이 작은 형이었지만 힘과 기술이 뛰어났다. 승호를 넘어뜨리고는 승호를 깔고 앉아서 두 팔로 승호의 팔을 제압하는 것이었다. 승호는 밑에 깔려서 아무런 저항도 하지 못한 채 당하고만 있었다. 그런 승호의 모습이 아직도 눈에 선한 이유를 모르겠다. 승호는 내가 서울구경을 하고 온 얘기이며, 때로는 지어낸 얘기까지도 재미있어 하였다. 내가 지어서 한 얘기라도 좋으니 얘기해 달라고 조르기도 하였다. 승호는 내가 중학교를 순천으로 가자 시골에 남아서 시골에 있는 중학교에 다녔다. 방학에 집에 오면 승호는 나를 영웅 취급해 주었고 나는 승호의 그런 태도에 어깨가 으쓱해지곤 하였다. 승호는 우리와 함께 소꿉장난하던 이웃집 여자아이와 나중에 장성한 후에 결혼을 하였다. 승호와 나는 학교에 오가면서 어느 날인가 마른 우물 속에 한 여자애를 밀어 넣고 도망친 일이 있었다. 여자아이는 마른 우물 안에 갇혀서 두려움과 슬픔으로 울고 있었고 지나가는 동네 어른이 꺼내 주어서 우물에서 나올 수 있었다. 그 여자아이가 장성하여 승호의 아내가 된 것이다.

중학교 1학년 여름방학이었다. 승호와 나는 소를 먹이러 두방산에 올라갔다. 두방산은 우리 마을에서 조금 떨어진 산이다. 산세가 상당히 험하고 노령산맥의 자락을 이어 내린 능선이 형성되어 있는 산이다. 모처럼 우리는 두방산의 정상까지 올라가기로 하였다. 두방산의 정상에는 베틀굴이 있었다. 베틀굴이란 바위 동굴이 베틀처럼 길게 뚫렸다고 해서 베틀굴이라고 한다. 두방산의 가장 정상부위에는 흔들바위가 하나 서 있다. 흔들바위 주위로는 수많은 바위들이 옆으로 길게 누워 있는데, 여기에는 전설이 얽혀 있다. 두방산 너머에는 보성군의 어느 마을이 있다. 그런데 두방산 정상에 일렬로 서 있던 바위들의 그림자가 재앙을 불러왔다고 한다. 달이 밝은 어느 날 아이를 잉태한 산모가 보니 문 그림자에 시커먼 사람들의 모습이 비취는 것이었다. 임산모는 기겁을 하였고, 그 길로 아이를 유산하고 말았다. 두방산 정상에 일렬로 서 있던 바위들의 그림자가 달빛에 비추어서 안방 창호지에 그림자를 드리웠던 것이다. 그런데 이런 일이 연이어 발생하자 마을 사람들은 회의를 하였다. 그리고 동네 장정들을 보내서 두방산 정상에 있는 바위들을 밧줄로 끌어서 넘어뜨렸다. 실제로 두방산 정상에는 넘어진 바위들이 수도 없이 흩어져 있는 것이었다. 어디서 이런 바위들이 생겨났으며, 어떻게 이런 바위들이 이 높은 산 위에 쓰러져 있는 것인지 알 수 없는 일이었다. 신기하고 기이한 일이 아닐 수 없다. 그런데 유독 흔들바위 하나만 그대로 남아서 외롭게 서 있는 이유는 무엇인가? 동네 장정들이 바위를 쓰러뜨리는데, 마지막 바위 하나를 남기고 갑자기 하늘에서 벼락과 뇌성이 심하게 치는 것이었다. 그래서 마을 사람들은 마지막 남은 바위를 미처 쓰러뜨리지 못하고 산을 내려왔다고 한다. 그 바위가 바로 현재 남아 있는 흔들바위이다. 흔들바위는 동강에서 벌교로 향하는 국도를 차를 타고 가면서 바라보면 산 정상에 우뚝 서 있는 모습을 지금도 여전히 볼 수 있다.

여름방학에 두방산 정상에 오른 우리는 산 정상에서 저 아래 마을들을 내려다보았다. 갑자기 구름이 몰려오더니 이내 사방은 구름 속에 갇히고 말았다. 구름 속에서 아무것도 보이지 않았는데, 문득 구름이 지나가듯 하다가 구름 사이로 저 아래 마을이랑 찻길이 보였다. 내가 살던 고향 마을은 바닷가에서 가깝다. 바닷가에까지 가려면 한참이나 걸어가야 하였지만, 산 위에서 내려다보는 고향 마을은 바다에서 그리 멀지 않은 곳이었다.

7

6학년 여자반 아이들

어린 시절 바다는 하얀 추억의 모습으로 내 기억의 한 공간을 차지하고 있다. 아버지는 동강 초등학교와 대서 초등학교에서 교편을 잡으셨다. 내가 초등학교 5학년 때까지 아버지는 동강초등학교에 계시다가 그다음 해부터는 대서 초등학교에서 교편을 잡으셨다. 초등학교 6학년 때 나는 아버지가 근무하시던 대서 초등학교에 여름방학을 이용하여 놀러 간 적이 있다. 그때 아버지는 초등학교 6학년 여자반을 담임하고 계셨다. 초등학교 6학년인 내가 6학년 여자반 아이들이 있는 아버지 교실에 찾아가자 여자아이들이 나더러 함께 놀자며 나를 부르는 것이었다. 초등학교 시절 4학년이 되면서 우리는 남녀반이 나뉘었다. 그리고 유독 나는 여자 아이들에게 낯을 가렸다. 그때 6학년 여자애들이 나더러 함께 놀자며 불러냈지만, 나는 교실에 가만히 앉아서 아버지께서 주신 책을 읽고만 있었다. 그런데 어느 날 드디어 나의 실력을 과시할 기회가 찾아왔다. 나는 아버지와 함께 장선포에 있는 해수욕장에 간 것이다.

그곳에는 아버지가 담임하시던 6학년 여자아이들도 와 있었다. 아버지와 나는 해변에서 약 100m 거리에 있는 작은 나룻배까지 헤엄을 쳐서 가자고 하였다. 아버지는 나보다 수영실력이 좋으셨지만 고무 튜브를 타고 가셨고, 나는 그냥 헤엄을 쳐서 갔다. 해변 백사장에는 6학년 여자아이들 몇 명이서 보고 있었다. 마침내 나룻배에 이르러 배에 오르는 순간 나는 여자 아이들이 보고 있다는 사실로 인해서 의기양양해졌던 것이다. 중학교에 들어간 후에 3학년 졸업을 앞두고 대서 초등학교를 다시 한 번 방문하였다. 그때도 아버지는 6학년 여자 반을 담임하고 계셨다. 나는 아버지가 수업을 마칠 때까지 교실 밖에서 서서 기다리고 있었다. 마침 음악시간이었다. 아버지는 초등학교 6학년 음악책에 나오는 노래를 돌림노래로 지휘하고 계셨다. "날이 샜다 활짝, 일어나라 얼른~참새들 재재거리며 노래하면서 아침을 깨운다" 흥겨운 가락이 4부 돌림노래로 울려 퍼졌다. 음악시간이 이토록 흥겹고 즐거운 시간인 줄 미처 몰랐다. 이 노래는 나의 영혼 속에 깊이 새겨지는 노랫가락이 되어서, 나는 두고두고 이 노래를 콧노래로 흥얼거리는 것이 평생 습관이 되었다. 특히 새벽기도를 마치고 집에 돌아오면 두 아들이 잠을 자고 있다. 이럴 때면 어김없이 나는 아이들 방에 들어가 이 노래를 부른다. "날이 샜다 활짝, 일어나라 얼른~참새들 재재거리며 노래하면서 아침을 깨운다" 그런데 나의 두 아들들은 이 노랫가락이 몹시도 듣기 싫은 모양이었다. 내가 이 노래만 부르기만 하면 귀를 막고 듣기 싫다고 아우성이다.

8

중학교 입학시험

나는 동강국민학교를 졸업하고 순천중학교에 입학하였다. 당시 중학교 입시가 사라지고 무시험 입학이 막 이루어지던 시기라서 서울, 광주와 같은 대도시는 이미 무시험 진학을 하던 시절이었다. 경기, 서울, 경복 중학교가 무시험으로 명문의 막을 이미 내렸다. 지방에서는 광주서중이 역사의 마지막 장을 내린 후였다. 그러나 순천중학교는 내가 시험을 치르던 해를 마지막으로 입시가 치러졌다. 순천중학교는 소위 마지막 남은 명문중학교였다. 시골 초등학교에서는 순천중학교에 몇 명이나 합격했느냐로 서로 경쟁하기도 하였다. 다행히 내가 시험을 치르던 그해에는 동강 초등학교에서는 대거 여섯 명이나 합격하는 개가를 이룰 수 있었다. 중학교 입학시험에서의 합격은 참으로 감격스러운 일이었다. 6학년 한 해 동안 우리는 얼마나 열심히 공부를 하였던가! 어느 날은 새벽에 일어나 공부를 하려고 하니까 잠이 와서 너무 힘들었다. 그때 나는 힘들다고 울었던 적이 있었다. 6학년 때는 그 좋아하던 손 탁구[1]

도, 꿀맛 같았던 만화책도 마음껏 볼 수 없었다. "중학교 입시만 끝나 봐라! 손 탁구를 마음껏 할 테다. 입시만 끝나면 만화책을 천 장까지 쌓아 두고 마음껏 볼 테다." 이렇게 생각했는데, 나는 중학 교 입학시험이 끝난 후에도 만화책을 실컷 보지를 못했다. 할머니 께서 겨우 한두 권 빌려 온 만화책 보는 것도 몹시 성화를 내셨기 때문이다. 할머니는 단지 만화책을 빌리는 데 드는 돈이 문제였다. 여동생 진주에게 할머니 몰래 만화책을 빌려 오도록 하면 겨우 한 두 권 빌려다 유리창 너머로 살며시 넘겨 주곤 하였는데, 할머니 는 어떻게 아시고는 야단을 치곤 하셨다.

아버지는 순천 사범학교를 졸업하셨다. 아버지는 시골의 가난한 살림에 순천에서 학교 다니는 생활이 몹시도 힘들고 어려웠다. 하 숙집에 하숙비 대신 쌀을 조금 가져다주면, 하숙집 식구들이 먹고 하숙생들에게도 밥을 해 주는 형편이었다고 한다. 한창 성장기의 고등학생에게 하숙집에서 주는 밥은 늘 허기를 면하기 어려웠다. 그나마 하숙도 오래 할 수 없어서 순천에서 고흥 동강까지 날마다 등하교를 하면서 학교에 다니셨다. 시골집에서 기차를 타기 위해서 는 20리(8km)를 새벽같이 일어나 벌교까지 걸어 나와야 한다. 벌 교에서 기차를 타고 순천역에 내리면, 순천역에서 순천 사범학교까 지 다시 먼 길을 걸어야 한다. 그리고 다시 학교수업이 끝나면 기 차를 타고 먼 길을 가야 하였다. 비가 하염없이 내리는 어느 날, 학교 우물가에서 비를 피하여 서 있는데, 내리는 빗줄기를 바라보 면서 먼 길을 가야 하는 어린 청년의 마음은 심란하기만 하였다.

---

1) 손탁구란 땅에다 탁구대 넓이정도의 선을 긋고는 손으로 탁구를 치듯이 하는 놀이인데 말랑 말랑한 공을 이용하였다.

하룻밤 잠을 자고 나오기 위해서 그 멀고 먼 등하교 길을 왕복해야 하는 고등학생의 괴로움이 어떠했을까? 아버지는 학교 다니면서 자신이 겪었던 고생을 자식들에게는 물려주고 싶지 않으셨다.

아버지가 여수 동국민학교에서 근무하시다가 고향인 고흥 동강국민학교로 발령을 받아 근무한 지도 10여 년이 되어 가던 어느 날이었다. 출장을 다녀오시다가 기차 안에서 아는 분을 만났다. 그리고 순천에 택지를 사게 되고 집을 짓게 되었다. 내가 초등학교 5학년 때의 일이었다. 시골집은 흙벽돌로 지은 초가집이다. 처음 전기가 들어온 것도 초등학교 6학년 때이다. 그때까지는 램프 불을 켜서 사용하였는데, 초등학교 저학년 시절에는 그나마 등잔불을 켜고 살았다. 등잔불과 기름램프를 사용하다가 전기가 들어와 백열전구를 켜자 온 방 안이 대낮처럼 밝았다. 이런 시골집에서 살다가 순천에 양옥집을 짓는다고 하니 얼마나 가슴이 설레었는지 모른다. 그러나 막상 집을 짓는 아버지의 어깨는 무거웠다. 시골 논밭이라야 시가로 얼마 되지 않는데 집을 짓는 데 들어가는 비용이 만만치 않았기 때문이다. 나는 당시 어려서 아버지의 고충을 알지 못했다. 다만 어느 날인가 아버지가 감기몸살로 머리를 수건으로 감고 누워 계실 때였다. 순천에서 집을 짓는 도목수가 고흥에 있는 우리 집까지 찾아왔다. 건축비용을 주지 않아서 인부들 삯을 줄 수가 없다는 것이었다. 아버지는 도목수를 보내 놓고 감기몸살로 앓아누운 채 근심하고 계셨다. 그런 중에도 순천에는 훌륭한 양옥집이 지어졌다. 새로 지은 집은 순천중고등학교 뒤에 있는 인제동 골짜기 주택단지였다. 40평 대지 위에 지어진 양옥집은 당시 순천에서 막 짓고 있던 현대식 한옥이었다. 기와집이었는데 사면 벽이

벽돌로 쌓였고, 연두색 페인트를 칠하였다. 사면에 유리창과 한옥 창호지 여닫이가 이중 창문으로 되어 있었고, 두 개의 커다란 거실에는 목재로 플로우가 만들어져 있었다. 앞 유리창은 거대한 투명 유리창으로 되었는데, 불을 켜 놓으면 밖에서 보이는 집 안의 분위기는 환상적이었다. 세상에 이렇게 좋은 집도 있나 싶을 정도였다. 지붕 아래 처마에는 둥근 수박등이 여기저기 붙어 있었다. 시골집에서는 나무를 땔감으로 사용하였는데, 순천에 새로 지은 집에서는 연탄아궁이를 사용하였다. 드디어 초등학교 5학년 때 할머니와 동생 진주만 먼저 순천으로 이사를 하였다. 나는 입시준비가 한창이던 초등학교 6학년이라 중학교 시험을 치르고 와야 했고, 나머지 세 명의 동생들은 아직 어리다고 고흥에 남아 있어야 했다. 내가 중학교를 입학한 후에도 시골집을 아직 처분하지 못한데다가 시골 농사일이라는 것이 얼른 손을 떼기가 어려웠기 때문에 부모님과 동생 두 명이 시골에 남아 있었다.

내가 순천중학교를 입학하기도 전부터 아버지는 나의 중학교 생활을 위해서 집을 마련하신 것이다. 만약 순천중학교에 불합격이라도 했다면 나는 가까이에 지어 놓은 집에서 멀리 있는 다른 중학교에 다녀야 했을 것이다. 그러나 나는 순천중학에 당당히 합격을 하였다. 합격과 함께 나는 순천에 올라와서 중학생이 될 준비를 하고 있었다. 순천고등학교에 다니던 먼 친척 형이 찾아왔다. 중학교에 들어가면 영어를 공부하고 수학을 공부해야 하는데, 미리 예습을 하는 것이 좋다고 하였다. 나는 그 형이 살던 하숙집까지 먼 길을 걸어서 처음 순천시내를 걸었다. 시간이 나는 대로 그 형 집에 가서 영어며 수학을 공부할 요량이었던 것이다. 그때까지 영어는 혼자 책을 보고 공부한 알파벳을 읽는 정도였다. 그런데 나는 그 형 집에 단 한 번 가지도 못하고 그날 이후로 몸져 누워야 했다. 웬일인지 열이 올라서 독감이라고 생각하고 순천중학교 앞에 있던 약국에서 할머니가 약을 지어다 주셨는데, 약을 먹어도 도통 효험이 없었다. 의사가 왕진을 다녀갔지만, 열은 떨어지지 않고 몸은 점점 가눌 수가 없었다. 그렇게 며칠을 앓았는지 모른다. 상당히 여러 날을 앓아누웠다. 정신이 혼미해지고 온몸에 힘이 다 빠진 느낌이었다. 누워서 벽을 바라보니 새로 사다 놓은 가방과 순천중학교 교모가 걸려 있었다. 얼마나 써 보고 싶었던 순천중학교 모자였던가! 순천중학교의 중(中)자가 금빛을 반짝이고 있었다. 모자의 상단부에 하얀 테두리가 있는 순천중학교 모자는 어디에서 보아도 특징적으로 두드러진다. 흰 테를 두른 순천중학교 모자를 쓰고 시내를 걸어가면 사람들은 순천중학교 학생이라고 다들 선망의 눈초리로 바라보곤 하였다. 순천여중의 세일러복과 순천중학교의 흰 테 모자는 당시 순천에서는 자긍심의 표징이었다. 그런데 벽에 걸려 있는 순천중학교 모자를 바라보니, 내가 어렵게 중학교 합격을 하고 저 모자를 써 보지도 못하고 죽는 것인가! 하는 생각이 들었다. 그만큼 나는 사경을 헤매고 있었다. 인생을 살아가면서 그때 앓아누웠던 당시만큼 사경을 헤매던 적이 없었던 것 같다. 의사가 왕진을 왔을 때였다. 할머니가 왕진 온 의사에게 관장을 해 달라고 부탁하시는 것이었다. 의사는 할머니의 요구에 시큰둥하였다. 그래도 할머니는 "얘가 똥을 눈 지가 오래 되었어요" 하시면서 관장을 해 달라고 하시는 것이었다. 의사는 관장할 기구를 가지고 오지 않았다고 했다. 그러자 할머니 자신이 병원에 가서 가져오겠다고 자청을 하셨다. 추운 겨울에 할머니는 병원이 있는 남문 로터리까지 가서서 관장할 도구를 가져오셨다. 의사의 심부름으로 할머니가 다녀오신 것이었다. 항문에 액체가 들어가자 얼마 후 뱃속이 이상하더니 대변이 마려워졌다. 나는 할머니의 부축을 받고 겨우 요강에 걸터앉았다. 대변은 찐득찐득하게 굳어서 물로 씻어내도 요강에서 잘 떨어지지 않았다. 그런데 놀라운 일이 일어났다. 대변을 보고 난 후부터 열이 떨어지기 시작하였다. 음식이 당기기 시작하였고, 죽과 미음을 먹자 서서히 원기가 돋기 시작하였다. 3월이 가까워진 어느 날 나는 드디어 자리에서 일어나게 된 것이다. 그러니까 중학교 입학시험을 치르고 합격의 기쁨도 잠시였고, 나는 겨우내 혹독한 병고를 치렀던 것이다. 병상에서 일어난 지 얼마 되지 않아서 나의 몸은 아직 완전한 회복상태가 아니었다. 중학교 입학식을 위해서는 긴 머리를 자르고 까까머리 이발을 해야 했다. 할머니가 광나루 이발소까지 나를 데리고 가셨다. 내가 이발을 마치자 이발소에서 일하던 나보다 한두 살 나이 든 형이 나의 머리를 감긴 후 나를 양지바른 이발소 앞 의자에 앉혔다. 처음 까까머리가 된 나의 머리털이 보송보송 감촉이 좋았던 모양이다. 두 손으로 머리를 감싸고 가볍게 이리저리 손으로 쓸어주는데 따뜻한 봄볕을 받으면서 나는 온몸이 나른해지고 기분이 좋았다.

중학교에 입학하고 보니 나는 1학년 7반이 되었다. 우리 학교는 중고등학교가 같이 있었는데, 등하교를 하면서 중고등학교 형들이 모두다 어디를 보고 경례를 하는 것이었다. 이리저리 둘러보아도 도무지 어디다가 경례를 하는지 알 수 없었으나 아무튼 교문을 들어갈 때와 교문을 나설 때면 경례를 하는 것이었다. 특히 학교에서 집으로 돌아갈 때는 꼭 정문에 와서 모든 학생들이 뒤로 돌아서는 경례를 하고는 교문을 나서는 것이었다. 어디다 경례를 하는지 알 수 없었으나 나 역시 등하교 때마다 경례를 하였다. 그러다 어느 날인가 체육시간에 선생님이 국기를 향해서 경례한다는 사실을 알려 주셨다.

그러고 보니, 저 멀리 국기 게양대에는 태극기가 높이 달려서 펄럭이고 있었던 것이다. 그런데 나는 사람들이 어디에다 경례를 하는지 도무지 알 수 없었으니 말이다.

9

호랑이 미술선생님

중학교에 입학하고서 가장 애로사항을 느꼈던 부분이 영어였다. 그도 그럴 것이, 선행학습이 없이 중학교에 들어가서야 알파벳을 배우는 입장이다 보니 영어가 힘들었다. 1학년 영어시간에 선생님이 읽으시는 영어 발음을 한글로 받아 적고 있으려니 영어선생님이 이런 나를 보시고 영어공부의 요령을 말씀해 주셨다. 처음으로 발음기호라는 것을 익히게 되었고, 사전을 찾아서 발음기호대로 읽는 법을 배웠다. 나는 영어공부의 중요성을 절감하였다. 그래서 여름방학이 되자 시골집에 내려가 방학 내내 영어와 수학에 집중하였다. 영어는 아버지께서 지도해 주셨는데 본문을 읽고 해석한 후에 반복해서 본문을 읽었다. 영어책 읽는 소리가 방학 동안 내내 그치지 않았다. 나는 수학도 혼자 진도를 나가기 시작하였다. 여름방학 내내 나는 시골집에서 하루 종일 공부만 하였다. 방학이 끝나고 다시 순천으로 올라올 때는 영어공부와 수학공부에 상당 부분 진전이 있었다. 그러나 방학 내내 영어와 수학만 공부하다 보니 방학숙제를 하지 못한 것이다. 미술숙제로 그림을 그려다 제출해야 하는데 나는 방학이 끝난 첫 미술시간에 숙제를 내지 못했다. 무섭기로 소문난 미술선생님이 숙제를 해 오지 않은 학생들을 앞으로 불러냈다. 그리고 숙제를 하지 못한 이유를 묻는 것이었다. 나는 사실대로 영어공부와 수학공부를 하다 보니 미술숙제를 하지 못했다고 대답했다. 이것이 미술선생님의 심기를 건드렸다. 미술선생님은 "그래 영어수학 공부하느라 미술숙제를 하지 않았다 이거지?" 하시면서 종아리를 세게 때리셨다. 그리고 아버지를 학교로 모시고 오라고 하셨다. 시골 초등학교에 계시는 아버지가 미술숙제 때문에 오신다는 것이 쉬운 일이 아니었다. 아버지를 모시고 오지 못했다고 하자 이제는 빰을 때리셨다. 미술숙제로 인해서 방학이 끝나고 근 몇 주 동안을 미술선생님에게 매를 맞고 시달렸다. 마침내 아버지가 미술선생님에게 장문의 편지를 써서 보냄으로서 미술숙제 사건은 일단락되었다. 그런데 미술선생님은 다름 아닌 나와 한자리에 앉은 짝꿍 J의 아버지였다. J와 나는 매우 친했다. 미술숙제로 인해서 나는 J의 아버지로부터 매를 맞고 빰을 맞았던 것이다. 그렇지만, J와의 우정은 변하지 않았다. 나는 미술숙제 사건 이후에 미술반으로 들어갔다. 그리고 미술반에서 3학년 때까지 활동을 하였다. 미술선생님은 내가 중학교 3학년 되던 해에 갑작스런 병을 얻어 돌아가셨다. 미술반 학생들이 대표로 장례식에 참석하였다. 우리는 장지까지 동행하였는데 친구 J는 아버지를 여읜 슬픔을 당시에는 실감하지 못하고 있는 듯하였다.

10

너 선교사 하면 좋겠다

여름방학 내내 영어와 수학에 몰입한 덕분에 2학기부터는 영어가 눈에 띄게 향상되었다. 아버지가 사 주셨던 영어정해를 혼자 읽다 보니 수동태를 능동태로 전환하는 방법이 나와 있었다. 그런데 영어선생님이 수업시간에 느닷없이 칠판에 영어문장을 적으시더니 문장을 다른 표현으로 바꾸어 보라고 질문하셨다. 아직 수동태며 능동태를 배우지 않은 때였다. 반 아이들은 아무도 손을 들지 않았다. 내가 보니 영어정해에 나와 있는 비슷한 유형의 문제였다. 그래서 손을 들고 나가서 수동태의 문장을 능동태로 바꾸었다. 이 사건은 일약에 나의 영어실력을 과시하는 중요한 계기가 되었다. 반 아이들뿐만 아니라 선생님에게도 영어실력이 있는 학생으로 인정을 받게 되었다. 특히 영어시간에 교과서의 본문을 읽도록 할 때면 나는 수려하고 빠른 속도로 영어책을 읽었기 때문에 영어실력을 더욱 인정받게 되었다. 방학 동안 내내 영어책을 반복해서 외울 정도로 읽었던 것이 큰 도움이 되었다. 이렇게 중학교 1

학년 영어공부 잘하는 학생으로 자리매김을 해 가고 있을 무렵이었다. 하루는 친구 주용이가 나에게 한마디를 던지는 것이었다. "창훈아 너 영어 잘하니까 선교사 하면 좋겠다." 나는 주용이의 말을 듣는 순간 자존심이 크게 상하였다. 나는 속으로 나를 뭐로 보기에 나더러 선교사 하면 좋겠다고 그런가 하면서 기분이 썩 좋지 않았다. 나에게 있어서 선교사란 과거 시골에서 외국인 선교사가 가방을 들고 시골집들을 방문하여 촛불을 켜 놓고 기도를 드리는 모습이 생각되었다. 그때 우리는 키가 큰 외국 선교사의 뒤를 따라다녔는데, 선교사는 가난한 시골 성도들의 집을 방문하여 기도해 주는 일을 하였던 것이다. 선교사가 하는 일이 그렇게 멋있어 보이지 않았다. 선교사란 저렇게 외국에 와서 가난한 마을들을 돌아다니면서 기도해 주는 사람이라는 이미지가 심겼던 것이다. 주용이는 참 신앙적인 친구였다. 나는 주용이의 전도로 하나님을 알게 되었다. 주용이가 내 옆자리에 앉아서 찬송가를 부르자 나는 알 수 없는 찬송가의 매력에 끌려서 혼자 집에서 찬송가를 부르곤 하였던 것이다.

11

싹터 오르던 감수성의 시절

중학교 2학년이 되자 사춘기가 찾아왔다. 감수성이 폭발적으로 싹터 오르기 시작하였다. 인생에 대하여, 삶에 대하여, 인간에 대하여 인식의 장이 열리기 시작한 것이다. 어제의 나와 오늘의 나가 너무나도 현저하게 달라지고 있다는 것을 느끼고 있었다. 날마다 새로운 사실을 깨달아갔고, 사고의 세계가 하루가 다르게 발전하고 있다는 것을 느끼고 있었다. 이 무렵부터 책을 읽기 시작하였다. 주로 아버지의 책장에 있던 책을 꺼내 읽기 시작하였는데 일본인이 쓴 <꾸짖지 않는 교육>, 함석헌의 <뜻으로 본 한국역사>, 유달령의 <새 역사 창조를 위하여>, <김교신 신앙저작집>, <쇼펜하우어 처세론> 등을 숙독하였다. 그 외에도 <임어당>의 책과 <톨스토이 인생론>, 박종화의 <연의 삼국지>, <논어>와 <맹자>, <불경>, <한국고전문학전집>, 이병도 박사의 <국사대관>과 같은 책들을 읽었다. 감수성이 싹터 오르던 중학생에게 쇼펜하우어는 상당히 부정적인 영향을 끼치기도 하였다. 쇼펜

하우어의 책을 읽고는 염세적인 경향을 흉내 내기도 하였으니 말이다. 쇼펜하우어를 읽고 '철학노트'라고 하는 습작 글쓰기 노트를 마련하여 사색의 내용을 글쓰기 하기도 하였다. 당시 내 생각을 지배하던 생각은 학문에 일생을 바치는 삶이었다. 학문만이 영원에 이르는 구원의 삶이라는 생각을 하였다. 나의 책상 앞에는 '학문하라, 학문하라, 학문하라'는 문구를 적어 두고 일생을 학문에 전념하고자 하였다. 이 무렵 나에게 지대한 영향을 끼친 분은 수학선생님이셨다. 수학선생님은 한 가지 일에 전념하는 삶에 대하여 자주 말씀하셨다. 수학선생님은 강의하실 때면 입가에 거품이 생기고 코를 자주 킁킁거리셨기 때문에 별명이 '킁킁이'셨다. 나는 수학선생님으로부터 재독한인 과학자인 최초 간 이식성공을 하신 이종수 박사님의 얘기를 듣기도 하였다. 나에게 영향을 끼친 선생님 중에 또 한 분이 계시는데 기술을 가르치셨던 선생님이셨다. 기술선생님은 원래 농업을 전공하신 분인데 과목이 기술로 바뀌면서 수업시간에는 주로 교과서를 읽어 가는 식의 수업을 하시던 분이었다. 그런데 기술선생님이 하루는 성경의 만나 이야기를 하시는 것이었다. 성경의 만나에서 아이디어를 얻어서 자기가 식량대용식품을 연구하였던 일화를 소개하셨다. 즉 이스라엘 백성들이 광야에서 만나를 먹었던 사실이 성경에 나오는데 이 만나가 과연 무엇이었겠느냐는 것이다. 기술선생님은 이 만나가 혹시 해조류의 일종이 아닌가 가정하고 해조류를 연구하기 시작하였다. 연구를 위해서 집 한 채를 연구비로 썼다고 하셨다. 나는 기술선생님의 얘기를 들으면서 성경에 대한 호기심이 생겼다. 성경에 무엇인가 인간을 이해하고 인간이라는 신비를 풀어나가는 열쇠가 있을 것이라는 생각을 막연

하게 한 것이다. 이것이 계기가 되어 나중에 나는 성경을 공부하
게 되었는지도 모른다.

12

신앙을 갖다

주용이의 영향으로 찬송가를 배운 나는 집에 와서 찬송가를 소리 높여 부르는 것이 습관처럼 되었다. 집에서 혼자 레코더를 이용하여 찬송가를 배우기도 하였다. 교회에 나가지는 않았지만 혼자 부를 수 있는 찬송가가 100여 곡이나 되었다. 이 무렵 혼자 성경도 읽기 시작하였다. 중학교 3학년 때 시작한 성경읽기는 고등학교 1학년이 되자 4복음서를 다 읽게 되었다. 4복음서를 읽고 나자 성경은 예수의 일대기를 마태, 마가, 누가, 요한이라는 제자들이 비슷하게 반복하여 기록하여 놓은 책이라는 정의를 내릴 수 있었다. 처음 성경을 읽기 시작할 무렵에는 예수를 신격화시켜 놓은 부분이 못마땅하였다. 성경의 여러 교훈들은 참 좋았는데 딱 한 가지 예수님을 주여, 주여 하면서 신격화, 주격화(主格化)하는 부분이 거슬렸다. 사실 그것은 예수님을 주님으로 영접하지 않은 자연인의 삶의 모습으로서 하나님을 거역하고 자신이 주인이 되어 살아가고 있었던 인생의 모습이었다. 그러나 성경을 혼자 읽어 가면서, 찬송을 부르면서 나의 심령 속에는 하나님의 존재가 점점 자리 잡게 되었다. 그러다가 고등학교 2학년 때인가 어느 날 한 사건이 나를 인도하는 계기가 되었다. 막내동생이 앓아누웠는데 고열로 말미암아 동생이 죽을 것 같다는 불안이 엄습하였다. 어둠의 그림자가 드리워진 느낌이었다. 나는 하나님께 난생처음으로 기도를 드렸다. "하나님, 만약 하나님이 정말 계신다면 저의 기도를 들으시고 동생의 병을 낫게 해 주십시오. 그러면 제가 하나님을 잘 믿겠습니다." 이렇게 기도했는데 학교를 마치고 집에 돌아오니 동생의 몸에서 열이 내리고 증상이 호전되었다. 그리고 그 길로 동생은 깨끗이 나음을 입고 건강이 회복되었다. 며칠 후 주일이 다가왔다. 나는 하나님과의 약속을 지켜야 했다. 그러나 마음 한쪽에서는 "동생이 병에서 나은 것은 우연한 것이지 네가 기도해서 나은 것은 아니다." 하는 마귀의 음성이 들려오기 시작하였다. 하지만 마음 한쪽에서는 다시 이런 소리가 들리기 시작하였다. "그래, 우연이라고 하자. 그러나 만약 정말 하나님이 계신다면 너는 벌을 받겠지?" 나는 그 주간에 교회 예배에 출석하였다. 그리고 그때부터 지금까지 나는 하나님을 믿는 성도의 삶을 살고 있는 것이다.

내가 신앙을 갖게 된 배경은 사실은 좀 더 오래전부터의 일이 발단이 되었다. 초등학교 1학년 때 서울에 살고 있던 당숙이 나에게 작은 책자를 선물하였다. '신약전서'라고 하는 책인데 서울고등학교를 다니던 당숙이 자기가 보던 신약전서를 보내왔던 것이다. 당숙네 집은 시골에서 살다가 서울로 간 이후 교회를 다니게 되었다. 큰 댁 할머니께서는 젊어서 과부가 된 이후 세 아들을 키우시면서 혼자 사시는 분이었다. 그 할머니가 서울로 가시면서 그곳에서 신앙을 갖게 된 것이다. 그리고 당숙들도 신앙을 갖게 되었다. 서울에서 힘들게 살면서 하나님을 의지한 덕분에 세 아들들이 다 제 몫을 하고 결혼하여 가정을 이루기까지 하나님의 축복이 있었다. 큰 댁 할머니는 간혹 시골에 오시면 우리 집에서 머물다 가셨는데, 시골집 마루에서 우리 할머니에게 열심히 전도하시던 모습을 많이 보았다. 큰 댁 할머니는 구약성경의 얘기들을 들려주시면서 하나님을 믿도록 할머니에게 강권하시곤 하셨다. 나는 어린 시절 이런 모습을 보면서 자랐다. 그런데 초등학교 1학년 어느 날 큰 댁 당숙이 나에게 신약전서를 선물한 것이다.

나는 당숙이 보내온 신약전서에 별로 관심이 없었다. 그도 그럴 것이 좁쌀만 한 작은 글씨로 쓰인 성경이 무슨 의미인지 알 수 있는 나이가 아니었기 때문이다. 그런데 아버지가 그 책을 보더니 그 책을 가져가시는 것이었다. 아니 당숙이 나에게 보낸 책인데 아버지가 관심을 보이시며 가져가시니 나는 그 책에 호기심을 갖게 된 것이다. 신약전서가 그렇게 중요한 책이었단 말인가? 나에게 아버지는 대단한 분이셨다. 그런데 아버지가 그 책에 관심을 보이시니 그 책은 분명 대단한 책임이 틀림없는 것이다. 사실은 아버지도 그 당시 신약성경에 대해서 아는 바가 별로 없었다. 교회에 다녀 본 것도 아니고 신앙생활을 한 것은 더더욱 아니었다. 아버지는 초등학교 교사로서 책을 통해서 기독교신앙에 관심을 갖게 되셨다. 아버지 책장에는 <뜻으로 본 한국역사>가 있었다. 함석헌 선생이 지은 이 책이 아버지에게 영향을 주었던 것이다. 함석헌 선생은 일본의 우찌무라 간조우(內村監三)의 영향을 받으신 분이다. 김교신, 함석헌 선생 등 몇 분이 내촌의 제자로서 영향을 받으셨다. 아버지는 또 유달령 교수의 <새 역사 창조를 위하여>라는 책에 매료되셨는데 유달령 교수는 덴마크의 교육과 협동조합을 소개하면서 기독교적 배경을 함께 소개하였다. 이러한 영향으로 아버지는 일찍부터 기독교에 관심을 갖고 계셨다.

그러던 것이 내가 초등학교 5학년 때 결정적인 사건이 있었다. 할머니가 중병에 걸려서 위독하게 되신 것이다. 당시 시골 우리 집에서는 누가 병이 들면 무당을 불렀다. 굿을 하고 점을 치고, 무당이 와서 푸닥거리를 해야만 병이 나았다. 그런데 할머니의 병은 예사로운 병이 아니었다. 아버지는 점쟁이를 찾아다니셨다. 무려 13군데나 다녀 보았지만 아무도 할머니의 병을 고쳐 주지 못했다. 결국 아버지는 현대의학의 도움을 받고자 하였다. 당시 초등학교 교장선생님의 동생이 여수에서 외과의원을 개업하고 있었는데, 아버지는 교장 선생님의 소개로 그 병원으로 할머니를 모시고 간 것이다. 그리고 그곳에서 할머니는 위 수술을 받게 되었다. 수술을 받고 할머니의 건강은 회복되셨다. 건강이 회복되자 아버지는 무당과 점쟁이의 한계를 절감하셨다. 그리고 가족들이 모인 자리에서 순천으로 이사를 가기만 하면 온 가족이 교회에 나가자고 선포하셨던 것이다. 순천으로 이사를 한 것은 내가 초등학교 6학년 때였다. 나는 순천중학교 입시를 앞두고 있었기 때문에 시골 초등학교에 남아서 입시공부를 하였는데, 순천에 이사한 후 할머니는 교회로 인도하심을 받은 것이다. 중학교 2학년 때는 어머니와 남은 가족들이 이사를 해 왔는데 이미 그때는 온 가족이 교회를 다니고 있었다. 나는 혼자 찬송을 부르고 성경을 읽고는 있었지만 교회에 나가지는 않고 있었다. 그러다가 막냇동생의 병으로 인하여 하나님께 기도하는 사건이 있었고, 그 일로 나는 교회에 나가게 된 것이다.

13

수학이 손짓하다

제목을 보면 마치 일본의 유명한 수학자를 연상케 하지만 실은 그런 심오한 얘기가 아니라 고등학교 시절 나의 진로를 바꾸게 한 에피소드를 말하고자 하는 것이다. 나의 고등학교 시절이란 빡빡머리의 검정 교복을 입은 시절이었다. 지금 50대 중반 이후의 나이는 중학교 입시부터 시작하여 고등학교, 대학까지 입학시험을 치르던 세대다. 요즘처럼 밤늦은 학원 과외란 것도 시골 작은 도시에서는 흔한 일이 아니었고, 학교에서 그저 열심히 수업을 받고 시험을 치르다 보면 대학에도 가고 혹은 재수를 하기도 하던 때다. 중학생 시절에 고등학교를 다니던 형들이 가장 부러웠던 것은 교련복을 폼나게 입은 모습이었다. 교련 훈련을 받는 고등학생 형들을 보면 교련복이 그토록 입고 싶었던지⋯⋯.

고등학교에 진급하여 마음에 동경이 되었던 교련을 받게 되었다. 그런데 고등학생이 되고 보니 달라진 것이 또 있었다. 고등학교 1학년을 마치고 2학년에 진급하면서 문과와 이과를 결정하는 일이었다. 태어나서 처음으로 인생의 진로와 관련하여 스스로 결정을 내려야 하는 선택의 기로에 섰다. 물론 중학교 입시와 고등학교 입시를 치르면서 내가 다니게 될 학교를 결정하는 일도 선택의 문제이기는 하였으나, 그런 문제는 오히려 나의 의지와는 무관하게 선택의 여지가 없는 문제였다. 나는 시골에서 국민 학교를 마치고, 그 지역의 명문이라고 하는 순천중학교에 입학하였다.

문과냐 이과냐를 놓고 나는 무척이나 고민을 하였다. 그도 그럴 것이 고등학교 1학년 때 학업 적성검사를 하였는데, 나와 단짝 친구인 병섭이는 문과 적성이 뚜렷한 연고로 어디를 선택할 것인지 고민할 필요가 없었던 반면, 나의 적성결과는 문과도 중간쯤 이과도 중간쯤 어느 것이 높다고 하기에는 매우 난처한 노릇이었다. 그런데 사실은 그나마 문과 쪽이 이과 쪽보다 약간 높아 보이는 결과였다. 그렇다. 나는 초등학교 시절에는 세계문학전집을 섭렵한 일로 인하여 선생님들의 칭찬을 받았던 적이 있었고, 비록 입상은 못 했지만 초등학교 3학년 때는 경희대학교 주최로 열린 전국 학생 백일장 대회에 시골 초등학교의 대표로 참석하기도 하였지 않았던가 말이다. 처음 서울 구경을 하고, 중앙청을 견학하고, 창경원에도 가 보고 남산에도 올라가 보았던 기억이 생생하다. 숲 속 울창한 장소에서 백일장 대회가 있었는데 나는 거울을 주제로 동시를 썼던 기억이 난다. 더욱이 나는 국어를 좋아하였다. 중학교에 갓 입학하였을 때 나는 국어책을 유난히 좋아하여 집에 오기만 하면 소리 내어 국어책을 읽었다. 국어책을 큰 소리로 읽는 것이 습관처럼 되었다. 그런데 중학교 입학을 하고 얼마 되지 않은 국어 시간이었다. 까까머리 중학생이 되어 아직 반 아이들의 이름도 얼굴도 다 익히지 않은 서먹서먹한 학기 초 3월이었다. 국어 시간에 선생님께서 반 아이들에게 한 명씩 일어나 국어 책을 읽도록 하시는 것이었다. 드디어 내 차례가 왔고, 나는 평소에 즐겨 읽던 대로 편안하고 빠른 속도로 읽어 내려갔다. 반 아이들이 거의 다 한 번씩 책을 읽었다고 생각되는 순간, 선생님이 나와 또 다른 아이를 일으켜 세우시고 번갈아 가면서 읽도록 하시는 것이었다. 그 아이의 낭독속도는 느렸지만, 아주 또박또박 아나운서와 같은 정확한 발음이었고, 나는 빠르게 읽은 기억이 난다.

이 일은 나에게 큰 용기와 자신감을 불어넣어 준 계기가 되었다. 그 후로 국어 시간은 가장 즐거운 시간이었고, 이후로도 나는 계속 국어 책을 즐겨 읽었다. 고등학교 교과서에 실린 페이터의 산문은 내가 대학을 다니면서도 즐겨 소리 내어 읽었던 국어책의 명문이었다. 유치환, 이육사, 김동명의 시들은 거의 줄줄 외다시피 하였다.

고등학교 1학년 무렵 아마 대부분의 또래 학생들에게 장래 비전과 목표는 늘 가변적인 것이다. 딱히 무엇을 하고 싶다고 하는 것이 있을 수도 있지만 막연할 수도 있는 것이다. 그래서 이것도 해 볼만하고 저것도 해 볼만한 것이 이 무렵의 정신세계인 것이다. 문과냐 이과냐를 결정하는 문제는 그래서 쉬운 문제가 아니었다. 내가 그냥 국어만을 절대적으로 좋아하였다면 망설일 이유가 없었겠으나, 국어가 절대적으로 좋은 과목이라고 말할 수도 없었다.

이때 나에게 본능의 깊은 심연에서부터 들려오는 내적 속삭임의 소리가 있었다. 그것은 고등학교 수학Ⅱ, 즉 수학교과서였다. 당시 이과와 문과를 특징지었던 차이는 이과의 경우 수학Ⅱ, 문과의 경우 고전을 배우는 일이었다. 문과에서는 수학 I 을 배웠는데, 이과에서 배우는 수학 II 는 수학 I 에 비해서 두께가 두 배 이상 두텁고 또 많은 내용을 담고 있었다. 수학 역시 나에게 싫은 과목이 아니었다. 수학을 좋아하여 수학 아니면 살 의욕이 없다는 등의 그런 것은 아니었지만, 당연히 열심히 해야 하고 또 열심히 하다 보니 수학이라는 과목이 싫지는 않았다. 무조건 외워야 하는 국사나 기술과목보다는 훨씬 가치 있고 재미있는 과목임은 틀림없었다. 그래서 중학교 시절부터 나는 수학에서만큼은 늘 상위 그룹을 차지하였다.

그런데 문과냐 이과냐 선택해야 하는 인생 최초의 선택의 기로에 섰을 때 이과에서 공부하는 수학 II 교과서가 나를 부르고 있던 것이다. 나를 부른다는 표현보다는 내가 수학 II 교과서를 놓고 싶지 않았다고 표현하는 것이 더 정확하리라고 생각된다. 나는 이과 수학교과서인 수학 II 를 나의 자아 이미지로부터 빼앗기고 싶지 않았다. 수학 II 교과서를 공부해야만 나의 자아는 충족하고, 자존심이 살 것 같았다. 수학 II 대신에 얇은 수학 I 을 공부하면서 고등학교 시절을 보낸다면 나는 수학 II 에 대한 끝없는 동경과 시기심과 회한으로 두고두고 괴로울 것 같았다. 나의 눈에 수학 II 의 두꺼운 교과서가 떠나지 않았다. 수학 II 교과서 때문에 나는 드디어 이과 행을 선택하였다. 나의 선택은 조금의 후회도 미련도 주저함도 없었다. 오로지 수학 II 를 공부하게 된다는 자긍심과 자부심, 알 수 없는 만족감이 나를 행복하게 하였다. 이렇게 나는 이과를 선택하게 되었다.

왜 그토록 수학 II 가 그 당시 나를 사로잡았을까? 수학이 그토록 좋았을까? 수학 시간을 너무나 즐거워하였을까? 집에서 늘 수학공부만 하였던가? 모두 '아니다'인 것이다. 나는 수학시간이 그렇게 좋은 것만도 아니었다. 수학시간이 오면, 왠지 모르는 딱딱함과 어깨를 짓누르는 부담감, 중압감이 사실 은근히 수학시간을 피하게 만들기도 하였다. 그러나 적극적으로 책을 펴고, 수학문제에 도전하다 보면 '수학은 역시 열심히 공부해야만 하는 중요 과목이야' 하는 결론에 이르게 된다. 이렇게 나는 수학시간을 근근이 버텨가는 정도였다.

그렇다면 두꺼운 수학교과서에는 내가 왜 그렇게 집착하였단 말인가? 어쩌면 남들보다 우월하다고 하는 본능, 남들보다 어렵고 힘든 일을 할 때 그 일로 인하여 알 수 없는 우월감과 행복감을 느끼는 인간의 본능……. 이런 것이라고 생각된다. 다른 친구들은 모두 얇은 수학Ⅰ을 배우고 공부하는데, 나는 두껍고 어려운 수학Ⅱ를 배우고 있다는 사실 앞에서 수학Ⅱ 우월감이 존재하였다. 도서관이나 길거리에서 사람들이 ― 그들이 이웃 순천여고생들이라면 더욱 좋고 ― 기웃거리면서 "쟤는 아주 두꺼운 수학Ⅱ를 공부하고 있어! 이과생인 모양이야" 하는 속삭임이라도 들리듯이 알 수 없는 수학Ⅱ 비교의식, 수학Ⅱ 우월감이 고등학생인 나에게 존재하였다. 수학Ⅱ의 두꺼운 부피가 나의 자존심에 부채질하였다. 결국 나는 단지 수학책이 두껍기 때문에 이과를 선택한 꼴이 된 것이다.

수학책이 두껍다는 이유로 이과를 택한 사실과, 수학을 즐겨하는 것과는 전혀 무관한 문제였다. 혹시라도 누군가가 생각하기를 "그래도 수학을 좋아하기 때문에 두꺼운 수학책을 좋아하지 수학을 좋아하지 않았다면 두꺼운 수학책이 오히려 공포의 대상이 될 수 있지 않았겠는가?"라고 말할 수도 있으리라. 그런데 두꺼운 수학책을 좋아하는 것과 수학을 좋아하는 것은 엄연히 다른 것이다. 지금부터는 내가 수학Ⅱ를 향한 열망이 있었지만 수학 자체에 대해서는 상당히 헷갈리고 있었음을 말하고자 한다.

중학교에 들어가서 처음 수학이라는 과목을 접하면서 수학에 대한 궁금증과 혼동은 시작되었다. 초등학교 시절까지 수학은 그냥 산수였다. 즉 숫자를 곱하고 나누고 변환시키며 계산하는 일이 곧 산수였다. 초등학교 5학년 때의 일이었다. 산수시간에 사단이 벌어졌다. 무슨 일인고 하니 산수책에 나온 문제를 담임선생님이 풀지를 못하신 것이었다. 선생님이 모르시는데 우리 중 아무도 그 문제를 풀 자가 없었던 것은 당연한 일이었다. 그때 담임선생님이 갑자기 옆 반으로 달려가시더니 보아하니 옆 반 선생님에게 문제를 물어보시는 모양이었다. 한참만에 돌아오신 선생님이 칠판에다 예의 그 산수 문제를 풀어 주셨다. 40년이 지난 지금도 그때 그 산수시간의 선생님의 모습이 생생한데, 그때 선생님을 곤란하게 만든 문제가 바로 365. 2422일은 몇 날 몇 시간 몇 분 몇 초이냐 하는 질문으로, 수를 시간으로 변환하는 문제였다. 그래서 산수나 수학을 배우는 목적과 용도가 바로 실생활에 셈하고, 장사하고, 물건값을 매기고 하는 데 사용하는 것으로만 알고 있었다. 그런데 이 수학이라는 것이 중학교를 거치면서 인수분해니 대수니 하는 문제들로 복잡해지더니, 고등학생이 되고 보니 참으로 수학이라는 존재가 더욱 이해할 수 없는 것이 되고 말았다. 사인 코사인 곡선을 왜 그리는 것이며, 그것들이 도대체 어디서 온 것이냐? 로그함수라는 것을 만들었는데 지구상에 물체로서 존재하지도 않는 수식을 이렇게 만든 이유가 무엇인가? 수학시간에 선생님은 이런 문제를 설명해 주시지도 않고, 또 물어볼 수도 없는 문제였다. 그저 열심히 주어진 문제를 풀고, 답이 맞는지 맞으면 기분이 좋고, 틀리면 선생님에게 군밤을 얻어맞는 것이다.

알 수 없는 수학의 미스터리를 뒤로한 채 나는 대학에 입학하였다. 다행히 수학공부를 열심히 한 덕에 대학 본고사 수학문제 16문제 중에 11문제를 확실히 풀어서 합격권에 들게 된 것이다. 의예과 시절에는 미분방정식이라는 과목을 배우고 공부하였으나 이것들을 어디에 사용하고 왜 공부하는지 도무지 그 응용의 길, 근원의 문제가 풀리지 않았다. 이렇게 수학이라는 학문은 내가 의과대학에서 의학을 공부하면서 서서히 조금씩 멀어지기 시작하였고, 또 나의 관심에서 사라지기 시작하였다. 그러면서 차츰 나는 실용수학의 영역인 통계학이 의학연구에 직접간접으로 응용되는 중요한 분야라는 사실도 알게 되었다.

그렇지만 수학 II를 공부하던 시절부터 나의 가슴속에 찾아온 수학이라는 존재의 실상에 대해서는 여전히 미궁 속에서 방황하였다. 수학이란 도대체 무엇인가? 수학의 세계는 실존하는 세계인가 머릿속에서 그리는 이론만의 세계인가? 수학의 일부는 자연세계와 정확히 일치하게 운용되고 있는 듯하다. 즉 숫자개념은 정확한 실용적인 응용이 가능하다. 공장에 쌓여 있는 물건을 계산할 때 수학적 계산으로 산출한다. 그렇다고 할 때 수학은 자연 속의 물체와 정확하게 맞아떨어지는 실존세계가 아니란 말인가? 그런데 또 한편으로 생각하면 반드시 그렇지만도 않은데, 즉 무리수의 개념이라든가, 0의 개념, 그 외 많은 수학적 개념이 자연세계와 일치하는

지 그렇지 않은지는 잘 모르겠는 것이다. 어쩌면 자연세계와는 별개로 수학적 논리체계의 세계가 절대적인 원칙 아래 존재한다고도 생각이 들기도 한다. 그렇다면, 자연세계와는 별개로 존재하는 논리체계라고 할 때 수학의 세계는 자연계와 어떤 관계가 있기에 수학의 발달이 가져온 자연과학과 문명의 발달에 대해서는 어떻게 설명할 것인가?

일단 나는 수학이라는 이론적인 개념의 세계가 인간의 두뇌활동에서 나온 것이기 때문에 자연세계의 실존하는 물질계와는 별개의 세계라고 결론지었다. 그렇다면 수학이 갖고 있는 자연계와의 일치성을 어떻게 설명할 것인가? 이것은 인간의 오감과 인식체계의 발달이 자연현상을 중심으로 발달하였기 때문에, 인간 인식론적인 논리체계인 수학은 필연적으로 인간 인식론의 출발이기도 한 자연계의 현상과 일치하는 것이다. 그렇지만 인간인식 논리의 세계는 점차적으로 상위개념으로 진행하면서 자연현상을 초월한 형이상학적인 영역으로 발전하는데, 인간 인식논리의 산물인 수학의 논리체계 역시 자연계와는 독자적으로 영역을 확대하여 가는 것이라고 생각하였다. 그렇다면 수학이란 결국 인간의 두뇌 논리구조의 표현에 불과하다는 것인가? 과연 그것뿐이라고 한다면 수학의 실용적인 응용이나 수학발전을 위한 연구나 또 더 나아가 수학을 이용하여 우주의 원리를 해석한 아인슈타인과 같은 사람을 어떻게 설명할 것인가? 또, 수학의 전제조건인 공리라든가 정의라든가 하는 약속된 설정에 대해서는 설명할 길이 없지 않는가?

그렇다고 할 때 수학을 사회적 계약과 같은 형태의 인간 논리상의 일정한 전제와 약속을 근거로 하는 사고놀음이 아닌가 하는 생각도 해 본다. 쉽게 말해서 인간 사고의 틀을 공리나 정의라는 전제조건으로 제한을 두고 그러한 약속 가운데 논리를 전개하는 작업이라는 것이다. 수학에 엄연하고 또 중요한 존립의 전제로서 공리와 정의가 필요하지만 수학이라는 논리체계가 인간의 필요로 만들어 내는 계약적인 작업일 수만은 없는 것이다.

　이러한 고민을 하고 있는 나에게 아인슈타인이 하나의 사례로 다가왔다. 즉 아인슈타인은 이론물리학자로서 그가 이소연처럼 우주선을 타고 우주를 돌아보고 온 것도 아니고, 또 우주공간에서 실제 실험을 한 것도 아니고 천체 망원경을 구입하여 자기 이론을 수정 보정하는 작업을 한 것도 아니면서, 그는 상대성원리를 완성함으로써 우주의 신비와 비밀을 밝히는 데 실제적으로 기여하였다. 아인슈타인은 이론물리학이라는 수학적 논리체계를 발전시키고 연구함으로써 우주의 신비와 원리를 밝힌 것이다. 어떻게 이런 일이 가능하단 말인가! 아인슈타인의 도구인 이론물리학, 즉 수학은 우주와는 별개로 존재하는 논리와 원리의 세계이다. 아인슈타인은 우주와는 어쩌면 담을 쌓고 수학 연구에만 몰두하였지만, 수학의 논리 속에서 결론지은 원리로서 우주의 원리를 밝힌 것이다. 즉 수학적 해석의 결과를 자연계인 우주에다 적용시키는 작업이 가능하였다는 결론이다. 아인슈타인의 작업을 내 수준에서 해석한다면 아마도 아인슈타인은 우주의 재 자연현상 요인을 수학적 모델로 번역하고, 수학적 모델로 번역된 자연현상과 우주를 그의 이론물리학 논리체계 속에서 원도 없이 종횡무진 난도질하여 결국 어떤 수학적 결론에 이르렀는데, 결론에 이른 수학적 산물을 우주와 자연계의 언어로 재번역하자 그의 연구는 상대성원리라는 빛나는 우주연구 결과로 탄생하게 된 것이다.

그렇다고 할 때 동일한 원리를 다른 분야의 자연현상에도 적용할 수 있으리라는 생각이 든다. 즉 인체의 복잡 미묘한 생명현상을 수학적 언어로 모델링하기만 한다면, 수학자들은 자기들의 전공이자 도구인 수학의 논리, 수학의 개념으로, 수학적으로 모델링된 인체현상을 풀어나갈 수 있다. 이렇게 하여 결론에 이른 수학적 결과물을 다시 인체 현상언어로 재 변환시키면 인체현상을 설명하는 새로운 이론이 등장하게 되는 것이다.

여기서 수학적 모델링과 수학적 해석이라는 부분을 잠시 짚고 넘어가야 하는데, 사실은 이 부분에 무한한 잠재력과 가능성이 있을 뿐 아니라, 동시에 모순과 억지가 들어올 수 있는 가능성이 있는 것이다. 어떤 수학적 개념과 패러다임으로 인체현상을 모델링하느냐에 따라서 수학적 해석의 결과가 크게 달라질 수 있다. 동시에, 어떤 수학개념을 가져다가 해석하느냐에 따라서도 그 결과치는 전혀 달라지는 것이다. 즉 인체현상에 대한 수학적 모델링과 수학적 해석이라는 기본 개념은 그 속에 수많은 모델링 패러다임과 해석학적 패턴을 함유하고 있는 것이다. 이를테면 확률개념으로 접근하고 해석할 수 있지만 동시에 함수개념으로 접근할 수도 있는 것이다.

이렇게 나는 수학이란 무엇인가 하는 근원적인 문제로 고민하고 있었으며 이 원론적인 문제의 답을 얻지 못했다. 수학이란 도대체 무엇인가? 그 자체가 진리성을 가지고 있는 독립된 논리와 개념의 세계인가? 아니면 인간 인식발달 체계의 산물인가? 아니면 자연현상을 모방한 미숙한 모방체의 이론인가? 고등학교 1학년 때 나는 수학Ⅱ의 교과서가 두껍다는 이유 때문에 이과를 선택하였고, 의과대학에 오게 되었다. 두꺼운 수학Ⅱ 교과서가 나의 내면 깊은 곳으로부터 나를 강하게 끌어당기지 않았다면 나는 국어책을 읽기 좋아하던 나의 취향을 따라 문과를 선택했을 것이고 그리고 대학에서 인문학을 연구했을 것이고, 어쩌면 여전히 대학에서 인문학을 연구하고 강의하는 교수가 되었을지도 모른다. 인생은 매우 사소한 동기로 그 진로와 향방이 결정되는가 보다.

14

대학입학

대학 1학년 입학하자마자 강의실로 기독학생회 선배가 찾아왔다. 나, 그리고 홍○○이라고 하는 제주에서 올라온 친구 이름을 불러 내는 것이었다. 신상카드에 기독교라고 적은 사람들이었다. 기독학 생회 선배는 입학을 축하하면서 목요일에 있을 기독학생회 예배에 우리를 초청하였다. 기독학생회는 조선의대와 조선간호대 학생들로 구성된 기독교 동아리였다. 매주 목요일 생리학 실험실에서 방과 후 예배를 함께 드렸다. 생리학 교수님이 지도교수로 오랫동안 함 께하셨기 때문에 생리학실험실이 예배 장소가 된 것이다.

목요일의 기독학생회 예배를 기다렸다. 처음 고향을 떠나서 광 주에서 대학생활을 시작한 나에게는 친구도 아는 사람도 없어서 고독하였다. 목요일의 기독학생회 예배에는 약 20~30명의 남녀학 생들이 모여서 예배를 드렸다. 작은 오르간이 하나 놓였고, 생리학 실험실의 넓은 강의실을 은은하게 울려 퍼지는 찬송소리는 나에게 경건함과 은혜로 다가왔다.

대학시험을 앞두고 나는 하나님께 기도하였다. "대학시험에 합격게 해 주시면 대학에 가서 열심히 공부하겠습니다. 하나님을 열심히 믿겠습니다. 동아리 활동은 하지 않겠습니다. 진실한 친구를 한 사람 사귀겠습니다." 입학시험을 치르기 위해서 광주로 올라가는 날 새벽까지 5일 동안 새벽기도를 하였다. 새벽기도에 가시는 아버지의 자전거 뒤에 타고 교회까지 가서 하나님께 간절히 기도를 드렸다. 당시 우리 집에서는 친구 병섭이가 함께 공부하고 있었다. 병섭이도 좋은 성적을 거두어 원하던 국립대 사범대학에 합격하였다.

나는 목요일의 생리학 실험실에서 드리는 기독학생회 예배가 좋았다. 1학년 학기 초 나는 일주일 내내 목요일 기독학생회 예배를 기다렸다. 친구 종협이도 함께 참석하곤 하였다. 기독학생회에서 봄 소풍을 갔다. 중간고사가 끝나고 어느 날인가 CCC 간사님이 기독학생회 예배에 설교자로 초청받아 오셨다. 그날부터 나는 CCC를 통해서 성경을 공부하기 시작하였다. 매일 의대 건물 옥상에서 아침 성경공부 모임을 가졌다. CCC 간사님의 초청으로 계림동에 있는 CCC 회관에 가게 되었다. 그곳에는 약 100여 명의 대학생들이 모여서 찬양을 하고 간증과 설교를 들으면서 은혜를 나누고 있었다. 대학 신입생인 나에게는 새로운 세계가 열려 가고 있었다. 고등학교를 졸업하기까지 나는 오직 학교와 집을 개미 쳇바퀴 돌듯이 반복된 생활, 무미건조한 생활만을 해 왔다. 학교생활이 전부였다. 집에서도 교복을 입고 지낼 정도였다. 학교에 다녀온 후에는 아예 집 밖을 나서지 않았기 때문에 동네에서는 나의 존재가 거의 알려지지 않았다. 어머니는 하숙생을 들여서 우리 집에는 항상 학생들로 북적였다. 나의 고등학교 시절 잊지 못할 추억이 있는데 그것은 고등학교 2학년 때 갔던 수학여행의 추억과 주용이네 집을 찾아간 일이었다. 주용이는 중학교 때부터 나의 친구였다. 주용이가 중학교 1학년 때 영어공부를 열심히 하는 나에게 나중에 선교사가 되면 좋겠다고 하자 나는 몹시 자존심이 상했다. 당시 선교사란 어릴 적 시골집들을 찾아다니던 키 큰 외국 선교사가 생각났기 때문이다. 우리는 큰 키의 외국 선교사를 따라 다녔다. 그 선교사는 시골 마을을 돌면서 성도의 집에 들러 촛불을 켜고 기도를 드려 주었다. 오늘날로 말하면 대심방 기간이었는지 모른다. 주용이는 중학교 3학년 때는 내 짝꿍이 되었다. 그는 내 옆자리에 앉아서 찬송가를 부르곤 하였는데, 그때 나는 주용이에게 찬송가를 몇 곡 배워서 부르게 되었다. 내가 신앙을 갖게 된 배경에는 주용이의 힘이 컸던 것이다. 나는 고등학교 2학년 가을 어느 날 자전거를 타고 주용이가 살고 있는 마을까지 찾아갔다. 자전거로 거의 두 시간 이상 가야하는 길이었다. 내가 찾아간 날은 공휴일이었는데, 주용이네 집을 물어서 찾아가니 주용이는 아버지와 함께 논에 농약을 하러 나가고 없었다. 주용이 방에서 혼자 주용이를 기다리고 있었는데 한참 후에야 주용이가 들어왔다. 또 한번은 버스를 타고 주용이네 집을 찾은 적이 있었다. 추석이 가까운 어느 날이었다. 그날 밤 우리는 주용이네 마을의 교회 저녁예배에 참석하였다. 주용이 누나는 우리보다 두 살 위였는데, 나더러 목소리가 좋으니 후에 목사가 되면 좋겠다고 하였다. 교회에서 부른 찬송가를 지금도 기억한다. 그 곡은 "멀리 멀리 갔더니"라는 찬송가 곡이었다. 교회예배를 마치고 우리는 순천만이 펼쳐진 넓은 평야로 나아갔다. 추석이 가까운 때라 둥근 달이 휘영청 비추고 있었고, 달빛

아래 누런 황금평야가 끝없이 이어졌다. 마을 아이들도 달빛을 받으며 누렇게 익어 가는 벼 논둑 사이에서 시끌시끌하게 모여 노닐고 있었다. 주용이는 같은 마을의 여학생들을 나에게 소개해 주었다. 장차 유명한 문인이 되면 주용이네 마을의 정취를 글로 써 줄 사람이라고 소개하는 것이었다. 그날 밤의 순천만에 펼쳐진 그 누런 평야와 달빛을 받으며 고개 숙이고 있던 벼들이며 환희에 찬 만추의 가을밤이며 이 모든 것들은 결코 잊을 수 없는 아름다운 추억이 되고 있다. 주용이와 나는 그 날 밤늦게 집으로 돌아와 잠을 잤다. 아침에 일찍 일어나 버스를 타려고 마을 앞 정자나무 밑으로 나왔다. 아직 이른 아침이었다. 버스에 올라서 버스가 출발하기를 기다리고 있었다. 그런데 어제 저녁 주용이가 소개해 준 여학생이 나와서 바라보고 있지 않는가! 나는 그저 모른 척 가만히 앉아 있다가 버스가 출발할 때야 손을 한번 흔들어 주고 멀어져 갔다.

CCC에서의 새로운 체험들은 나에게 그야말로 새로운 세계가 열리는 기분이었다. 매주 CCC 모임에 열심히 참석하여 찬양을 부르고, 간증을 듣고, 성경말씀을 공부하고 들었다. 당시 나에게는 기독학생회에 대한 상한 목자의 심정이 있었다. 기독학생회는 이미 신앙을 가지고 있던 사람들이 모인 곳이었다. CCC만큼 역동성과 감격이 없었다. 그저 어려서부터 교회생활을 해 온 사람들이라 신앙적인 감격과 열심도 적었다. 나는 기독학생회에 문제의식을 갖고 있었다. 스스로는 CCC에서 열심히 배워서 기독학생회도 이런 열심과 감격이 일어났으면 하는 마음이었다. CCC에서 나는 서서히 대학 캠퍼스에 대한 전도의 사명을 느껴 가고 있었다. 거의 모든

CCC의 모임에 참석하였다. CCC의 순장들과도 교제를 나누고 함께 많은 시간들을 가졌다. 그곳은 항상 사랑이 넘치는 곳이었고 형제의 사랑과 그리스도의 은혜로 충만하였다. 여름방학이 되었다. 여름수양회가 정동 CCC 센터에서 열렸다. 나는 CCC 여름수양회 5박 6일간의 프로그램을 참석하면서 많은 은혜를 체험하였다. 우선 생전 처음 전국에서 2,300여 명이 운집한 대 집회를 경험하게 된 것이다. 전국에서 남녀 대학생들이 2,300명이 모여서 아침저녁 하나님의 말씀을 공부하고 찬양을 부르며 설교를 듣는 일은 놀라움 자체였다. 모두들 너무나 친절하고 사랑이 많았다. 식당에서 줄을 서서 성경 구절을 암송해야만 식권을 받는 것도 재미있었다. 오후에는 좋은 앰프시설로 찬송가와 명곡을 들려주는 시간도 있었다. 아침저녁으로 분반별로 성경공부를 하였다. 전국에서 올라온 낯선 형제들과 어울려 잠을 자고 성경을 공부하였다. 드디어 수양회 마지막 날이었다. 강단에서는 김준곤 목사님이 설교를 하고 계셨다. 김준곤 목사님의 설교는 참으로 감미로우면서도 은혜가 있었다. 설교를 듣고 있는데 어디선가 비명소리가 들렸다. 한 학생의 비명소리와 함께 발작을 하는 그 형제를 주위에서 부축하여 밖으로 나가는 모습이 보였다. 그 학생은 계속해서 "칸트, 칸트"를 외치면서 비명을 지르고 있었다. 그는 서울대 철학과를 다니는 학생이라고 하였다. 칸트를 공부하면서 칸트철학으로 그의 가치관이 형성되었는데 예수 그리스도의 복음이 임하자 그의 내면에서는 칸트와 예수 그리스도 사이에서 갈등과 싸움이 일어난 것이다. 칸트를 붙잡는 자아와 예수 그리스도를 알아 가는 자아 사이에 충돌이 일어났다.

놀라운 변화의 역사가 나에게도 일어났다. 김준곤 목사님이 기도하시는 동안에 알 수 없는 회환과 통회가 파도와 같이 나의 심령에 밀려 왔다. 예수님의 십자가 환상이 보였다. 가시 면류관을 쓰셨는데, 이마에서는 땀과 피가 범벅이 되어 흐르고 있었다. 가시 면류관 쓰신 예수님의 얼굴이 선명하고도 커다랗게 보였다. 그리고 그 밑에는 아주 조그맣게 나의 모습이 보였는데, 나는 십자가에서 고통하고 계시는 예수님을 보고 있는 것이 아니라 엎드려서 무엇인가를 하고 있었다. 나는 하나님의 아들 예수님이 나를 위해서 저토록 고통과 아픔을 당하시고 죽으셨는데, 나 자신만을 위해서 나에게만 집중하고 살아온 자신의 무지를 생각할 때 마음이 아팠다. 통회의 눈물이 흘렀다. 애통하는 통곡이 나왔다. 나는 부르짖어 예수님께 회개의 기도를 올렸다. 자복하는 눈물을 드렸다. 그것은 나의 삶에서 놀라운 체험의 순간이었다.

CCC 여름수양회를 마치고 집으로 내려왔는데 모든 것이 변한 것 같았다. 아니 내가 전혀 다른 사람이 된 착각이었다. 너무나 달라진 나의 모습이 신기하고 놀라워서 가족들에게 빨리 보여 주고 싶었다. 사실 외형의 모습으로는 변한 것이 무엇이 있었겠는가? 그런데 속사람이 변하자 나는 전혀 새로운 다른 사람이 된 기분이었다. 감격하여 수양회 때 있었던 일들을 얘기하였다. 이어서 기독학생회 의료봉사 활동에 참가하였다. 9박10일간 담양의 어느 오지로 봉사활동을 갔는데, 나는 전도부에서 활동하였다. 아침부터 저녁까지 나의 하는 일이란 진료를 받기 위해서 대기하고 있던 시골 할머니 할아버지, 그리고 젊은 사람들에게 전도하는 일이었다. 하루 종일 전도를 하다 보니 나중에는 혀가 잘 돌아가지 않아서 '할아버지'와 '하나님 아버지'가 자꾸 헷갈리게 발음이 되는 것이다.

의료봉사 활동을 다녀온 후에는 열흘 동안의 병영훈련에 들어갔다. 광주 근교에 있던 31사단에 들어가서 열흘 동안 병영훈련을 하는 과정이 있었다. 대학생들은 당시 병영훈련 제도가 있었다. 의과대학 의예과 1학년 중에는 다섯 명의 여학생만 제외하고는 약 75명 이상의 학생들이 동시에 병영훈련을 하면서 한 내무반에서 먹고 자고 하였다. 대학생이 되어 한 반의 학생들이 입영하여 함께 생활하는 것은 지금 생각하니 참 좋은 추억이 된 것 같다. 군번도 학교에서 쓰던 번호 순서로 일련번호를 받았다. 군복을 지급받고 보니 바지가 너무 길어서 내 키에 맞는 바지로 바꿔 입었다. 군화는 지급되지 않아서 운동화를 신었다. 우리는 기초군사 훈련의 모든 과정을 조금씩 훈련하였다. 밤에는 근무를 서기도 하였는데 내 친구 용은이는 잠이 들면 일어나지 않는 것이었다. 용은이 앞번호가 병우였는데 병우는 자기 근무를 마치고 용은이가 일어나 주어야 근무를 교대할 것인데 용은이는 도통 깨워도 일어나지 않았다. 사격을 하는 날이었다. 사격조와 평가조가 나뉘어서 사격이 끝난 대로 우리는 참호에 들어갔다. 참호는 사격 표지판이 있는 표지판 아래로 약 2m이상의 깊은 호를 파서 명중률을 계산하였다. 표지판을 시계바늘처럼 돌리면 탄환에 구멍이 뚫린 표지판이 참호 쪽으로 내려오고, 새로운 표지판이 올라간다. 우리는 표지판에 몇 개의 탄환구멍이 났는지를 세어서 종이에 기록하면 된다. 사격을 해 대면 탄환이 표지판을 관통하고, 표지판 뒤쪽의 흙속을 파고들기도 하고 돌멩이에 부딪혀서 돌멩이가 깨지면서 참호 속으로 날아들기도 하였다. 만약 전쟁이 나면 이런 총탄이 날아드는 속에서 싸워야 한다는 것을 생각하니 참으로 전쟁이란 일어나서는 안 되는 끔찍한 일이었다. 그런데 우리가 병영훈련을 하는 그 시기에 하필 판문점 도끼 만행사건이 발발하였다. 국가에서는 전군 비상령을 발동하였다. 우리와 함께 병영훈련에 들어온 ROTC 간부후보생들은 전쟁에 투입되기 위해서 손톱과 발톱을 깎았다고 한다. 특전사 요원들에게는 실탄이 지급되고 여차하면 공수 투입 될 상황이었다. 31사단에서는 6·25 이후 처음으로 포를 손질하고 전투준비에 들어갔다. 대령 한 분이 병영훈련에 들어온 우리들을 전원 집합시킨 후에 만약 전쟁이 발발하면 우리들은 바로 입대 조치된다고 하였다. 난생처음으로 전쟁에 대한 공포와 두려움으로 떨었다.

다행히 전쟁은 일어나지 않았다. 병영훈련을 무사히 끝내고 집으로 돌아왔다. 광주에 있는 하숙집에 들렀더니 하숙집 아주머니가 방을 비워 달라는 것이었다. 나는 영문을 알 수 없었다. 나는 입학과 동시에 당시 하숙하던 그 집에서 줄곧 생활해 왔던 터였다. 내가 하숙하던 집은 조대정문에서 가까운 곳이고 열 대여섯 명의 하숙생들이 생활하던 하숙 전문집이었다. 아주머니는 우리 또래의 딸과 함께 생활하면서 하숙으로 생계를 이어 가던 분이었다. 그런데 문제는 나에게 있었다. 당시에는 한 방에 두 명씩 하숙방을 써야했다. 독방을 쓰려면 하숙비를 더 내야 하기 때문에 둘씩 한 방을 썼다. 그런데 나는 혼자 광주에 와서 함께 방을 같이 쓸 대상이 여의치 않았다. 하숙집의 다른 학생들이 나와는 한 방을 쓰려고 하질 않았다. 성격이 조용하고 말이 없었던 나에게 부담감을 가졌는지 아무튼 나는 원치 않게 혼자 방을 쓰는 기간이 길어졌다. 그러다가 결국 하숙집 아주머니로부터 나가라고 하는 통보를 받게된 것이다. 그것은 나에게 큰 충격이었고 아픔이었다. 사실 나는 대학입학 시험을 보러 아버지와 함께 광주에 처음 온 그 날도 이곳 하숙집의 신세를 졌다. 당시 아버지와 나는 학교 앞 하숙집을 찾아서 입학시험을 치르는 이틀 동안 그곳에 머물렀다. 하숙집 아주머니는 무척 친절하였고, 정성스럽게 식사를 준비하여 주었다. 이틀 밤을 머물렀는데, 첫날인가 둘째 날이었는지는 모르지만 캄캄한 밤중에 나는 이상한 느낌에 눈을 떴다. 아버지와 나 둘이서 잠을 자고 있었다. 나는 교복을 입고 그 위에 두터운 겉옷을 걸친 채 잠을 잤다. 상의 단추는 끌러 놓은 상태였다. 캄캄한 방 안 천장 쪽에서 불길이 활활 타오르고 있는 것이 아닌가! 캄캄한 방 안에서 불길이 타오르는 광경은 무서운 공포심을 불러 일으켰다. 순간 나는 반사적으로 몸을 일으키면서 동시에 웃옷을 벗어 불길을 향해 내리쳤다. 단 한 번의 가격으로 불길이 잡혔다. 불을 켜고 보니 벽을 타고 연결된 전선이 합선이 되었는지 벽지에 불이 붙었던 것이다. 간발의 차이로 천장에 불이 붙기 전에 불길을 잡았기에 망정이지 아마도 불이 천장에 옮겨 붙었으면 소방차가 와야 불길을 잡을 수 있었을 것이다. 아버지는 젊은 나이라서 운동신경이 빨랐다고 나를 칭찬해 주셨다. 이렇게 우리는 그 하숙집에서 대학시험을 치렀고, 당당히 합격의 영광을 누렸다. 그리고 입학과 함께 그 하숙집을 찾아서 한 학기동안 하숙생활을 하였던 것이다. 하숙집에는 경숙이라고 하는 나와 같은 나이의 하숙집 딸이 있었고, 아주머니는 개를 키우고 있었다. 처음에 나는 의과대학 본과 2학년 선배와 한방을 사용하였다. 그 형은 현재 조선대학교 내과교수로 재직 중인데, 공부를 잘하기로 유명하지만 집에서 별로 공부하는 시간이 많지 않았다. 오히려 의예과 신입생인 내가 더 열심히 공부하는 듯 했다. 그런데 그 형은 학교에서 늘 수석이었고, 수석 졸업 후에는 수련을 마친 후 내과교수가 되었다. 내가 의과대학 4학년 때 입원을 하였을 때는 나의 주치의이기도 하였다. 당시에는 신앙이 없었는데 후에 교수가 되어서는 독실한 천주교 신앙으로 생활하는 것을 보게 되었다.

하숙집에서 나가라고 하는 바람에 나는 2학기를 앞두고 하숙집을 알아보아야 했다. 하숙집에서 쫓겨났다고 하는 생각 때문에 억울하고 분하였다. 복수하고 싶다는 생각과 자신에 대한 연민과 슬픔이 복합적으로 엄습해 왔다. 일생 처음으로 남에게 배척당한 느낌을 알았다. 다행히 약학대학 근처에 하숙집들이 있어서 방을 구하여 들어갔다. 새로 이사한 하숙집에는 광주일고 3학년인 막내아들이 있었고, 그의 친구가 한 명 하숙을 하고 있었으며, 전남의대 고학년 선배들이 하숙을 하고 있었다. 나는 하숙집의 막내아들인 형주 군과 한방을 사용하게 되었다. 그는 나중에 서울법대를 졸업하고 판사가 되어 현직에 재직 중이다. 새로 옮긴 하숙집은 자녀들이 모두 법조계와 행정계통에서 일하고 있는데 아마도 평생을 공무원으로 지낸 그들의 아버지 영향이었지 않는가 싶다. 하숙집 주인아저씨는 우리들에게 자상하게 얘기를 해 주기도 하셨다. 나는 하숙집을 옮긴 후에 지난번에 살던 하숙집을 다시 방문해야 했다. 왜냐하면 도중에 갑자기 하숙집을 나와야 했기 때문에 하숙비를 일부 돌려받아야 했다. 하숙집 아주머니는 지금은 돈이 없으니 다음에 한 번 더 오라고 하였다. 얼마 후 다시 찾아갔더니 그때도 돈이 없다는 것이다. 그런데 아주머니의 안색이 좋지 않았다. 창백하고 몸이 아파 보였다. 어디 아프시냐고 물었더니 몸이 많이 아프다고 하였다. 하숙집에서 일방적으로 쫓겨난 후 아주머니에 대한 분노와 복수심이 일었지만 나는 그때 갑자기 성경말씀이 생각이 났다. 로마서 12장 19절에서 21절이었다. "내 사랑하는 자들아 너희가 친히 원수를 갚지 말고 하나님의 진노하심에 맡기라 기록되었으되 원수 갚는 것이 내게 있으니 내가 갚으리라고 주께서 말씀하시니라 네 원수가 주리거든 먹이고 목마르거든 마시게 하라 그리함으로 네가 숯불을 그 머리에 쌓아 놓으리라 악에게 지지 말고 선으로 악을 이기라" 그래서 방으로 들어가서 아주머니를 위해서 기도해 드린다고 하였다. 아주머니는 당시 교회에 나가지 않았지만, 내가 기도해 드린다고 하자 순순히 그러자고 하였다. 나는 아주머니를 위해 간절히 기도를 드렸다. 그리고 얼마 후 다시 찾아갔더니 아주머니는 밝고 웃는 모습으로 맞아 주었다. 하숙비 잔액도 돌려받았다. 아주머니는 그때 그 일로 인하여 나에게 좋은 감정을 갖게 된 것이다. 나 역시 마음속의 분노와 억울함, 상처들이 말끔히 씻어졌다. 내가 예수님을 영접하고 나서 처음 체험한 하나님의 말씀의 능력이었다.

15

아버지와 아들

동강국민학교와 순천중학교를 다니던 시절, 여름 방학이면 동네 아이들과 소를 먹이러 두방산엘 자주 갔다. 그 시절에는 마을 집집마다 누런 암소를 키우고 있었다. 소는 농사일을 하는 데 없어서는 안 될 필수 가축이었다. 밭갈이에서부터, 모내기의 쟁기질과 땔감 나무를 운반하거나 두엄용으로 쓸 잡초를 베어 운반하는 등 농촌의 생활이란 소와 함께 어우러진 삶이었다. 우리는 동네 아이들과 함께 점심을 막 먹고는 한적굴로 소를 몰고 간다. 한적굴은 두방산의 중턱에 위치한 비교적 넓은 초원으로 그곳에는 커다란 느티나무가 한 그루 서 있다. 한적굴에 도착하면, 소들을 나무 숲속에 풀어서 마음껏 풀을 뜯도록 하고, 아이들은 느티나무 아래에 모여서 놀이를 한다. 평평한 바위 위에 그려 놓은 장기판이랑, 이름도 가물거리는 어릴 적 놀이들을 하다 보면, 시간 가는 줄 모른다. 우리는 소들이 풀을 뜯는 방향을 따라서 자리를 옮긴다. 그곳이 서방바위 자리이다. 서방바위는 우리 소유로 된 산에 자리 잡고 있는데, 건너편의 각시바위와 짝을 이루고 있어서 서방바위라고 한다. 서방바위에서는 주로 말 타기(말x박기), 나무열매를 가지고 상대팀을 공격하는 놀이, 씨름 등의 놀이로 시간을 보낸다. 그러다 보면, 해가 서산너머로 기울고 아이들은 소를 찾아 나선다. 소들은 대게 자기들끼리 모여서 서서히 이동하면서 풀을 뜯기 때문에 소의 방울소리가 나는 곳으로 가면 여러 마리의 소들이 여기저기서 풀을 뜯고 있는 것을 보고는 소들을 몰고 오면 된다. 가끔씩은 소들이 보이지 않고 넓은 산에서 어디에 있는지 모를라치면 몇몇 아이들이 건너편 산으로 가서 누런 소를 발견하고 소리를 지른다. 소를 몰고 내려오는 길은 대강리 저수지를 끼고 내려오는 길이다. 내려오다가 우리는 배가 부른 소들에게 물을 먹인다. 소가 물을 마시는 모습은 보는 우리의 마음도 시원하게 한다. 소를 몰고 초가집 뒤꼍에서 기분 좋게 저녁 짓는 연기가 오르는 마을로 들어와 집 사립문을 돌아오면 어머니가 흰 국수를 삶아서 물에 씻고 있는 모습. 그리고 그 국수 냄새가 지금도 생생하다.

나는 중학교 1학년 여름방학에 소를 먹이러 두방산에 갔다가 두방산의 정상에 친구들과 함께 오른 적이 있다. 물론, 그 이전에도 소를 먹이러 왔다가 동네 형들과 산 정상에 있는 베틀굴이며 흔들바위와 흔들바위에 얽힌 얘기들을 듣곤 하였는데 그때 그 두방산의 정상에서 느끼는 신비스러운 정취를 잊을 수 없다. 흔들바위는 산 정상에 서 있는 바위인데 능선을 따라 바위들로 이어진 바위길을 가다 보면 중간쯤에 커다란 바위가 서 있다. 어른이 이 바위를 붙들고 흔들면 흔들린다고 해서 흔들바위라고 하는데, 여기에 얽힌 설화도 있다. 능선 주변에도 깎은 듯한 바위들이 나뒹굴고 있어서 당시 생각하기를 어디에서 어떻게 이런 바위들이 생겼을까 궁금하기 이를 데 없었다. 순천중학교를 입학한 그해 1학년 여름 방학은 감수성이 싹터 오르던 내게 잊을 수 없었던 추억으로 남아 있다. 중학교에 입학하면서 고흥동강을 떠나서 한 학기를 순천에서 보냈다. 새로운 친구들을 사귀었는데 학교 뒤 인제동 남산에 올라 친구들과 숲 속에서 책도 읽고 시간을 보내던 일들이 생각난다. 방학이 되어 시골집에서 한 달을 보내다 보니 중학교에서 새로 사귄 친구들이 그리웠다. 방학 내내 영어공부와 수학공부에 매진하였다. 그리고 가끔씩 소 먹이러 산으로 동행하기도 하였다. 그때 두방산의 정상까지 올랐던 일이 생각난다. 정상에 오르자 구름이 지나가면서 온통 사방은 하얀 안갯속에 갇히고 산 아래 정경은 보이지 않았다. 구름이 지나가면서 작은 구름 사이로 저 멀리 찻길이며 바닷가가 아득히 보이는 것이었다. 내가 두방산 정상에 올랐던 일은 모두 기억할 수 있을 만큼 몇 번 되지 않는다. 국민학교 4학년 때인가 두방산 정상으로 소풍을 갔다. 들국화가 정상의 초원을 수놓고 있는 모습이 장관이었다. 저 아래 벌교의 어느 마을이 보이고 대밭이며 초가집들이 산자락에 걸려 있었다. 그때 가을바람에 흔들리며 산허리를 수놓던 들국화의 물결은 평생 지워지지 않는 추억이다.

두방산은 마치 큰 바위 얼굴처럼 언제나 우리를 내려다보고 있었다. 학교에서 집으로 올 때면 두방산 품 안에 안긴 마을을 향해서 우리는 온갖 얘기들을 꽃피우면서 논둑길을 걸어서 돌아온다. 이 길은 논과 밭으로 이어진 비교적 넓은 평야이다. 간간이 작은 구릉으로 이루어진 소나무 숲이 있고, 그 사이로 밭들과 논들이 이어졌다. 초등학교 5학년 극심한 가뭄으로 논과 밭에는 벼대신 메밀이 재배되었던 때가 있었다. 두방산 계곡에 있는 고흥에서 두 번째 큰 저수지에 물이 마르고, 대부분의 논이 말라서 논에 모를 낼 수가 없자 사람들은 메밀을 심었다. 우리 집은 아버지가 양봉을 하고 있었다. 메밀밭에서 밀원을 얻은 벌들이 바빠지자 집 안에는 꿀이 넘쳐흘렀다. 커다란 항아리에도 꿀이 가득 들어 있었고, 집 안 이곳저곳 크고 작은 항아리에 꿀이 가득하였다. 매주 토요일이면 아버지가 꿀을 따셨다. 그때부터 먹기 시작한 꿀이 지금도 나의 기호식품이 되었다. 그래서 중고등학교, 대학을 다니면서도 내 책상 밑에는 큰 소주병에 담은 꿀병이 늘 비치되어서 나는 꿀을 들이키면서 공부하곤 하였다. 이렇게 꿀이 온 집 안을 흘러넘치던 어느 날 아침 아버지께서 소주병에 담은 꿀을 학교 관사에 사시는 담임선생님께 갖다 드리라는 심부름을 시키셨다. 이른 아침 꿀병을 들고 논밭 사이로 난 등굣길을 걸어갈 때 아침 안갯속에 들판은 온통 하얀 메밀꽃 천지였다.

두방산 계곡의 저수지로 인하여 피난을 자주 가곤 하였다. 비가 많이 와서 저수지의 물이 불어나면 마을 사람들은 저수지의 제방이 무너질 것을 항상 노심초사하였다. 저수지의 제방이 워낙 높고 거대한 둑으로 막은 탓에 폭우가 내리면 마을은 비상사태가 되곤 하였다. 아직껏 대강리 저수지가 무너졌다는 소식이 없기 때문에 그런 걱정은 쓸데없는 기우에 불과했지만, 당시로서는 마을 사람들에게 이만저만한 걱정거리가 아니었다. 물론 저수지의 둑을 막는 제방공사를 하던 때부터 사고가 나서 많은 사람들이 다치기도 하였다. 마을에 사는 먼 친척 어른은 한쪽 다리를 다쳐서 평생 고생하였다. 저수지의 제방이 무너지면 마을은 그야말로 쑥대밭이 되고, 집들은 흔적도 없이 여자만으로 떠내려갈 것이다. 그래서 폭우가 내리던 밤이면 우리는 집을 비우고 산기슭에 자리 잡은 친척집으로 피신하였다. 그렇지만 대강리 저수지는 평소에는 평화롭고 없어서는 안 되는 중요한 수원이었으며, 소 먹이고 나무하던 동네 청년들에게는 더할 나위 없던 휴식터였다. 나는 이곳에서 수영을 익혔다. 이때 배웠던 수영은 후에 특공부대시절 해상훈련을 받던 나에게 매우 큰 유익이 되었다.

순천 중고등학교를 졸업하고 광주로 대학진학을 하였다. 대학 1학년 여름은 일생일대 가장 빼곡한 스케줄로 방학을 보낸 시간이었다. 방학을 하자마자 열흘간의 병영훈련에 들어갔다. 군복을 입고, 내무반에서 같은 반 아이들과 열흘간의 병영체험을 한 것이다. 광주근교의 31사단에서 병영훈련을 받았다. 광주가 낯선 타향이었던 내게는 31사단은 머나먼 산골이었다. 고향이 그리웠고, 병영생활이 긴장되었다. 병영훈련을 하던 그때 하필 판문점 도끼만행사건이 터졌다. 전쟁의 위기감이 고조되었다. 열흘간의 병영훈련을 마치고는 기독학생회 중심으로 열흘 동안의 의료봉사활동을 떠났다. 의료봉사 활동을 마치고, 다시 일주일간의 CCC 수련회에 참석하였다.

CCC 여름수련회에서 나는 예수님을 인격적으로 깊이 만났다. 나는 예수님을 처음 만난 감격과 기쁨을 안고 집으로 내려왔다. 나의 가슴은 감격과 기쁨, 주님을 향한 알 수 없는 열정으로 끓어올랐다. 순천으로 와서 나는 아버지께 말씀을 드렸다. 금식기도를 하러 산으로 가야겠어요. 나는 금식기도에 대해서 잘 몰랐다. 산에서 기도한다는 얘기는 들었는데 어떤 산에서 어떻게 기도해야 하느지도 몰랐다. 다만, 두방산의 귀절 약수터가 생각났고, 두방산이 생각났고, 그곳에서 기도해야 하겠다는 단순한 마음으로 아버지께 말씀드린 것이다. 그리고 곧장 교련복으로 갈아입고 가방 속에 성경 한 권과 찬송가, 그리고 모포를 한 장 말아 넣고 산행길 버스를 탔다. 금식기도를 해야 한다. 아버지께서 근심 어린 얼굴로 "창훈아 산은 위험한데, 집에서 기도하면 안 되겠냐?" 하시자, "아버지 하나님이 나와 함께 하시는데 뭐가 위험합니까!" 용감하게 말씀드리고 서둘러 고흥으로 가는 버스를 탔다.

동강에서 버스를 내려, 두방산 기슭에 자리 잡은 당곡마을까지 걸어서 갔다. 마을을 지나서 산으로 오르기 시작한 후 얼마쯤 가면 작은 초가집으로 된 절이 나온다. 작은 절에 이르자 나보다 나이가 많은 청년이 장작인가를 패면서 일하고 있었다. 그리고 내게 어디 가느냐, 어디서 왔느냐, 왜 산에 올라가느냐는 등 물었다. 얘기를 하다 보니 청년은 나의 아버지 존함을 듣고는 아는 척을 하였다. 아버지는 동강국민학교에서 오랫동안 교사로 계셨던 연고로 이 지방에서는 웬만한 사람들은 아버지를 잘 알고 있었다. 청년과 헤어져서 계속 약수터 귀절의 바위굴을 향해 올랐다. 바위 굴 앞에 이르자 자리를 잡고, 이곳에서 2박3일간의 금식기도를 하고자 마음을 다잡았다. 그러나 그늘진 으슥한 바위굴속을 돌아보고, 아무도 없는 산속에서 혼자 있을 것을 생각하니 기도보다는 온갖 생각들이 들었다. 여름 긴 오후가 서서히 기울어 가고 있었다. 귀절암 동굴은 두방산의 동쪽사면 약 8 부능선에 위치하고 있어서, 조금만 더 오르면 두방산의 정상에 이른다. 동쪽 사면인지라 오후 해가 기울면서 동굴은 이내 어둑어둑하여졌다. 동굴 속은 약수터가 있고, 약수물이 조그만 웅덩이를 이루고 있으며, 주변에는 촛불이랑 불을 피운 흔적들이 있었다.

동굴 속은 어둡고 축축하여 머물 수 있는 곳이 아니라고 생각하고 동굴 앞 바위 위에 앉아서 이런저런 상념 속에서 기도를 하다가 말다가 시간을 보냈다. 아침부터 금식하고 있어서 오후가 되니 배는 더 고파 오고, 시간이 흐르면서 이제는 동굴 앞까지 어둑하여졌다. 두방산 정상으로 올라갔다. 정상에서 내가 살던 마을이랑 모교인 동강국민학교랑, 또 멀리 눈에 익은 산야며 바다를 내려다보니 정겨웠다. 여름날의 오후 늦은 햇살을 받으면서 두방산 정상 바위에 앉아 있었더니 이내 해는 서쪽 산 너머로 지고, 산 정상마저도 어둑해지기 시작하였다. 다시 약수터 동굴로 내려와서 밤을 새울 만한 자리를 둘러보니 마음을 정하고 자리를 펼 만한 장소가 여의치 않은 것이었다. 시간이 흐르면서 사방은 깜깜하여졌다. 여름밤의 산 숲은 금방 깜깜해진다는 것을 알았다. 여기저기서 풀벌레가 울고, 주위는 적막하였다. 갑자기 무서워지기 시작하였다. 이때였다. 저쪽 산마루에서 늑대인지 여우인지 모를 산짐승의 울음소리가 들려왔다. 우~욱, 우~욱 하는 소리가 반복해서 들려왔다. 적막한 숲 속에서 들려오는 산짐승의 소리가 너무나 크고 두려웠다. 나의 마음은 두려움과 공포로 소용돌이쳤다. 하나님이 살아계시고 나와 함께 하시기 때문에 무엇이 두렵겠느냐고 하고 오긴 왔는데, 막상 산짐승 우는소리가 들리니 산짐승이 하나님을 알 리도 없을 것 같았다. 산짐승이 나를 해칠 것만 같은 불안이 엄습하였다. 두려움이 사람을 한번 사로잡게 되자 이성적인 생각을 할 겨를이 없어졌다. 속히 절이 있는 산 중턱으로 가서 민가를 찾아 피신해야 한다는 생각에 깜깜한 숲 속을 달려서 내려왔다. 어둑한 숲 속에서 요리조리 바위를 건너뛰고 달리다 보니 나뭇가지에 할퀴고 얼굴은 거미줄과 땀으로 범벅이 되었다. 한참 동안 정신없이 어두운 산 속을 뛰어내려 오니 불빛이 보이고, 아까 지나왔던 그 초가집 절에 이르렀다. 불빛을 향해 집으로 다가가자 마당에 와상을 펴고 너댓 분의 가족이 늦은 저녁식사를 하고 있었다. 내가 들어가자 친절히 영접해 주었다. 조그만 밥상에 따로 밥을 차려 주었다. 밥이 100% 꽁보리밥이었는데, 큰 밥그릇으로 수북이 담아 주었다. 반찬은 삶은 계란 반쪽 하나였다. 아침부터 금식하던 내게는 이것저것 가릴 처지가 아니었다. 밥을 먹고나니 작은 방을 치워 주면서 잠자리를 준비해 주었다. 촛불을 켜 주고, 이불을 깔아 주었다. 작은 방에 누워서 이리저리 살펴보니 낡은 책들이 몇 권 꽂혀 있었다. 소설책이 보여서 그 책을 다 읽고 잠이 들었다. 오랫동안 이분들이 내게 베풀어 주셨던 호의와 사랑이 잊히지 않는다. 시골 산골에서 사시는 이들이 나를 언제 보았다고, 밤늦게 찾아온 객을 영접해 주었고, 정성껏 한 끼 식사를 대접해 주셨고, 그리고 편한 잠자리를 제공해 주셨다.

눈을 뜬 것은 이미 해가 중천에 떠오른 후였다. 집안 사람들은 다 일을 나갔는지 아무도 없고, 해가 맞은편 산등성 위로 완전히 솟은 시간이었다. 일어나 앉아 곰곰이 생각해 보니 참으로 자존심이 상하고 부끄럽기가 이를 데 없었다. 하나님께 은혜를 받아 주님과 깊은 기도의 시간을 갖고자 이곳에 왔는데 산짐승이 무서워서 도망쳐 내려왔다는 것을 생각하면 창피해서 도저히 집으로 돌아갈 수 없는 노릇이었다. 그래서 오늘은 설령 호랑이에게 물려

가는 한이 있어도 절대로 산에서 내려오지 않고 금식하며 산에서 기도해야 하겠노라고 굳게 결심하였다. 그리고 비장한 각오로 다시 귀절약수터 동굴로 올라갔다. 약수터 동굴 앞 비교적 평평한 바위에 자리를 잡고, 기도하며 찬송하며 시간을 보냈다. 배가 고파 오자 엎드려 누어서 쉬기도 하고, 또 일어나 앉아서 기도하고 오늘은 어제보다 훨씬 안정된 가운데 기도다운 기도를 하고 있다고 생각하였다. 이렇게 오늘 밤을 이곳에서 보내려고 생각하였다.

나를 고흥에 있는 두방산 동굴로 떠나보내고 나서, 가족들은 몹시도 걱정을 하고 계셨다. 아버지는 나를 유난히 사랑하시고 애지중지하셨는데, 나를 산으로 혼자 보내 놓고는 밤잠을 이루지 못하셨다. 할머니께로부터 후에 들은 얘기로 아버지는 "그 산에는 산짐승이 나온다고 하던데 창훈이가 살아만 준다면 좋겠다" 하시면서 걱정하셨다고 하신다. 동생들이 아침 식사시간에 반찬이 없다고 투정을 부리자 "네 형은 지금 산에서 어떻게 있는지 모르는데… 반찬투정 말거라"라고 힘없이 말씀하셨단다. 이런 아버지의 마음을 이제는 알 것 같다. 아버지는 급기야 다음날 아침에 아들을 찾아서 고흥으로 출발하셨다. 오후 세 시쯤 되었을까. 동굴 앞 바위에 앉아서 기도하다 찬송하다 시간을 보내고 있었는데, 저쪽 산등성이로 사람 얼굴이 흘긋 보였다가 사라지는 것이었다. 소먹이로 온 마을 아이들인가 하고 생각하였다. 그런데 잠시 후에 아버지께서 "할렐루야~" 하시면서 능선을 넘어 동굴 앞으로 이어진 좁은 산길을 걸어오시는 것이 아닌가! 아버지는 산에 올라오시면서 연신 동네 사람들에게 혹시 어제 이곳으로 청년 한 사람이 올라가지 않았느냐 물으시고, 또 산에서 소를 먹이던 아이들을 만나서 혹시 귀절 약수터 근처에 청년이 있는 것을 보았느냐고 물으셨다. 그러자 마을 사람들도 소 먹이던 아이들도 청년 한 사람을 보았다고 말하더란다. 아버지는 그들의 말을 듣고는 조금은 안심을 하셨단다. 그리고 산등선 너머로 동굴 앞에 앉아 있는 나의 모습을 확인하시고는 하나님께 감사기도를 드리셨던 것이다.

그날 오후는 아버지와 함께 동굴 앞에서 함께 있었다. 그리고 여름 산속의 밤이 찾아왔다. 아버지와 나는 많은 얘기를 도란도란 나누다가 잠자리를 마련하였다. 동굴에서 약 50m 떨어진 곳에 평평한 풀밭을 찾아서 그곳에다 나뭇잎이랑 풀을 뜯어서 푹신푹신하게 깔고는 그 위에 가져온 담요를 폈더니 최상의 야전 침대가 되었다. 여름밤의 별들이 초롱초롱 빛나고 있었고, 달빛이 고요히 비추이고 있었다. 그런데 재미있는 것은 어젯밤 나를 그토록 공포로 떨게 하였던 산짐승의 소리는 다름 아닌 부엉이 울음소리였던 것이다. 부엉이 울음소리가 산골짜기 숲을 따라 멀리까지 메아리치고 있었다. 아름다운 여름밤이 깊어만 갔다. 나는 이내 깊은 잠에 떨어졌는데, 아버지는 간밤에 산토끼들이 내 발 가까이까지 와서 서성이다 가는 모습을 보았다고 얘기해 주셨다. 새벽에 눈을 뜨자 산안개가 자욱이 끼어 있었다. 숲은 밤새 이슬을 머금고 있었고, 아버지와 나는 지난밤의 평화로운 시간을 감사하며 함께 기도하였다. 그런데 동굴 앞으로 난 소로를 따라 서너 명의 젊은 남자들이 등산복 차림을 하고 이른 아침부터 동굴 약수터를 찾아왔다. 그리고는 저만치 서서 우리에게 길을 묻는 것이었다. 우리를 수상히 여긴 사람들이 아마도 경찰서에 신고를 한 것 같았다. 무장간첩과 공비를 보면 신고하는 시절이라 마을 사람들의 신고로 경찰이 동태파악을 한 것이 틀림없었다. 아버지와 나는 찬송을 부르기 시작하였다. 그러자 그 사람들은 약수물만 마시고는 몇 마디 길을 묻는 척하더니 다시 내려가 버렸다.

이제 두방산의 추억도 오래된 일이 되었다. 요즘도 아버지와 그때 일을 얘기하면서 그때를 회상하다 보면 엊그제 일처럼 생각된다. 세월은 빠르게 지나간다. 아버지가 나를 생각하시던 그 마음이 지금 멀리 외국에 있는 두 아들을 생각하는 마음인 것 같다.

16

성경의 세계

여름수양회를 다녀온 후 나의 성격과 생활은 놀랍게 변하였다. 적극적이 되었고 도전적이 되었다. 사람들에게 기회가 나면 전도를 하였다. 캠퍼스 복음화에 대한 열정과 소원이 충만하였다. 2학기가 되자 나에게는 새로운 도전이 있었다. 여름방학 의료봉사활동을 다녀온 후 가진 회식자리에서 기독학생회 지도교수님이 얼핏 UBF라는 곳을 말씀하시는 것이었다. 내용인즉 UBF는 성경공부를 매우 지독하게 시키는 곳이다. 그곳은 신앙훈련이 강한 곳이다. 그 사람들의 신앙은 견고하다는 그런 것들이었다. 그런데 왠지 지도교수님의 말을 듣고 나니 그곳이 궁금해졌다. 호기심이 발동하고 한번 가 보고 싶은 마음이 일었다. 며칠 후 친구인 병우에게 혹시 UBF가 어디 있는 줄 아느냐고 하였더니 자기가 한두 번 가 보았다는 것이다. 병우에게는 누나가 있는데 병우가 고등학교시절 대학에 들어간 누나가 UBF를 한동안 다니느라 그로 인해 자기도 UBF를 알게 되었다는 것이다. 반갑고 기쁜 나머지 그러면 나를 UBF에다 좀 데려다 달라고 부탁하였다. 병우는 나를 인도하여 광주공고(현 동구청)가 있는 곳까지는 갔지만 자기는 그곳에 들어가기가 싫다는 것이었다. UBF 사람들은 매우 끈질겨서 싫다는 것이다. 대신 약도를 그려 주면서 혼자 찾아가라고 하며 집으로 가 버렸다. 병우가 그려 준 약도를 들고 혼자서 UBF를 찾아갔다. UBF는 전남 도청에서 가까운 곳에 조그만 3층 건물의 3층에 자리하고 있었는데 여남은 명이 모여서 영어 성경공부를 하고 있었다. 인도자는 나이가 조금 들어 보이는 미국인 여자 선교사였다. 영어 성경을 돌아가면서 읽는데 내 차례가 되자 나는 God를 영국식 발음으로 읽었다. 그러자 모인 사람들이 모두 웃었다. 중학교 1학년 때부터 나는 영국식 발음으로 배웠기 때문에 영국식 발음으로 영어를 읽은 것이다. 영어공부가 끝나자 그들 중 한 학생이 나를 수요일에 있는 모임에 초청하였다. 내가 수요일 모임에 처음 참석한 날이 9월 15일이었다. 모임은 나를 포함하여 고작 3~4명이 전부였다. 처음 시작한 성경공부는 마가복음이었다. 창세기 3장 15절에는 메시아를 약속하신 하나님의 구속계획이 나온다. 하나님의 인류 구속계획은 그 후 이사야 선지자를 통해 보다 구체화된다. 이사야 선지자는 예수 그리스도가 오시기 전 700여 년 전의 인물이다. 이사야의 예언대로 세례요한이 등장하였다. 세례요한은 요단강에서 물로 세례를 주다가 예수님의 오심을 증거하던 선지자였다. 이런 내용의 마가복음 1강을 공부하던 중 성경진리의 향긋한 맛을 느끼기 시작하였다. 성경이 역사성을 지닌 예언과 성취의 놀라운 드라마임을 어렴풋이 느꼈다. 이렇게 성경을 공부하면서 그리고 성경공부의 맛을 느끼기 시작하면서 UBF의 매력에 빠져들기 시작하였다.

UBF에 나오기 시작한 지 얼마 후 산상예배라고 하여 담양에 있는 남경산성으로 가을 소풍을 갔다. 그때 나는 3일간의 금식기도를 마치는 날이었다. 우리는 시내버스로 담양에 있는 버스 종점까지 가서 그곳에서 걸어서 남경산성을 등반하였다. 길 양편에는 빨갛게 감이 주렁주렁 열려 있고 오색의 단풍이 온 산을 물들이고 있었다. 대학 1학년 가을 어느 날의 기막힌 산행이었다. 산마루에 올라서 평편한 분지에 이르니 돌과 짚으로 지은 집들이 몇 채 나타났다. 그곳에는 흰 옷에 머리를 길게 땋은 사람들이 모여살고 있었다. 우리는 준비해 간 점심을 먹고 가을 산의 오후를 만끽하며 내려 왔다. 내려오는 버스 안에서 나는 노래를 요구받았고 나는 고등학교 음악시간에 배운 이태리 가곡을 원어로 불렀다. 유행가를 아는 것이 없었기 때문이다. 가을소풍을 다녀온 소감은 그야말로 감격과 환희였다. CCC 여름수양회를 다녀오면서 가졌던 감격과 비슷한 감격, 놀라움을 느꼈던 것이다. 세상에 이토록 사랑이 많은 사람들의 모임이 있을까? 모든 사람들이 친절하였고, 사랑으로 대해 주었다. 그 후 계속해서 UBF에서의 성경공부와 주일예배에 참석하기 시작하였다. 처음 주일예배를 참석했던 날의 분위기를 나는 잊을 수 없다. 약 30여 명의 대학생들이 모여서 예배를 드리는데, 머리를 비교적 짧게 깎은 목자님이 단 위에서 메시지를 전하였다. 작고 낡은 오르간으로 반주를 하였고, 적은 무리는 진지하게 예배를 드렸다.

17

성서한국, 세계선교

대학생 성경읽기 선교회(UBF)는 나의 학창시절 신앙적 갈릴리이
자 영적 훈련소였다. 학교에서 의학을 공부하였지만, 의학적인 학
습과 훈련을 제외한 모든 활동이 여기에서 이루어졌으며, 나의 정
신과 영적성장이 이곳에서 이루어졌다. UBF에서는 강력한 결속력
을 가지고 신앙공동체를 형성하고 있었다. 이곳에서는 학생들 스스
로가 장차 원대한 세계선교의 비전가운데서 자율적인 학습과 훈련
을 한다. 나는 학창시절 UBF에서 놀라운 영적 세계와 훈련을 경
험하였다. 일반적인 UBF의 활동은 요회를 중심으로 이루어진다.
요회란 단과대학별로 혹은 몇 개의 단과대학이 모여서 이루는 그
룹인데, 통상 3~4개의 요회그룹이 있었다. 캠퍼스 단과대학 별로
수요일, 목요일, 금요일 중 하루를 요회 모임으로 갖는다. 대게 3
학년이나 4학년 중에서 요회의 리더를 한 사람 세우는데 그 리더
가 요회를 지휘하고 섬긴다. 당시에는 세 개의 요회가 있었다. 전
남대학 요회, 조선대학 요회, 그리고 조선대학교 공과대학과 조선

간호대학을 중심으로 하는 한 요회가 있었다. 요회 모임에는 보통 10여 명의 사람들이 모였고 요회가 부흥하면 20~30명에 이르는 사람들이 모이기도 하였다. 나중에 내가 미국 시카고에 일 년간 방문하였을 때, 시카고에서도 동일한 형태의 요회모임이 이루어지고 있었다. 즉 40여 년이 지났지만 요회(FELLOWSHIP) 형식은 그대로 유지되었다. 요회의 리더를 요회목자라고 하며 그들은 강력한 리더십을 가지고 요회를 이끌어 간다. 그래서 때로는 누가 요회목자가 되느냐의 문제로 경쟁이 붙기도 한다. 요회목자에서 탈락한 사람은 낙심하여 모임에 나오지 않든지 혹은 소감을 써서 요회목자로 세움 받지 못한 문제를 신앙적으로 극복하든지 하는 예들이 많다. 나는 대학 2학년까지 한 요회에 소속되어 신앙생활하다가 대학 3학년이 되면서 개척을 선언하였다. 의과대학 요회를 만들겠다는 명분으로 친구들 몇 명과 함께 요회를 개척한 것이다. 요회목자의 가장 중요한 사명은 매주 한 차례씩 갖는 요회모임에서 메시지를 전하는 일이었다. 메시지를 전하기를 좋아하였고 메시지를 쓰는 일은 나에게 즐거운 일이었다. 학교생활하면서 일주일에 한 편의 설교를 준비하기란 쉬운 일이 아니다. 그래서 메시지를 준비하는 날이면 거의 밤을 새우면서 준비하곤 했다. 그 당시 나는 할머니와 함께 자취를 하고 있었다. 할머니는 내가 밤새도록 메시지를 준비할 때면 '멧돼아지' 그만 하고 잠 자라고 늘 성화셨다. 때론 수업시간에 메시지를 준비해야 하는 경우도 있었다. 계단식 강당의 뒷자리에 앉아서 메시지를 준비하곤 하였다. 요회모임은 요회목자가 메시지를 전하고 다른 형제자매들이 소감을 써서 발표하는 순서로 진행이 된다.

UBF는 체계적인 성경공부와 강해식 설교가 특징이다. 학기가 시작하면 매주 한 장(章)씩 성경을 공부해 나간다. 성경공부의 형태는 귀납적인 방법이라고 해서 성경본문을 중심으로 기초공부 질문지를 만들어 국어공부하듯이 공부를 한다. 본문의 의미, 역사적 배경, 인물들의 특성, 본문의 사건에서 배우는 교훈 등을 유추해 낸다. UBF에서 귀납적인 성경공부를 고수하는 것은 여러 가지로 교훈적이다. 귀납적인 성경공부는 전개식 성경공부에 비해서 하나님의 말씀 자체에 집중하도록 한다. 본문의 말씀 한 구절, 한 말씀, 한 단어의 의미를 반추하면서 의미를 묵상하고 음미한다. 그리고 그러한 묵상을 통해서 현재 나에게 임하는 은혜를 찾아서 나의 문제에 적용한다. 따라서 귀납적인 성경공부는 신학교리를 바탕으로 일정한 사상을 가지고 공부하는 것이 아니라, 하나님 말씀 자체를 있는 그대로 묵상하고 살피는 방법으로서 겸손히 배우는 자세가 필요하다. 그러나 이 방법도 문제가 있는데 사실은 지나친 해석으로 치우칠 가능성을 언제든지 내포하고 있어서 마치 해석자의 취향에 따라 다양한 교훈적 메시지를 유추할 수 있다는 점이 있다. 사실 성경은 하나님께서 말씀하시는 고유한 메시지가 있다. 하나님께서 본문에서 말씀하시고자 하시는 그 정확한 의미를 찾아내어 이를 듣고 순종하는 것이 바른 성경공부의 방법이다. 그런데 본문을 묵상하다 보면 자기생각으로 본문을 해석할 수 있는 위험성이 얼마든지 있다는 것이다. UBF에서는 캠퍼스 사역과 세계선교를 주된 사역의 방향으로 삼고 있다. 그러다 보니, 성경의 본문을 주로 UBF 사역의 측면에서 해석하고 강조하는 경향이 있다.

성경공부한 내용은 그 주간의 주일예배에서 주일설교로 다루어진다. 주일설교는 철저히 강해식 설교이다. 설교내용이 거의 기초공부에서 언급된 내용을 중심으로 본문해석과 적용을 한다. 그리고 주일설교로 들은 내용은 다시 소감을 써서 발표하게 된다. 그래서 성경본문을 기초공부, 주일메시지, 소감쓰기와 발표로 다루다 보니 성경말씀을 거의 암송하다시피 가슴속에 새기게 된다. UBF의 강해식 설교는 이미 1961년도에 시작된 설교의 형태였다. 한국교회에 강해설교가 소개된 것은 1980년 후반이다. 당시 데니스레인과 같은 강해설교자들을 초청하여 강해설교 세미나를 가졌는데, 그 후 로이드 존스 목사의 설교가 소개되면서 한국교회는 강해설교의 붐이 일었다. 그러나 한국에서 강해설교는 이미 UBF가 1961년부터 시작한 전형적인 형태의 설교였다. UBF는 30년을 앞서 갔다고 볼 수 있는 것이다. 때로는 UBF의 강해식 설교는 너무 어렵다는 비판을 받기도 한다. 오늘날 미국의 설교를 비롯하여 우리나라도 가볍고 쉬운 설교가 인기이다. 그럴지라도 청교도들의 설교나 영국과 미국의 영적부흥기의 설교들이 길고, 심오하였다는 사실을 기억해야 한다. 나는 지금도 나의 설교패턴으로 UBF의 전통적인 강해식 설교를 취하고 있다. 본문의 내용을 성경중심으로 해석하고 적용하는 강해식 설교는 오늘날 시대적인 말씀의 갈급함을 채울 수 있는 이상적인 설교방식으로 믿어 의심치 않는다.

UBF의 성경공부는 본문에 대하여 단순히 공부하는 것으로 그치지 않는다. 기초공부는 다시 일대일 성경공부로 연결된다. 일대일이란 한 사람을 놓고 일대일로 성경을 공부한다고 해서 일컫는 말이다. 가르침을 받는 사람을 양(羊)이라 하고, 가르치는 사람을 목자라고 한다. 일대일 성경공부 시간에 성경을 가르치면서 목자와 양은 깊은 인격적인 교제를 하게 된다. 목자는 양의 내면문제를 들어주고 카운슬링하기도 한다. 그래서 목자와 양은 특별한 사랑의 관계가 형성된다. 성숙한 목자인 경우 형제가 자매를 돕기도 하고, 자매가 형제를 양으로 삼아 돕는 경우도 있다. 어떤 경우는 형제 목자가 자매 양을 돕다가 인간적인 사랑에 빠지는 경우도 있다. 나이가 많은 자매 목자가 연하의 형제 양을 돕다가 사랑에 빠지는 경우도 있다. 그래서 보통은 형제가 형제를, 자매가 자매를 돕는다. 나의 일대일 목자로는 나보다 일 년 위인 K 목자였다. 그는 서울에서 고등학교를 마치고 전라도 광주에까지 대학을 내려온 독일어과 학생이었다. 책읽기를 좋아하여서 그의 자취방에 가면 작은 문고판 책들에서부터 이러저러한 책들로 가득하였다. K 목자는 광주에서 하숙을 하면서 경제적으로 어렵게 학교생활을 하였다. 한번은 그의 자취방에 들렀는데 먹을 쌀이 없어서 미숫가루를 물에다 타서 끼니를 때우고 있었다. 나는 라면 한 박스를 사서 그에게 갖다 주었다. 후에 K 목자는 UBF센터 건물의 옥상으로 나가는 계단의 빈 공간에다 헌 철제 침대를 놓고 그곳에서 자취생활을 하였다. 힘들고 어렵게 공부한 것이다. 그러나 그는 많은 책을 읽어서 대화를 하다 보면 늘 문학과 인생에 대하여 깊은 안목과 철학으로 사람을 매료시키는 무엇이 있었다. 그가 대학을 졸업하고 서울로 올라가던 어느 날 광주역에서 나는 그를 전송하던 중에 그만 눈물을 쏟고 말았다. 그는 일대일 목자로서 나를 신앙적으로 이끌고 섬겨 준 대학시절의 우정어린 형제였다.

마가복음을 공부하기 시작한 지 얼마 후 소감을 썼다. 마가복음 2장에 나오는 예수께서 한 중풍병자를 고치신 내용이었다. 수요일 요회모임에서 발표했는데, 읽는 데 무려 30분이나 걸렸다. 꽤나 많은 분량을 쓸 수 있었던 까닭은 기초공부 문제를 하나하나 음미하는 식으로 썼기 때문이다. 말씀이 주는 교훈과 메시지를 소상히 풀어쓰다 보니 재미도 있었다. 기초공부에서 언급되지 않았던 내용까지 말씀을 묵상하여 소감을 썼다. 원래 글짓기를 좋아했고, 글쓰기가 낯설지 않았기 때문에 소감을 써서 발표하는 분위기가 나에겐 좋았다. 소감쓰기는 성경공부 내용에 근거해서 말씀을 영접하는 글쓰기인 까닭에 언제 써도 소재나 내용전개에 별 어려움이 없었다. UBF에서 소감쓰기는 중요한 활동이다. 매주일 요회모임에서는 소감발표가 있고, 성탄절 등의 행사 때도 의례히 소감발표가 있다. 소감훈련이라고 해서 소감을 반복해서 다시 쓰도록 하는 경우도 있다. 자신의 인생을 다룬 소감 다섯 번, 여섯 번 반복해서 다시 쓰도록 하는 훈련이다. 이를 통해서 자신의 삶 속에 나타난 하나님의 섭리와 사랑을 재조명할 수 있고, 지금까지 몰랐던 은총의 사실을 깨닫기 시작한다. 소감의 꽃은 아무래도 여름수양회 때 듣는 양들의 소감이다. 성탄절이면 한 사람을 선정해서 발표하게 하는 성탄대표 소감이 있다. 1976년 성탄절 예배를 UBF센터에서 드렸다. 대학에 와서, 그리고 예수님을 영접하고 처음 맞는 성탄예배였다. 나는 성탄 대표소감 후보로 뽑혔다. 대표소감 후보라고 해서 다 발표하는 것은 아니었다. 경쟁이 있었다. 나는 성탄절 예배가 있던 아침까지 소감을 쓰고 다시 고쳐 쓰고 하였지만 목자님의 눈에 차지 않았던 모양이다. 설레는 마음으로 소감노트를 챙겨 성탄절 예배에 참석했으나, 나에게 소감발표하라는 말은 없었다. 성탄대표 소감에서 탈락한 것이었다.

그 다음 해 UBF여름 수양회를 참석하였다. 섬진강변 압록국민학교에서 가졌던 여름수양회에서 가나 혼인잔치의 말씀을 듣고 소감을 썼다. 그리고 소감을 가장 은혜롭게 잘 썼다고 칭찬을 받았고 상으로 성경책 한 권을 상품으로 받았다. UBF에서 대학생들이 성경공부와 함께하는 이 소감쓰기야말로 참으로 이상적인 글쓰기의 모델이다. 대학시절 UBF에서 소감쓰기를 해 본 사람이라면 소감이 주는 유익을 잘 알고 있다. 소감은 글쓰기이다. 오늘날 대학에는 제대로 된 글쓰기에 대한 교육과 훈련이 없는데, UBF에서는 글쓰기를 훈련한다. 이것이 바로 UBF소감이다. 소감은 한국에서 시작된 영성 글쓰기의 모델이다. 소감은 청년시절의 젊은이들에게 자신의 인생을 반추하고 성찰하도록 하는 매우 중요한 글쓰기이다. 대학생이 되고, 청년기의 시간을 보내면서 나는 누구이며, 나는 무엇을 위해서 살아야 하는 존재인가를 생각하고 글을 써 보는 경험을 해 본다는 것은 매우 의미있는 일이다. 하지만 오늘날 대학에서는 이러한 자기성찰의 글쓰기를 다루지 않는다. 기껏 전공분야의 글쓰기, 가치중립적이고 객관적인 사실 중심의 글쓰기를 할 뿐이다. 대부분의 대학에 글쓰기를 지도하고 훈련하는 프로그램이 전무한 실정이다. 나는 대학시절 소감을 쓰고 메시지를 작성하면서 글쓰기에 대하여 눈을 떠 가기 시작하였다. 글쓰기란 단순히 문장력만을 의미하는 것이 아니다. 글쓰기는 일종의 편집능력이며, 사고의 전개능력이다. 글쓰기는 생각하는 힘이다. 글쓰기는 그 사람의 삶의 내용이자 정신이다. 교수가 되어 연구계획서를 작성하거나 이러저러한 상황에서 글을 써야 하는 경우가 많이 있다. 이럴 때 대학시절 소감과 메시지를 쓰면서 형성된 글쓰기의 역량이 나에게는 결정적으로 도움이 되었다. 그래서 나는 대학시절 UBF에서 소감 쓰던 실력으로 교수 일을 하고 있다고 종종 말하기도 한다. 글 쓰는 능력이 그만큼 나의 교수업무에 가장 긴요하게 쓰이는 능력이 되고 있다는 의미이다.

소감은 그저 성경을 공부하고 느낀 점을 기록하는 글이 아니다. 소감은 성경을 공부하고 하나님의 말씀을 영접하는 적극적인 글쓰기이다. 그래서 자기를 부인하고 죄를 회개하는 치열한 내적 싸움이 소감에 표출된다. 또한 그곳에는 자신의 영적 소원과 비전, 꿈과 이상이 그려진다. 세계를 무대로 일하게 될 비전과 꿈을 글쓰기 하여 발표하는 것이다. 그래서 소감에는 각자의 꿈과 비전이 넘친다. 꿈을 글쓰기 하는 것이 소감이다. 대학생들은 자신의 꿈을 소감에서 펼쳤다. 성경이 가르치는 이상과 꿈은 바로 세계선교이다. 하나님은 지상명령으로서 선교를 말씀하셨다. 그때 나는 그들의 세계선교를 위한 기도에서 깊은 인상을 받았다. 예배 시간에 한 사람이 대표기도를 드리는데 독일과 미국과 캐나다와 오대양 육대주를 놓고 기도하는 것이었다. 모임장소는 허술하고 사람들이 많이 모인 것도 아닌데 기도는 그야말로 세계를 누비는 것이었다. 나는 생각하기를 "이런 것을 두고 과대망상"이라 한다고 생각하였다. 성서한국과 세계선교는 UBF의 기도제목이고 부르심이다. UBF가 시작된 1961년부터 성서한국, 세계선교를 위해 부르짖었고 실제로 이 사역을 담당해 왔다. 성서한국과 세계선교라는 용어가 구체적으로 어떻게 시작되었는지는 확실치 않다. 다만, 사도행전 1장 8절 "오직 성령이 너희에게 임하시면 너희가 권능을 받고, 예루살렘과 온 유대와 사마리아와 땅끝까지 이르러 내 증인이 되리라"

하신 예수님의 지상명령을 근거로 함은 분명하다. 사실 성서한국과 세계선교를 부여잡고 뜨겁게 기도한다란 일이 말이 쉽지 상황은 그렇지 못했다. 1960년대와 70년대 우리나라는 가난했고 외국의 원조를 받던 시절이었다. 세계선교는 미국이나 영국같이 강대국, 선진국이나 하는 것으로 알던 시절이었다. 이것은 파격적인 기도였고 선구자적인 사상임에 틀림없었다. 그리고 그 비전과 사명이 젊은 대학생들의 가슴을 뜨겁게 하였다. 그들은 기도하였고 세계선교를 열망하였다. 마침내 1997년 미시건주 랜싱에서 개최된 International Summer Bible Conference에서는 UBF 설립이래 87개국으로 파송된 1,500여 명의 선교사가 참석하였다. 성서한국과 세계선교의 기도제목이 미국에서 "A kingdom of priests and a holy nation"으로 발전하였다. 출애굽기 19장 6절 말씀에서 거룩한 나라 제사장 백성의 비전을 본 것이다. 그렇다면 성서한국과 세계선교의 이상은 한국의 젊은 지성인들에게 무엇을 제시했으며, 어떤 의미가 있었는가? 첫째, 비전과 사명을 제시하였다. 비전은 사람을 불타게 하고 사명은 확신을 준다. 우리에게는 비전이 필요했다. 성서한국은 한국백성으로 하여금 성서를 읽고 복음을 믿는 백성 되게 하자는 이상이다. 민족복음화 운동이 1970년대 후반에 요원의 불길같이 번진 사실은 이것이 하나님께서 주신 기도제목이요 비전이었음을 말해 준다. 세계선교란 예수님의 지상명령에 순종함이다. 비전이 없는 백성은 내일이 없다. 하나님은 우리에게 비전을 주신 것이다. 이 비전이 젊은이들의 가슴을 뜨겁게 하였다. 사명은 인생으로 확신을 갖게 하고 역경을 이기게 하는 힘이다. 사명은 불가능에 도전하는 용기와 열정을 갖게 하였다. 오늘날 우리 사회에는 진정한 비전이 있는가?

오늘날 우리 젊은이들에게는 과연 분명한 사명이 있는가?

1976년 12월 4일 나는 역사적인 소위원 선서를 하였다. 소위원 선서란 UBF에서 구성원으로서의 일정한 규칙을 준수하는 가운데 신앙생활 하겠다는 일종의 선서식이다. 소위원 선서를 하고 나면 대게 목자라는 칭호를 얻게 된다. 목자란 양치기를 뜻한다. 성경에는 여호와께서 나의 목자 되신다고 하였다. 예수님은 선한 목자이시다. 나에게는 영적인 열망이 있었다. 목자라는 말을 처음 들었을 때 나도 목자가 되고 싶었다. 어떻게 하면 목자가 되는가 묻기도 하였다. 그런데 UBF에 나온 지 석 달 만에 나는 목자라는 칭호를 들을 수 있는 소위원 선서를 하게 되었으니 어찌 감격스럽지 않았겠는가! 나는 검정 교복을 세탁소에서 찾아 입고 소위원 소감발표와 선서를 하였다. "나는 주 예수 그리스도의 십자군이다. 성서한국과 세계선교를 위해 자진 그리스도의 고난에 동참한다. 나는 주 예수 그리스도의 십자군이다. 진리의 말씀을 옳게 분변하여 기독교 인생관을 확립한다." UBF 소위원 선서의 중심된 사상은 그리스도의 좋은 군사로서의 삶이다. 군인사상이 이 모임의 배경을 이룬다. 그리스도 예수의 좋은 군사는 자기생활에 얽매이지 않는다. 즉 군사로 모집한 사람을 기쁘게 하고자 한다. 그러므로 이곳에서의 모든 신앙생활은 군인정신을 바탕으로 군대와 같이 일사분란한 힘을 갖고 있다. 그리고 그 사명의 초점에는 성서 한국과 세계선교가 있다. 또한 사명인으로서의 삶에서 만나는 크고 작은 고난과 십자가를 자진해서 감당할 수 있어야 한다. 이를 위해서는 성경말씀에 기초한 분명한 기독교 인생관의 확립이 필요하다. 그러하기에 형제자매들은 대학시절 동안 열심히 성경공부를 통해서 기독교적 인생관, 세계관으로 무장한다. 그리고 성서한국과 세계선교 사명을 영접하고 사명인으로서 살고자 한다. 사명인으로서의 고난을 싫어하지 않는다. 인간은 훈련을 받는 존재이다. 훈련 없이도 가치 있는 삶을 기대하는 것은 모래위에 집을 짓는 것과 같다. 예술이든, 학문이든, 사업이든, 농사일 이든 훈련된 사람이 위대한 업적을 이룬다. 교육은 훈련과 연습이다. 그렇듯이 UBF는 성경공부와 훈련을 통해서 하나님의 사람, 기독교 인생관 위에 견고히 서있는 사명인을 길러 낸다.

UBF 사역에서의 꽃은 여름수양회이다. 4박 5일간의 그 진한 감동의 시간들이 속세를 떠난 수도자들의 삶처럼 매년 여름수양회라는 이름으로 다가온다. 대학 1학년 여름, CCC 전국 여름수련회에서 예수님을 영접한 나에게는 계속되는 UBF 여름 수양회가 그야말로 행복의 시간들이었다. 1977년 여름 수양회는 내가 UBF에 와서 처음 참석한 여름 수양회였다. 섬진강 압록 국민학교에서 가진 여름 수양회에서 소감을 발표하였다. 요한복음 2장의 변화의 능력자 예수님 강의를 듣고 쓴 소감이었다. <"혼인잔치 집에 포도주가 모자란지라. 예수의 어머니 마리아가 예수께 말하되 저희에게 포도주가 없다 하니……." 마리아는 혼인집에 손님으로 와서 앉아서 섬김만 받지 않았습니다. 혼인집의 문제를 알고 이를 예수님께 들고 나아와 아뢰었습니다…….> 마리아의 주인의식과 기도하는 삶… 나도 마리아와 같이 인생의 지줏대가 부러진 채 표류하는 사람들을 위해서 하나님께 나아가 기도하는 목자의 인생을 살기를 소원했다. 계속되는 학창시절 여름 수양회는 잊을 수 없는 추억과 은혜의 디베랴 바닷가가 되었다. 그리고 여름수양회는 말씀강사로서 메시지를 전하는 신앙체험의 시간이었다. 누가복음 6장의 열두 사도를 부르신 예수님, 누가복음 17장의 무익한 종의 비유, 요한복음 8장의 간음 중에 잡힌 여자, 요한복음 4장의 사마리아 여인과 대화하신 예수님의 메시지를 전했다. 여름수양회 말씀강사들은 약 한 달 이상의 준비과정을 거친다. 본문을 묵상하여 메시지를 쓰고, 다듬고, 다시 쓰고 하면서 메시지 훈련을 받는다. 나는 여름 수양회 메시지 훈련을 통해서 한 편의 설교메시지를 준비하는 수고가 어떤 것인가를 알았다. 말씀강사 훈련이야 말로 이곳에서 받는 가장 영광스러운 훈련의 진수가 아니었는가! 여름수양회는 매일 주제강의와 은혜의 시간 및 저녁 강의를 듣는 것으로 진행된다. 주제강의 이후에는 소감쓰기가 있다. 분반별 소감발표에서 대표소감이 나오면 저녁강의 후에 대표소감발표 시간을 갖는다. 대표소감은 대략 매일 7~8편 발표하는데 주로 처음 참석한 양들의 은혜로운 소감이 많다. 소감을 들으면서 모두는 소감 속으로 빠져든다. 구구절절 어두웠던 과거 얘기를 들으면서 함께 눈물을 흘리기도 하고, 포복절도하며 배꼽을 움켜쥐고 웃기도 한다. 소감을 들으면 예수님의 구원의 은혜에 감사와 감격의 눈물이 난다. 4박 5일을 이렇게 하나님 말씀 듣고, 소감 쓰고, 소감 발표하고, 듣고, 찬양하고, 기도하면서 보낸다. 이 시간들이 그토록 행복하고 꿈만 같다. 여름수양회는 전 세계적으로 국가별로, 대륙별로 이루어지고 있는데 인터내셔널 서머 바이블 컨퍼런스가 매 2년마다 미국에서 열렸다. 나는 1997년 MSU(Michigan State of University) 국제수양회에 참석하였는데, 고(故) 이사무엘 선교사님은 둘째 날 세계선교의 밤 행사에서 나에게 영어로 대표기도를 섬기도록 해 주셨다. 나는 단상에 앉아서 기도를 준비하고 있는데 전 세계에서 참석한 2,300여 명의 선교사님들과 이방양, 목자들이 한자리에 모여서 세계선교를 위해 찬송하고 기도하는 장엄한 모습에 눈물이 흘렀다. 하나님께서 한국 백성을 이토록 사용하시고 계신다는 사실에 가슴이 뜨거워졌다. 그리고 사무엘 선교사님이 주관하신 마지막 국제수양회인 2001년 ISU(Illinois State University) 국제 수양회에도 참석하였는데, 이때도 고 이사무엘 선교사님은 나에게 대표기도를 섬기도록 하셨다. 그후 미국에서 열린 국제수양회에 참석하지 못했는데 나에게는 개인적으로 고 이사무엘 선교사님의 소천이 가장 큰 요인이 되었던 것이다. 어쩐지 사무엘 선교사님이 안 계시는데 수양회에 참석하고픈 마음이 사라졌다. 대신 나는 2007년 멕시코 남미수양회에 두 아들인 한림이와 한선이를 참석하도록 하였다. 2008년 퍼듀국제수양회에도 두 아들만 참석토록 하였다.

18

유급(留級)의 아픔

　의예과 2학년이 되니 갑작스럽게 전공량이 많아졌다. 새로운 커리큘럼으로 인하여 의예과 2학년 때 해부학을 비롯한 기초의학 전과정이 도입된 것이다. 의과대학에서는 전통적으로 의예과 기간에는 비교적 한가한 시간을 갖는다. 그러다가 의학과 1년이 되면 살인적인 학습량으로 고생을 하게 된다. 그래서 학교에서는 커리큘럼을 바꿨다. 시간이 많은 의예과 2년 때 기초의학을 공부하면, 고학년이 되어 임상실습을 할 수 있는 시간이 많아진다는 이유 때문이었다. 의예과 1학년 때까지 고등학교의 학습방법으로 공부하다가 갑자기 어려운 의학용어로 해부학, 생리학, 생화학을 공부하자 학습량을 감당하기가 어려웠다. 의대공부는 열심히 하는 것도 중요하지만 요령도 중요하다. 전통적으로 내려오는 족보가 있다. 지난해 교수가 출제하였던 시험문제도 중요하다. 그래서 그 많은 학습량을 소화하기 어려울 때는 우선 족보라든가 예년도의 시험문제를 먼저 참고해야 한다. 그런데 나는 그런 점에서 몹시 지혜롭지 못했다.

나의 학습방법은 교과서를 전부 읽는 방식이었다. 영어로 된 해부학 교과서를 그것도 방대한 양의 학습범위를 읽어서 이해하고 암기하여 답안지에 쓴다는 것은 쉬운 일이 아니었다. 나는 재시험에 연거푸 걸리다가 학년 말에는 급기야 유급을 생각하게 되었다. 결국 나는 유급을 하고 의예과 2년 과정, 곧 기초의학의 첫 관문인 해부학, 생리학, 생화학 과목을 한 해 더 공부하게 되었다. 참으로 아픈 시련이었다. 의과대학에 와서 처음으로 내가 공부를 그렇게 썩 잘하는 학생이 아니라는 사실을 인정해야 했다. 고등학교 시절만 해도 공부를 못한다는 말은 상상도 하지 않았다. 공부를 열심히 하는 모범생, 공부를 잘하는 학생으로 자타가 인정하였다. 그런데 의과대학에 와서 유급을 하게 되자 실로 쓰라린 패배가 아닐 수 없었다. 새 학기가 되자 나는 지난해 실패하였던 해부학을 비롯한 생리학과 생화학 공부에 전념하였다. 의과대학은 연거푸 두 번을 유급하게 되면 제적된다. 즉 한 학년에서 두 번 유급은 곧 제적을 의미하였다. 나에게는 두 번째 해의 공부가 나의 인생의 사활이 걸린 중요한 문제였다. 그만큼 절박한 자세로 공부에 임했다. 다행히 두 번째 해에는 모든 과목에서 좋은 성적을 얻어 무사히 진급하는 기쁨을 누리게 되었다.

19

가슴에 불을 지핀 한 편의 설교

대학시절 나의 가슴을 뜨겁게 하였던 한 권의 책을 꼽으라면 내촌감삼의 <소감>을 들 것이다. 대학시절 한 권의 얇은 문고판 책으로 만난 내촌감삼의 신앙고백들은 젊은 청년의 가슴을 뜨겁게 하기에 충분하였다. 내가 내촌감삼을 만난 것은 아버지의 영향 때문이었다. 아버지는 유달영 교수가 쓴 <새 역사 창조를 위하여>, 함석헌의 <뜻으로 본 한국역사> <김교신 신앙저작집> 등을 애독하셨다. 내가 아버지께서 읽으시던 이 책들을 만난 것이 중학교 시절이었다. 중학교 3학년 감수성이 폭발적으로 싹터 오르던 사춘기 소년에게 이 책들은 많은 영향을 주었다. 특히 김교신 신앙저작집을 통해 함석헌, 김교신과 같은 분들이 내촌감삼의 영향을 받은 신앙인들이라는 사실을 알게 되었고 이어서 나의 관심은 내촌감삼에게로 향했다. 그러나 정작 내촌감삼을 문고판 책을 통해 만난 것은 UBF에서 성경공부를 하면서 일대일 목자였던 김해영목자로 인해서였다. 그는 독문학과 학생으로 나보다 한 학년 위였다.

그는 많은 책을 읽던 독서광이었다. 너무나 책을 좋아해서 한때는 독서가 신앙생활을 방해한다는 이유로 방안 가득 있던 책들을 박스에 넣어 치워 버리기도 하였다. 그와 나는 현재 조선대학교 기숙사가 자리하고 있는 옛 식물원 자리에서 함께 자취를 하기도 하였다. 사방이 꽃들과 나무들로 가득한 농장에 시골집과 같은 낡은 한옥이 있고, 그곳 마구간 비슷한 아래채에서 자취를 하였는데, 부엌 선반에는 각종 농약병들이 먼지를 뒤집어쓴 채 오랫동안 방치되고 있었다. 우리는 농약병들이 진열된 선반 아래에 반찬 그릇이랑 식기들을 두고 그렇게 살았다. 하루는 어머니께서 와 보시더니 기겁을 하시면서 당장 주인에게 농약병들을 옮겨 달라고 하시자 주인이 농약병들을 다른 곳으로 다 치워 버렸다. 집주인은 넓은 산야를 소유하고 있었지만, 대학교 부지로 묶여서 설립자인 고 박철웅 총장에게 땅을 빼앗긴 한을 품고 살던 사람이었다. 내가 학교를 다니던 무렵 학교 인근에서 자취와 하숙을 하는 동안 초가집 주위로 포클레인이 흙을 파서 고립시키면 집 주인이 막대기를 들고 항의하면서 싸우던 모습을 보곤 하였다. 조선대학교가 오늘의 모습을 갖추기까지 인근 주민들의 억울한 사연들이 녹아 있는 한편의 잊힌 모습들이다. <소감>은 짧은 글로 된 내촌감삼의 신앙과 사상집이다. 작은 주제별로 그의 신앙고백이 담겨 있는 책이었다. <성경을 연구하라. 성경을 연구하라. 성경을 연구하라> 등 성경연구에 대한 강렬한 메시지가 짧은 글 속에서 영혼을 뒤흔드는 감동으로 다가왔다. 누군가가 말하기를 사람은 자기가 원하는 말과 글을 스펀지처럼 흡수한다고 하였다. <소감>을 읽으면서 느꼈던 감동은 영적인 갈급함으로 말씀을 사모하던 나의 갈증 때문이었는지 모른다. 나는 대학 1학년 때 영혼의 갈급함으로 목말라하였다. 입학과 함께 기독학생회 선배가 찾아와서 목요일 예배에 초청을 받았다. 생리학 실험실에서 가졌던 목요일 예배는 갓 입학한 신입생의 영적 갈급을 채워 주던 오아시스였다. 나는 매주 목요일을 기다렸다. 주일에는 이 교회 저 교회를 찾아다니며 설교말씀에 목말라하였다. 목요예배에서 CCC 간사님을 알게 되었다. CCC 모임을 참석하기 시작하면서 복음진리를 알아가기 시작하였다. CCC 여름수련회가 정동 CCC 센터에서 5박 6일간의 일정으로 있었다. 수련회 마지막 날 김준곤 목사님의 설교시간에 나는 예수님의 환상을 보면서 절규하였다. 나를 위해 십자가에서 처절한 고통과 죽음을 당하신 하나님의 아들을 외면한 채 살아온 나의 무지와 죄가 너무나 아팠다. 통회의 시간이었다. CCC 수련회 이후 나의 모습은 180도 바뀌었다. 조용하고 내성적이던 성격이 적극적이고 도전적이고 활동적으로 되었다. 사람이 바뀌었다는 말을 많이 들었다. CCC 모임을 참석하던 나의 영혼은 말씀에 대한 갈급함이 멈출 줄 몰랐다. 그때 기독학생회 지도교수님으로부터 우연하게 UBF를 소개 받았다.

대학 2학년을 UBF에서 성경을 공부한 나는 대학 3학년부터는 요회목자가 되었다. 일주일에 한 편씩 요회 메시지를 준비하여 전하는 것이 요회목자의 일이었다. 이 시절 나에게는 비밀이 하나 있었다. 쉬펜스버그에 계시는 이 다니엘 선교사님이 선교후보로 서울을 오르내리면서 Dr. Samuel C Lee의 주일메시지 영어본을 구해다 주신 것이다. 고 이사무엘 선교사님이 미국으로 선교사로 가신 후 처음 영어로 된 주일예배 강의안을 모은 것이었다. 나는 이 강의안을 손에 넣은 것이다. 그리고 매 주 요회 메시지 자료를 여기에서 조금씩 얻었던 것이었다. 여호수아 목자님은 영문을 모른 채 말씀이 좋다고 칭찬을 하시곤 했다. 그런데 문제는 주일예배 용 강의안을 번역하여 요회 메시지로 전하다 보니 분량이 너무 많았다. 거의 한 시간 분량의 메시지를 요회 메시지로 전하자 불만의 목소리가 나오기 시작하였다. 요회에 참석하는 사람들이 주로 당시 모두 나의 친구들이었다. 그들의 불만은 요회 메시지를 너무 길게 전한다는 것이었고, 왜 창훈목자만 메시지를 전하고 자기들은 듣기만 해야 하는가였다. 결국 여호수아 목자님이 이를 무마해 주신 덕에 문제가 더 비화하지는 않았지만 아무튼 사무엘 선교사님의 영어강의안은 나만의 소중한 비밀이었다.

고 이사무엘 선교사님은 참으로 대단하신 분이다. 영어로 된 주일 메시지를 읽는데도 사무엘 선교사님의 메시지는 사람을 사로잡는 감동력과 강력한 힘이 느껴졌다. 마가복음 6장의 오병이어 사건의 메시지, 에스라서 7장 10절 말씀으로 전하신 한 편의 설교인 <The Decision of Ezra>는 지금도 그 감동과 힘이 느껴지는 듯하다. 당시 나를 뜨겁게 사로잡았던 한 편의 설교가 바로 <The Decision of Ezra>였다. "에스라가 여호와의 율법을 연구하여 준행하며 율례와 규례를 이스라엘에게 가르치기로 결심하였었더라"(에스라 7:10) 에스라의 세 가지 결심이란 첫째, 성경을 연구하기로 한 결심이었다. 둘째는 율법을 준행하기로 한 결심이었다. 그리고 셋째는 율례와 규례를 이스라엘에게 가르치기로 한 결심이었다. 바벨론 포로에서 돌아온 이스라엘은 영적으로나 국가적으로나 황폐하여 무너진 나라였다. 이때 에스라는 하나님의 말씀을 연구하고 준행하며 가르치기로 결심한 것이다. 이 한 편의 설교말씀은 나의 가슴을 뜨겁게 만들었다. 나의 삶의 푯대요 방향이 되었다. 아! 그렇다. 하는 탄성과 감동이 가슴속 깊은 곳으로부터 나왔다. 물론 나는 이 설교를 요회 메시지로 전했다. 틈만 나면 이 말씀을 인용하여 전했다. 나의 평생에 이 한 말씀은 나의 인생관이 되었고, 나의 사명이 되었다. 이 말씀이 나를 붙잡았다. 내가 Dr. Samuel C Lee를 존경하고 사모하게 된 것도 실은 이 한 편의 설교 때문이라 해야 할 것이다. 그분은 나의 흠모자가 되었다.

20

첫사랑

UBF에서는 남녀의 교제를 금하고 있다. 젊은 남녀의 모임인데다가 역사를 섬기는 가운데 서로가 늘 함께 기도하고 심방하며 마음을 모으다 보면 서로 이성 간의 감정이 싹트기도 한다. 그래서 은밀하게 교제하는 사람이 나오기도 하는데 이럴 때는 매우 엄격하게 이성교제를 금한다. 소감을 써서 회개시키기도 하고 책망을 받는 것은 가벼운 경고에 불과하다. 심한 경우는 모임에 나오지 못하도록 하는 경우도 있다. 대게 서로가 좋아하게 되어 결혼을 생각하게 되면 스스로가 센터를 나가는 경우도 많다. 이성교제를 지나치리만큼 철저하게 다루는 이유는 UBF가 젊은 대학생들의 모임인데다가 모임에서 한두 쌍의 이성교제가 이루어지면 그 모임은 거의 초토화가 되는 예가 많기 때문이다. UBF의 전통적인 결혼관은 철저한 중매결혼 형태이다. 결혼 적령기에 든 남녀를 대상으로 기도하는 가운데 적당하다고 판단되는 상대가 있으면 목자가 결혼을 주선한다. 대략 일주일 정도의 기도시간을 갖도록 하고 상대방을 결혼대상으로 생각하는지를 묻는다. 만약 본인들이 거절할 경우는 이루어지지 않지만 대게는 목자들의 권유로 성사되는 경우가 다반사이다. 이 과정에서 UBF는 내부에서 정해 준 사람끼리만 결혼한다는 식으로 알려져 왔다. 이러한 배경 가운데서 나는 소위말해서 UBF의 믿음의 결혼을 하지 못한 경우였다. 쉽게 말해서나는 연애결혼을 하였던 것이다.

의학과 3학년 여름수양회를 재시 때문에 참석하지 못하였다. 나는 1학기 말 시험에서 몇 개의 재시험에 걸리는 바람에 본과 3학년의 여름수양회에 참석할 수 없게 되었다. 산수동 오거리에서 요회양들을 포함한 광주 UBF의 수양회 차량이 출발하였다. 나는 수양회를 출발하는 형제자매들을 전송하고 덩그러니 산수오거리에 남겨졌다. 그런데 그 자리에 역시 수양회를 참석하지 못하는 한 사람이남았다. 현재 나의 아내이자 당시 우리 요회이면서 약학대학 3학년이었던 미숙 자매도 거기에 있었다. 나는 평소에 미숙 자매의 하얗고 깨끗한 얼굴이 여성스럽고 지성적이라고 생각하였다. 우리 요회소속이기는 하였지만 특별히 많은 대화를 한 것은 아니었다. 그녀는 대학 1학년 때 UBF에 나왔는데 약대에서 첫 양이 왔다고 많은사람들이 그녀를 위해서 기도하였던 것을 기억한다. 미숙 자매는우리 요회가 되었다. 그런데 여름수양회로 출발하는 버스가 떠난후 산수오거리에서 나는 미숙 자매와 단둘이만 남은 것이었다. 그다음날은 아마 토요일과 주일이 돌아오던 때였다. 주일예배를 어디서 볼 것인지 물었더니 특별히 주일예배 볼 곳이 없다고 하였다.마침 나는 당시 학동에서 할머니와 자취를 하면서 할머니가 다니시는 남광주교회에 간혹 출석하곤 하였다. 그래서 미숙 자매에게 남

광주 교회에 같이 참석하자고 제안하였다. 주일날 미숙 자매와 나는 남광주교회 주일예배에 참석하였고, 미숙 자매는 우리 자취방에도 다녀갔다. 마침 그 당시 나는 아폴로 눈병에 걸려 있었다. 눈이 충혈되고 아파서 연신 손수건으로 눈물을 닦아야 했다. 우리는 수양회 동안 학교 도서관에서도 만났다. 수양회 기간 동안 만남이 이어졌다. 그리고 수양회가 끝나는 날 나는 미숙 자매에게 돈을 빌려서 형제자매들을 마중하러 나갔다. 산수동 UBF 센터 건물의 지하에 위치한 중국집에서 자장면을 시켜서 형제자매들과 함께 먹었다.

미숙 자매와의 만남은 계속되었다. 그때 우리는 학교에서 양동 미숙 자매의 집까지 걸어서 데이트를 하였다. 어느 날은 데이트 하는데 미숙 자매가 나의 두터운 내과학 교과서를 들고 있었다. Cecil을 들고 가는 미숙 자매와 무슨 대화를 하다가 나는 교과서를 돌려받지 않고 발걸음을 돌려 집으로 와 버렸다. 며칠 후 미숙 자매가 Cecil교과서를 들고 의학과 3학년 강의실로 찾아왔다. 우리는 약속이라도 한 듯이 광주 박물관이 있는 곳에서 데이트를 하였다. 10월 1일이었다. 활짝 핀 코스모스가 누렇게 익은 볏논두렁에서 하늘거리며 가을을 만끽하던 때였다. 부서지는 가을 햇살을 받으면서 우리는 코스모스가 하늘거리는 들판의 잔디밭에 앉아서 처음으로 사랑 고백을 하였다. 미숙 자매는 나의 사랑 고백을 받아 주었다. 우리의 만남은 가을을 지나 겨울을 거치면서 새봄을 맞는 의학과 4학년 초가 되었다. 그러는 동안 요회 양들은 하나둘씩 흩어지기 시작하였다. 아무도 모르게 교제하고 있었으나 하나님은 알고 계셨다. 우리는 커피숍에서든 공원에서든 만나기만 하면 기도부터 시작하였다. 그 무렵 예상하지 못한 사건이 발생하였다. 독일에 있는 여자 선교사가 독일 의과대학에 입학하였는데 의대생 중에서 배우자를 선택해야 한다고 하였다. 서울 본부센터에서 연락이 왔다. 목자님은 나더러 서울에 가서 면접을 보고 오라고 하셨다. 양복이 없었다. 목자님은 자신의 양복을 주면서 다녀오라고 하셨다. 독일 선교사와의 결혼방향이 추진되고 있었던 것이다. 서울에 가서 선교사를 만나고 오면 그 후론 일사천리로 결혼이 진행될 것이 뻔하였다. 그런데 이때 여동생 진주가 순천에서 광주에 잠시 들르러 왔다. 나는 동생 진주에게 자초지종 상황을 얘기하면서 어떻게 하면 좋겠느냐고 물었다. 진주는 순천에 계신 아버지에게 말씀드려서 목자님에게 항의전화를 드리도록 하자고 했다. 아버지는 아들을 독일로 보내는 것도 싫으셨고, 더구나 선교사와 결혼하는 것, 아버지의 의사와는 무관하게 결혼을 추진하는 것, 더더구나 나보다 나이가 네 살이나 위인 사람과 결혼을 시킨다는 것을 반대하고 계셨다. 예상대로 아버지가 흥분하여 목자님에게 전화를 하셨다. 어떻게 아버지가 알게 되었느냐고 목자님이 물으셨다. 나는 동생 진주가 광주에 잠깐 들렀다가 알게 된 것이 그렇게 된 것 같다고 말씀드렸다. 결국, 서울에 선을 보러 가는 일은 무산되었다.

이 무렵 미숙 자매가 나에게 결혼을 하려면 목자님을 만나야 한다고 고집하였다. 나의 직감으로는 가당치 않은 일이었다. 그러나 미숙 자매의 강권으로 나는 목자님을 찾아갔다. 결혼을 하게 해달라고 하였다. 목자님은 일언지하에 거절하셨고, 그렇게 하실 수 없다고 잘라 말했다. 목자님을 만나고 난 후에도 우리의 만남은 계속되었다.

21

징계의 손길

　의과대학 4학년이 시작되었다. 3월이었다. 그동안 간염보균자로 알고 있던 나는 나의 간염상태가 심각하다는 진단을 받았다. 조대병원의 벚꽃이 만개한 어느 날 나는 병원에 입원하였다. 병명은 만성활동성 간염이었다. 간생검을 하는 날 실습나온 친구들이 보고 있는 가운데 굵고 긴 샘검바늘이 나의 오른쪽 옆구리를 뚫고 들어갔다. 내과교수님이 회진에 오셔서 잘 이겨내라고 위로해 주셨다. 병리학 레지던트였던 전호종(현 조선대총장)선생님이 매일 저녁 병실을 방문하여 찬송을 불러 주었다. 병실 밖에는 벚꽃이 흐드러지게 피어서 바람에 꽃잎을 날리고 있었다. 몸은 피곤하고, 조금만 무엇을 해도 지쳐서 잠을 잤다. 4학년이라 새로 구입한 국가고사 준비용 교재는 깨끗한 채 병실 한쪽에 놓여있었다. 아침이면 눈을 뜨자마자 두려움과 절망이 엄습하였다. 하나님의 징계의 손길이었다. 아무도 이것이 하나님의 징계의 손길이라는 사실을 알지 못할지라도, 나에게는 너무나 분명한 징계의 손길 임을 부인할 수 없었다. 이 무렵 하나님의 징계는 여기서 끝나지 않았다. 미숙 자매가 약사 국가고시에 낙방한 것이다. 미숙 자매는 약사고시 합격자 발표를 보고 와서 나의 자취방을 찾아왔다. 어렵게 약사고시 불합격을 나에게 얘기하였다. 나는 깊은 슬픔에 잠겼다. 마음이 아팠다. 나의 아픈 마음 이상으로 고통받고 있을 미숙 자매를 위해서 긴 위로의 편지를 썼다. 그리고 이 모든 아픔을 감당하기로 하였다. 의과대학 4학년 한 해 동안 나는 조대병원 입원과 퇴원 후 순천에 내려가서 혼자 공부하는 시간을 가졌다. 이 기간 동안 미숙 자매도 약사고시를 위한 준비를 해야 했다. 의과대학 4학년 여름 수양회도 시험과 건강문제로 참석할 수 없었다.

4월 한 달을 꼬박 조대병원에 입원하였다가 퇴원한 후에도 두어 달을 순천 집에 내려가 요양을 하였다. 4학년 임상실습이 한창일 때 나는 대부분의 임상실습을 하지 못한 것이다. 과목별로 교수님을 찾아뵙고 사정을 이야기하니 대부분의 교수님들은 실습을 면해 주셨다. 그러나 몇몇 과목에서는 보충실습을 하도록 하여서 나는 동료들의 임상실습이 다 끝난 후에도 여름방학 기간에 실습을 계속하였다. 정신과 병동에서는 환자들과 바둑이며, 탁구를 치고 노는 시간이 있는데, 건강이 좋지 않아서 나는 틈만 나면 빈 병실에서 누워 휴식을 취하곤 하였다. 간호사가 교수에게 학생의 동향을 보고하였다. 학생들 중에는 총명하고 교수들 눈에 만족스럽게 공부하는 학생들이 있는가 하면 그렇지 못한 학생들도 있다. 우리가 속한 실습조는 학교가 좀 늦어져서 나이든 사람들이 많았다. 나는 원래 내가 속한 실습조에서 실습을 하지 못했던 연고로 나이든 사람들의 실습조에 편성되어 정신과 실습을 하였던 것이다. 그런데 하루는 교수가 우리를 부르더니 안타까운 마음과 질책하는 마음으로 책망하시는 것이었다. 그런데 교수님의 책망의 말 속에는 우리를 형편없는 사람들로 여기는 듯한 인상이 풍겼다. 후에 그 교수는 지역에서 국회의원에 당선되기도 하였다. 4학년 2학기는 몹시 긴박하게 돌아갔다. 졸업시험과 국가고시 준비로 여념이 없었다. 국가고시를 두 달 남겨 놓은 상태에서 나는 책을 싸 들고 순천 집으로 내려갔다. 그리고 집에 칩거하여 두 달간 집중적으로 국가고시를 준비하였다. 그동안 4학년에 올라와 공부를 거의 하지 못한 상태에서 국가고시 준비는 사활이 달린 문제였다. 다행이 공부에 집중이 잘 되었다. 나의 공부 방식은 야행성이었다. 밤새도록 세상이 고요히 잠든 시간에 불을 밝히고 공부를 한다. 아버지가 헨델의 메시아 전곡이 녹음된 테이프와 카세트 녹음기를 사다 주셨다. 이어폰으로 음악을 들으면서 공부하는데, 헨델의 메시아를 반복해서 들으면서 공부하다 보면 기분이 최고로 고조된다. 거의 유포리아(euphoria) 상태를 느낄 지경으로 기분이 좋아진다. 헨델의 메시아가 거의 머릿속에 입력되어 전곡의 흐름을 암기할 지경이 되도록 반복하여 들으면서 두 달간의 시험준비가 이루어졌다. 공부한 지 한 달째에 인턴 시험이 있었다. 학생시절부터 꿈에도 그리던 전주예수병원 인턴시험에 응시하였다. 낙방하고 말았다. 당시 전주 예수병원 인턴시험은 전국적으로 경쟁이 심하고 들어가기가 쉽지 않은 때였다. 나는 후기 인턴 시험을 포기하고 남은 한 달의 국가고시 준비에 올인하였다. 마침내 국가고시를 치르기 위해 우리는 롯데호텔에서 국가고시 며칠 전부터 투숙하여 준비를 하고 있었다. 드디어 내일이면 국가고시 시험인데 그날밤 잠이 오지 않는 것이었다. 평소에 야행성으로 공부를 한 터라 새벽이 다가오도록 잠을 이룰 수 없었다. 정신이 초롱초롱 맑아지고 몸은 피곤한데 잠을 이룰 수 없는 것이었다. 나는 근처 약국에 들러 우황청심환과 수면제를 사서 먹었으나 여전히 잠을 이룰 수 없었다. 거의 뜬 눈으로 아침을 맞아 새벽 일찍 아침식사를 마쳤다. 아침 식사는 호텔 인근 뒷골목의 곰탕집에서 설렁탕으로 아침을 때웠다. 버스를 타고 수험장으로 향하는데 몸의 컨디션이 좋지 않았다. 그러나 수험장 안은 난로가 따뜻하게 준비되어 있어서 시험에 임하자 힘든 줄 모르게 시험을 무사히 치렀다. 합격이었다.

미숙 자매도 우리와 같은 학교에서 약사고시를 치렀는데, 철호가 수험장에서 미숙 자매를 본 모양이었다. 철호가 하는 말이 아니 국가고사 시험 보는 데까지 따라왔느냐는 것이다. 철호는 사실 미숙 자매가 지난해 약사고시에 실패한 사실을 모르고 있었던 것이다. 미숙 자매도 약사시험에 합격의 영광을 누렸다.

22

대구 국군 통합병원

만성간염의 진단을 받고 한 달간 병원에 입원하였다. 한참 임상 실습과 국가고사를 준비해야 할 때 나는 한 달간의 입원과 그 후 한 두 달간의 요양기간을 거치는 동안 공부를 하지 못했다. 꿈에 도 그리던 전주에 있던 기독교 병원인 예수병원 인턴시험에 낙방 하였다. 다행히 국가고시를 통과하여 군의학교에 입대하였다. 대구 국군통합병원 내에 있는 군의학교(軍醫學校)에서는 군의 후보생들 을 대상으로 일주일간의 건강검진을 한다. 만성 활동성 간염은 군 복무 면제 대상이 되지 못했다. 군의후보 13기로 군의학교에 입대 하였다. 군의훈련은 대구에서 2주간의 교육을 마치고 나면 영천에 있는 3사관학교로 이동하여 그곳에서 6주간의 군사훈련을 받는다. 3사관학교에서는 기초 군사훈련을 받게 되는데, 영천은 여름에 덥 고 겨울에 춥기로 소문난 곳이었다. 군사훈련장은 3사관학교의 주 변 산야에 흩어져 있었는데, 때로는 먼 길을 걸어서 이동해야 하 는 훈련도 많았다. 아직 건강을 회복하지 못한 나에게 6주간의 군사훈련은 감당하기에 힘든 일이었다. 3사관학교 의무대를 거쳐 나는 대구 국군 통합병원으로 후송되었다. 나 외에 두 명의 군의 후보생이 후송되었다. 우리 세 사람은 약 한 달간 대구 국군 통합병원에 입원해 있다가 귀가 조치되었다. 군의학교를 중퇴한 것이다. 대구 국군 통합병원에는 많은 환자들이 입원해 있었다. 우리가 입원한 병동은 내과병동으로서 수십 명이 함께 입원하고 있는 대형 입원실이 있고, 우리는 그 입원실 바로 곁에 작은 병실에 격리 입원되었다. 군의후보 세 사람이 입원한 작은 병실에 얼마 후 해병대 장교와 병사 한 사람이 입원하였다. 그런데 해병대 병사가 우리 병실로 함께 입원하여 들어오자 그 해병대 병사에게 군의 후보 식사를 나르라고 자기들끼리 실랑이를 하는 것이었다. 우리는 모른 척하고 있었다. 입원하고 있던 근 한 달간 우리를 간섭하는 사람들은 없었다. 그러나 바로 옆에 큰 병실에 입원하고 있던 병사들의 상황은 달랐다. 매일 저녁 점호를 취했고, 점호 때면 큰 소리를 지르며 군기를 잡고는 하였다. 우리가 있던 건물에서 바로 내려다보이는 아랫동 건물은 정신과 병동이었다. 저녁 점호시간이면 정신과 병동이 훤하게 불이 밝혀져 병실 내부와 푸른 환자복을 입은 병사들의 모습이 그대로 보였다. 그런데 정신과 병동은 내과 병동보다 훨씬 분위기가 좋았다. 점호시간이면 모두가 흥겹게 합창을 하였다. 군가를 부르는 것이 아니라 박자를 맞춰 유행가를 부르는데, 즐겁고 행복해 보였다. 환자들은 정신과 병동 앞을 지나다니기를 무서워하였다. 정신과 병동 환자들이 붙잡고 괴롭힌다는 것이다. 아무튼 그때 정신과 병동의 푸른 환자복을 입은 병사들이 부르던 흥겨운 유행가 곡조가 아직도 귀에 들리는 듯하다. 내과 병동에서는 노래를 부르지 않았다. 대신 가끔씩 구타와 가혹행위가 있었다. 우리 병실 옆의 큰 병실에는 아마도 하사관이 같이 입원하고 있었는지 하사관은 병실의 환자들에게 간혹 가혹한 벌을 내리기도 하였다. 한번은 밤에 너무나 시끄러워서 잠이 깼다. 그런데 고참 하사관이 밤늦게 술에 취해 들어와서 무슨 이유인지는 모르지만 병사들을 깨워 놓고 구타를 하고 있었다. 몽둥이로 때리는 소리, 아프다는 비명소리…… 왠지 모르는 분노가 일었다. 하지만 아무것도 할 수 없는 신분이었다.

우리와 함께 입원한 해병대 중위는 해병대 훈련이 얼마나 고된지 자랑삼아 얘기하곤 하였다. 한 달간의 입원 후 우리는 각자 퇴원과 함께 집으로 향했다.

23

일자리를 찾아

군의학교를 중퇴하고 집으로 가게 되었다. 군의학교에서 지급받았던 군화며, 군복, 모든 개인 장비를 반납하고 나니 입을 옷도, 신도 없었다. 우리를 안내하던 장교가 가까운 시장으로 우리를 데리고 가서 신발과 가벼운 옷을 사도록 하였다. 나는 가지고 있던 돈으로 운동화와 운동복 상하를 샀다. 군화와 군복 등이 가득 든 개인 더블백을 반납하려고 하니, 동료의 더블백에서 누군가가 군화를 바꿔치기하였다. 군의학교에서 받았던 새 군화대신 낡은 군화가 들어 있었다. 그 일로 내가 괜히 흥분하였다. 짐을 들어주던 키 큰 병사에게 어찌 된 일이냐고 따졌더니 그도 화가 나서 뭐라고 하는데, 참 할 말이 없었다. 정작 군화를 바꿔치기 당한 동료는 가만히 있었는데 나 혼자 흥분하다가 본전도 못 찾은 것이다. 늦은 오후 고속버스에 몸을 실었다. 짧게 깎은 훈련병의 머리에, 운동화와 트레이닝복 차림의 나……. 거기다 멀미하고 토하고 다시 기억하고 싶지 않은 시간들이었다.

대구 국군 통합병원에서 근 한 달을 보내고 나니 3월도 후반으로 접어들었다. 젊은 날의 나의 장래가 조바심이 났다. 친구들은 군의학교에서, 병원에서 각자 제 길을 열심히 가는데, 나만 멈추어서 있는 것 같았다. 여기서도 저기서도 썩 환영받지 못한다는 기분이 들었다. 주위에서 안타까운 시선으로 나를 바라보고 있다는 생각을 하였다. 건강은 건강대로 미지수였고, 장래의 일도 미지수였다. 나는 이제 무엇을 해야 할 것인가?

　어찌하든지 인턴을 마치고 싶었다. 학창시절부터 꿈에도 그리던 소망이 인턴이었다. 학창시절 내내 마음속에 그리던 그림이 있었다. 수술 스크럽 모자를 쓰고 마스크를 한 인턴의 모습! 그 모습을 나는 얼마나 그리며 꿈꾸어 왔던가! 본과 1학년 때 친구와 함께 전주 예수병원을 다녀온 후부터 예수병원에서 수련 받는 것이 나의 꿈이었다. 꿈속에서도 깨끗한 시설의 예수병원이 나타나곤 하였다. 본과 4학년 때 의사국가고시를 치르기 한 달 전 인턴시험이 있었다. 전주 예수병원에 응시하였다. 레지던트 수련 중이던 학교 선배들이 나와서 환영해 주었다. 그러나 4학년 한 해를 병마와 싸우던 나는 별로 공부를 하지 못했다. 인턴시험에 탈락하고 말았다. 남은 한 달간의 시간 동안 국가고사를 준비하느라 후기 인턴시험은 엄두가 나지 않았다. 국가고사에 합격한 후 나는 군의학교에 들어갔다.

　군의학교 중퇴 후 나의 주치의였던 내과 교수님을 찾아갔다. 교수님은 내가 인턴을 하고 싶다고 하자 내 얘기를 들으시고 해남병원을 소개해 주셨다. 나는 교수님의 소개를 받고 해남병원을 찾아갔다. 원장님과 몇 분 과장님들이 교수님의 전화를 받고 나를 기다리고 있었다.

그러나 결과는 그렇게 좋지 않았다. 해남병원은 아직 인턴 수련 병원으로 등록된 병원이 아니었다. 나는 연락처만 남기고 순천 집으로 돌아왔다. 갑자기 가슴속에서 알 수 없는 오기가 올라왔다. 전국을 찾아 헤매면 까짓것 인턴자리 하나 못 구하겠나 싶은 생각이 들었다. 다음날 부모님께 말씀드리고 부산으로 향했다. 부산에는 친구 Y를 비롯해서 동기들 몇몇이 인턴을 하고 있었다. 그들을 만나서 자리를 알아보고자 하였다. 헛수고였다. 3월도 한참 지난 때라 이미 인턴은 모집이 끝났고, 더구나 군의학교 중퇴자는 자리가 있다 해도 인턴으로 쓸 수 없다고 하는 야속한 답변마저 들었다. 부산시청을 방문하여 보건소 자리라도 있나 알아보았다. 오지 (奧地)에 자리가 있기는 하나 잘 생각해 보라고 하였다. 친구 Y가 저녁에 호텔에서 미팅이 있는데 함께 가자고 하여 따라갔다. 부산 시내 다른 병원의 여자 인턴들과의 미팅자리였다. 그들은 맥주를 마시면서 춤을 추었다. 친구가 내 형편을 얘기하며 나를 소개하자, 여자 의사들이 안됐다는 반응이었다. 다음 날은 마산으로 향했다. 여관에 숙소를 정하고 이곳저곳 병원으로 자리를 알아보기 위해 전화를 하였다. 마산 무슨 병원인지 응급실로 전화를 돌려주었다. 간호사가 말하기를 교통사고 환자가 많이 몰려와서 정신이 없다고 하였다. 수화기 너머로 응급실의 시끄러운 소리가 들려왔다. 집을 나올 때는 전국을 훑어서라도 인턴자리를 찾아보려 했는데, 이틀도 못 되어 나는 지치고 말았다. 그때야 하나님이 생각났다.

24

회개의 시간

하나님 어떻게 할까요? 하나님께 도움을 구하기에는 너무나 죄스러운 나의 모습이 아닌가! 나는 이미 신앙에서도 실패한 자였다. 나는 하나님께 범죄한 자요, 그래서 하나님께로부터 징계의 채찍을 맞은 자였다. 나는 하나님의 징계 아래서 고통하며 신음하던 자였다. 대학시절 하나님은 나를 캠퍼스 목자로 부르셨다. 대학생성경읽기선교회(UBF)에서 성경을 공부하고 신앙생활을 하면서, 하나님께서 나를 학창시절 목자로 부르시는 은혜를 깨달았다. "나는 대학캠퍼스의 목자다!"라는 긍지가 있었다. 매주일 요회 모임에서는 성경말씀을 전하는 메신저가 되었다. 선교회 모임에서는 젊은 대학생 남녀가 이성교제를 하는 것을 금(禁)한다. 이것은 불문율과 같은 이 모임의 규범이었다. 나는 이 부분에서 하나님께 범죄하였다. 한 그룹의 요회를 인도하는 요회 목자로서 나는 약대 다니는 지금의 아내와 사귀기 시작하였다. 남몰래 눈을 피해 교제를 하였다. 이때 하나님은 간염이라는 질병으로 나에게 회개를 촉구하셨다. 그러나 나는 깨닫지 못했다. 교제는 계속되었고, 요회 양들은 하나 둘 흩어지기 시작하였다. 지도하시는 목자님에게 가서 결혼하겠다고 말씀을 드렸다. 본과 4학년 때였다. 목자님은 허락할 수 없다고 하셨다. 그렇게 할 경우 자신이 목자생활을 할 수 없다고 하셨다. 이해가 가지 않았다. 교제는 계속되었다. 4학년 봄, 벚꽃이 흐드러지게 만발하던 어느 날 나는 조대병원에 간염으로 입원하였다. 입원기간 동안 할머니가 병실에서 나를 간호하셨다. 간 조직을 생검하는 날, 교수님은 시술에 따른 합병증의 위험을 알려주셨다. 간 생검을 하는 동안 임상실습 나온 친구들이 보고 있는 가운데, 시술이 이루어졌다. 할머니가 복도에서 엎드려 기도하고 계셨다. 한 달간의 입원 후 집에 내려가 또 한 달 이상을 쉬었다. 의대 4학년인데 공부하지 못했다. 하나님은 그런 중에도 긍휼을 베푸시고 의사시험에는 합격게 도우셨다. 그러는 동안 나는 지금 나의 아내가 된 자매와 결혼을 약속하는 사이가 되었다. 선교단체의 규범을 어겼다. 나에게는 죄의식과 죄책이 있었다. 졸업식에서는 목자님의 얼굴을 보지 않고 따로 자매와 가족들과 사진을 찍었다. 나는 학창시절 쌓아온 선교단체에서의 신앙의 탑이 무너지는 것을 느꼈다. 나는 죄인이었다. 그리고 군의학교로 간 것이다.

나는 하나님 앞에서 나의 죄를 자복하고 회개하는 시간이 필요하다는 것을 느꼈다. 그렇다! 오산리 금식기도원으로 들어가자. 나는 3일간의 금식기도를 작정하고 서울로 향했다. 여동생 진주가 보호자 겸해서 나를 동행해 주었다. 진주는 나보다 두 살 아래의 여동생으로, 대학시절 나의 인도로 UBF에 와서 성경을 공부하고 신앙이 돈독해졌다. 내가 혼자서 금식기도를 한다고 하자 부모님이 여동생더러 오빠를 동행하도록 하셨다. 여의도 순복음 중앙교회 앞에서 버스를 타고, 오산리 기도원으로 갔다. 기도원에 처음 도착한 후, 나는 그날이 특별한 행사가 있는 날인가 하고 생각하였다. 노아의 방주처럼 생긴 커다란 건물 내부에는 무지하게 넓은 홀이 있었는데, 홀에는 어림잡아 수천 명의 사람들이 운집해 있었다. 집회는 하루 네 차례 있었다. 새벽과 오전, 오후, 그리고 밤 집회였다. 매 집회 때마다 강사들이 바뀌면서 찬송과 설교가 그치지 않았다. 주로 잠은 작은 방으로 돌아와 여러 사람이 함께 자는데, 또 수많은 사람들이 그냥 홀에서 자면서 집회에 참석하고 있었다. 간염을 앓고 있던 터라 금식을 하자 저혈당이 왔는지 엄지손가락에 경련이 일었다. 나는 2박3일의 일정으로 매 집회에 참석하면서 회개의 시간을 가졌다. 기도원에 올라올 때는 다섯 가지나 되는 큼직한 문제를 안고 왔다. 건강문제, 군대문제, 직장문제, 결혼문제 ─ 당시 자매와 결혼약속이 있었지만, 군의학교 중퇴와 건강 등의 문제로 상황이 좋지 않았다. ─ 그리고 실패한 신앙문제였다. 금식이 시작되면서 나는 이런 문제를 놓고 기도하는 대신 하나님께 철저히 회개하기 시작하였다. 하나님, 나는 당신의 것입니다. 나를 받아주십시오. 하나님, 나를 당신께 다시 드립니다. 나의 인생과 삶을 주관하여 주십시오. 나는 하나님께 자신을 드리고 또 드리기를 계속하며 나의 죄를 회개하였다. 이때 하나님은 내게 말씀을 생각나게 하셨다. 하나님은 먼저 내게 그릇을 보여 주셨다. 그런데 그 그릇은 깨어지고 비스듬히 옆으로 기울어 있는 그릇이었다. 하나님의 손이 보였다. 하나님께서 나에게 복을 주시고자 하시는데, 깨어지고 기울어진 그릇으로 나는 받을 수가 없는 것이었다. 나는 깨달

앉다. 문제는 나에게 있었던 것이다. 나의 믿음의 그릇이 준비되면 하나님께서 내게 필요한 것들을 이미 준비하고 계신다는 사실을 알았다. 마태복음 6장 33절 말씀이었다. "너희는 먼저 그의 나라와 의를 구하라. 그리하면 이 모든 것을 너희에게 더하시리라" 내가 우선적으로 구할 것은 하나님의 나라와 하나님의 뜻인 것이다. 아직 산적한 나의 문제가 하나도 해결된 것은 없었지만, 이미 모든 문제가 해결된 느낌이었다. 건강문제는 일생동안 믿음의 싸움을 해야 하는 것임을 알았다. 알 수 없는 기쁨이 샘솟기 시작하였다. 왜 기쁜지 나도 알 수 없었지만, 말 그대로 샘솟듯 하는 기쁨이 심령에서 넘치는 것이었다. 나는 이틀간의 금식 후 금식을 중단하였다. 기쁨이 왔기 때문이다. 오산리 금식기도원을 내려오는 버스에서 나는 기뻐서 찬송을 부르고 어쩔 줄 몰라 하는데, 동생은 무덤덤하였다. 동생은 기도원에서 금식기도에 열심을 내지 않고 사과며 이것저것 몰래 먹었다고 고백하였다. 친척집을 들르기 위해서 택시를 타고 가는데, 쉬지 않고 전도를 하였다. 사촌 고모네 집에 들려 보니 부적이 온 집 안에 여기저기 붙어 있었다. 전에 교회를 좀 다닌 적이 있던 고모가 결혼하고 부적을 집 안에 붙여 둔 것이다. 그런 고모를 위해서 뜨겁게 기도해 주었다. 외삼촌에게 인사하고 순천 집으로 내려갈 참이었다. 외삼촌 댁에 들려서 인사하고 막 돌아섰는데, 50미터도 못 가서 외삼촌이 부르는 소리를 들었다. "창훈아, 전화 왔다" 해남병원에서 인턴으로 오라는 전화였다. 아니, 인턴수련병원이 아니라고 하더니 인턴으로 오라는 것은 무슨 말인고? 해남병원에서는 당장 와 달라고 하면서 군의학교 중퇴했다는 증빙서를 가져오라고 하였다. 나는 군의학교가 있는 대구를 향해서 밤 기차를 탔다. 동생은 순천행 기차를 타고 집으로 내려 갔다. 대구에 내리자 새벽이었다. 가까운 교회에 가서 새벽기도를 하였다. 아침밥을 사 먹고, 군의학교에 들러서 군의학교 중퇴증을 받았다. 그 길로 버스를 타고, 해남병원으로 향했다. 해남병원에 이르자 원장님은 보건복지부로부터 인턴수련병원으로 인정을 받았 다고 한다. 나 한 사람을 위해서 수련병원 인가를 받는데 300만 원이 들어갔다는 얘기도 해 주었다. 순복음 오산리 금식기도원에서 의 기도와 회개는 나에게 기적을 가져다주었다. 나는 꿈에도 그리 던 인턴이 된 것이다.

25

땅끝 해남에서

해남 종합병원은 우리나라 가장 남단에 속한 지역에 위치하고 있다. 이곳에는 땅끝 마을로 알려진 송지마을을 비롯해서 송호리 해수욕장 등이 있다. 해남 대흥사와 대둔산이 유명하다. 이곳에서 나의 임무는 인턴이었지만, 이비인후과 과장으로서 이비인후과 외래 진료를 하고 수술을 도와야 했다. 해남은 가장 남단에 있는 시골병원이어서 전문의를 구할 수 없었다. 그동안 대학 병원에서 이비인후과 전공의를 파견하여 환자를 진료하고 수술도 하였는데, 그해부터는 대학 병원에서 전공의 파견이 중단되었다. 해남병원 측에서는 마침 내가 인턴 자리를 구한다고 하자, 궁리 끝에 인턴 수련병원으로 보건복지부의 승인을 얻어 낸 것이다. 그러나 의대를 이제 막 졸업한 나로서는 이비인후과 환자를 진료할 수 없었다. 그래서 두 달간 조선대학교 병원에서 이비인후과를 배우도록 하였다. 대학병원 이비인후과 교수님의 배려로 병원에 숙소를 하나 배정받았다. 조선대학교 병원에서 두 달간 이비인후과 진료와 수술에 관한 것들을 배웠다. 같이 학교를 졸업하고 인턴을 하고 있는 동기들과 함께 인턴생활을 시작한 셈이다. 두 달간의 대학병원 수습동안 나는 이비인후과 교수님의 특별한 배려를 받았다. 인턴신분으로는 분에 넘치게도 개인숙소를 배정해 주었고, 봄 학회를 참석하도록 하였다. 마침 이비인후과 춘계 학회가 부산 코모도 호텔에서 열렸다. 나는 당시 레지던트 선생들과 함께 생애 최초 인턴자격으로 학회를 참석한 것이었다. 두 달간의 수습기간을 마치자, 6월부터는 해남병원에서 인턴이자 이비인후과 과장의 일을 시작하였다. 낮에는 이비인후과 외래진료를 하였다. 대학병원에서 두 달간 배운 실력으로 환자를 진료하고 수술이 필요한 환자의 수술 스케줄을 잡았다. 그리고 매주 수요일이면 대학에서 이비인후과 교수님이 오셔서 온종일 수술만 하였다. 수요일 하루에 다섯 명에서 일곱 명의 수술을 하였다. 대학병원에서 하는 수술의 대부분을 그곳에서 하였다. 대학병원 과장인 교수님이 수술을 하고 광주로 올라가고 나면 나는 수술환자를 관리하였다. 날마다 수술부위 드레싱과 오더 (order)를 내리고, 수술환자의 수술 전 처치와 수술 준비를 하였다. 나의 임무는 또 있었다. 응급실 야간 당직근무였다. 해남은 시골이었고, 해남병원은 그 지역에서 유일한 종합병원이라 많은 환자들이 왔다. 응급실에는 주로 농약중독환자, 교통사고 환자를 비롯하여 심각한 환자들이 많았다. 해남병원에 도착한 첫날이었는데, 밤에 소형트럭이 교통사고로 팔다리가 부러지고 끔찍한 사고를 당한 환자 다섯 명을 응급실로 옮겨 왔다. 나는 대학병원에서 이비인후과 외에는 배운 것이 없었다. 대학 4학년 때는 투병하느라 응급실 실습을 하지 못했다. 해남병원에 온 첫날 교통사고로 죽어 가는 환자를 다섯 명이나 받고 보니 나는 무엇을 어떻게 해야 할지 몰랐다. 병원의 모든 의료진들이 투입되어 바쁘게 환자를 응급처치하고 있을 때 였다. 나는 그냥 응급실을 이쪽 끝에서 저쪽 끝으로 왔다 갔다 하고 있는 자신을 발견하였다.

그러나 시간이 흐르고 야간에 응급실을 담당하면서 나는 많은 환자들을 경험하기 시작하였다. 대학병원 인턴이라면 꿈도 꾸지 못할 일들을 그곳에서는 의사가 귀하다는 이유로 직접 경험을 하였다. 시골인데 농약을 마신 환자들이 심심치 않게 온다. 이럴 때는 위세척이라고 해서 환자의 위에다 튜브를 넣고 끊임없이 물로 씻어 내야 한다. 간질환과 위궤양으로 인한 토혈을 구분하는 법도 알았다. 자궁외임신으로 전신이 창백한 환자에게 정맥절개(Cut Down)하는 것은 일상으로 할 줄 알았다. 한번은 환자의 기관절개를 도운 적도 있다. 일반적으로 기관절개(tracheostomy)는 이비인후과 고년차 전공의나 흉부외과에서 시술하는 어려운 수술이다. 그런데 그날은 내과 전문의가 시행하다가 나에게 도움을 요청하는 것이었다. 삽관용 금속튜브를 힘껏 절개된 기관지에다 삽입하였다. 환자의 호흡이 금방 좋아지기 시작하였다. 응급실에는 이비인후과에서 흔히 사용하는 술기(術技)를 요하는 경우도 있었다. 동전을 삼키고 목에 걸려서 오는 아이들은 폴리 카테터를 식도에 넣은 후 풍선을 부풀게 한 후에 잡아채면 동전이 목구멍에서 나온다. 이 때, 동전이 나오면서 기도를 막는 일이 없도록 주의해야 한다. 한번은 정신장애 청년이 집에서 쓰는 바늘을 삼켰다고 응급실로 왔다. 사진을 찍어 보니 목에 길고 가는 바늘이 가로로 박혀 있었다. 난감하기 그지없었다. 그런데 헤드미러를 쓰고 목구멍을 살펴보는

데 순간적으로 금속의 반짝이는 빛이 보였다. 바늘 끝이 보였던 것이다. 켈리를 이용하여 바늘을 뽑아 주었더니 고통스러워하던 청년은 머리가 땅에 닿도록 허리를 굽혀 절을 하는 것이었다.

잊을 수 없는 사연도 있다. 한 40대의 여자환자가 논에서 모를 심다가 쓰러져서 응급실로 실려 왔다. 고혈압이 있었던 이 여자는 뇌혈관 파열 때문이지 응급실에서 사망하였다. 열심히 심폐 소생술을 하였지만, 이미 싸늘한 주검으로 변했다. 시신을 앰뷸런스에 싣고 여자의 집으로 가는데, 이런 경우 내가 앰뷸런스에 함께 타고 동행하는 경우가 많았다. 해남에서도 남쪽으로 한참을 내려가니 논 가운데 마을이 나왔다. 그 여자의 집은 마을에서도 가장 가난한 작은 초가집이었다. 여자 혼자서 어린 아이들 넷을 키우고 있었다. 그런데 엄마가 논에서 일하다 아이들만 남겨 놓고 죽은 것이었다. 환자의 시신을 앰뷸런스에서 내려서 오두막집 방안으로 옮겨 놓고 떠나려는데 집에는 몇몇 가까운 동네 사람들과 어린 아이들만 옹기종기 모여 있는 것이다. 가장 큰 아이가 초등학교 4~5학년쯤 되어 보였다. 아이들은 처음에 영문을 모르고 놀란 모습으로 있었다. 아이들을 데리고 엄마의 시신이 놓인 방으로 들어갔다. 상황을 잠시 설명해 주고는 함께 기도하자고 하고, 아이들을 위해서 기도하는데 그때서야 상황을 알게 된 아이들이 흐느끼기 시작하였다. 아이들만 동네 사람들에게 남겨 놓고 돌아오는 발걸음이 그렇게 무거울 수가 없었다.

해남병원에서의 인턴생활은 낮에는 이비인후과 외래 진료, 밤에는 잦은 응급실 당직근무로 심신이 힘들었다. 병원에서는 나를 위해서 전용숙소로 병실을 하나 제공해 주었다. 그런데 어느 날은 전두환 전 대통령이 해남을 방문하는 중에 대통령을 위한 병실을 만들어 두어야 한다면서 방을 비워 달라고 해서 며칠을 외래에서 잠을 잤다. 대학에서 교수님이 와서 보시고는 나더러 고생한다며 위로를 하시는 것이었다. 이 때쯤 어머니에게서 전화가 왔다. 전화를 받는데 울컥 울음부터 나왔다. 병원생활이 힘들긴 힘들었던 모양이다. 물론 전두환 전 대통령이 그 병실에 오지는 않았다. 덕분에 내가 쓰던 방은 바닥에 새로운 모노륨이 깔리고 페인트칠을 하는 등 방 분위기가 새로워졌다. 그 후로는 할머니가 오셔서 나를 섬겨 주셨다. 할머니는 나를 헌신토록 섬겨 주신 분이셨다. 해남병원에서 고생을 했지만, 나에게는 소중한 시절이었다. 해남병원을 생각할 때면 나의 인턴 시절의 소중한 추억과 시간들이 기억난다. 해남병원 원장님도 그런 나를 두고두고 후배들에게 자랑삼아 얘기하시곤 하셨다. 내가 대학에 교수가 되었는데도 그때를 잊지 않으시고, 학생들이 그곳에 순회인턴으로 갈때면 내 얘기를 하신다는 것이다.

26

신혼의 군의학교

해남병원에서 인턴을 마치면서 결혼을 하였다. 2월 4일은 나의 결혼기념일이다. 그리고 2월 7일, 다시 군의학교에 들어가야 했다. 군의학교 중퇴자는 다음해 다시 입교를 해야 한다. 3일간의 신혼여행을 끝내고 입영한 것이다. 신혼여행은 부산 해운대로 갔다. 해운대가 생각난 것은 고등학교 2학년 때 수학여행 코스 중에 해운대를 가 본 적이 있기 때문이다. 우리는 수학여행 중에 해운대에서 하룻밤을 자면서 밤바다를 거닐었다. 친구와 해운대 백사장을 걷는데 파도소리와 함께 해운대의 밤바다가 그렇게 서정적일 수 없었다. 부산은 나에게 야릇한 정서를 느끼게 한 곳이었다. 저녁 땅거미가 내려앉을 무렵에 우리가 탄 수학여행 버스가 부산 시내로 들어갔다. 갑자기 어디선가 미국 서부 영화에서나 보는 보안관의 멋진 의상을 입은 남자가 지프를 타고 나타나더니 손짓하며 우리를 안내하는 것 이었다. 우리는 마냥 신기하고 재미있어 하였다. 회색의 도시에 저녁 안개는 자욱하고 이슬비가 내리고 있었다. 우리는 불 켜진 용두산 공원을 둘러보았다. 부산의 첫인상은 그렇게 내에게 다가왔다. 해운대의 한 숙소에 머물렀다. 가을이라서 밤에 추웠는데 우리 방에는 이불이 부족하였다. 친구들과 마냥 웅크리고 자던 추억, 철썩이던 밤바다의 파도소리, 파도를 피하다가 물에 젖은 운동화, 운동화의 모래를 털던 추억들…… 나는 고등학교 수학여행의 추억에 끌렸던지 신혼 여행지를 해운대로 결정하였다. 그리고 해운대에서만 3일간 지내다가 집으로 돌아왔다. 다음날 아침 입영을 위해 순천에서 대구행 버스에 올랐다.

대구 군의학교에는 전국 의과대학에서 군의 후보생들이 모여든다. 이곳은 군의(軍醫)라는 이름으로 의사들이 모이는 소통과 교류의 장(場)이다. 이제 갓 의과대학을 졸업하고 온 후보생들은 주로 공중보건의(公衆保健醫)로 가게 된다. 인턴을 마치고 온 후보생들은 거의 전방 전투부대의 군의관으로 임명된다. 전문의를 막 취득한 군의 후보생들은 사단 급 군의관이나 국군병원의 전문 과목 군의관으로 배치된다. 하지만 전문의들 중에 상당수가 공중보건의로 배치되는 경우가 있었다. 이러한 분류는 3주간의 군의학교 교육과 6주간의 3사관학교 군사훈련을 마치고 장교임관을 하면서 이루어졌다. 공중보건의(公衆保健醫)로 가는 경우는 장교임관과 동시에 예비역으로 편입되어 발령을 받는다. 대구 군의학교에서는 주로 이론교육을 받게 되는데, 입영 후 2주간의 교육과 3사관학교의 6주 군사훈련을 마치고 1주간의 임관 및 배치를 기다리는 시간이 있었다. 군의학교에 입영한 시기가 2월 초이기 때문에 한참 추운 날씨였다. 아침 여섯 시에 일어나 군의학교 연병장에서 점호를 취하는데, 아직 해가 뜨기 전이라 캄캄한 시간이었다. 군의학교의 내무반

건물 위로 새벽마다 우뚝 솟은 굴뚝에서 하얀 연기를 내 품고 있는 모습이 아직도 눈에 어린다. 군의학교에서의 첫 2주간 생활은 군인도, 민간인도 아닌 어정쩡한 분위기이다. 약 20여 명이 한 내무반을 사용하는데 각자의 출신대학과 수련병원들이 달라서 서로 많은 얘기들을 나눈다. 전국의 사투리가 어우러지고, 수련과정을 마친 사람과 이제 막 의대를 졸업한 사람들이 뒤섞인다. 병원에서 수련 받는 동안에는 의대생과 레지던트는 하늘과 땅이었는데, 군의학교에서는 동지요 전우가 된다. 우리들끼리의 호칭은 서로가 '선생'이었다. 내무반 사람들은 군의학교와 3사관학교 훈련을 거치면서 서로 간의 우정으로 깊어진다. 같은 중대에 있었다는 이유로 후에 전역 후 의사로서 혹은 교수로서 생활하면서 그때의 친분을 기억하기도 한다. 서울의대 학장을 지낸 왕○○ 박사는 나와 같은 중대에 속해 있었다. 그분은 우리 중대의 중대장 후보생이었다. 교수가 된 후 학회에서 만나 보니 세계적인 신경외과 학자인 것을 알게 되었다. 군의학교에 입영 후 대학졸업식에 모든 후보생들에게 외출이 주어진다. 주로 학교에서 스쿨버스가 와서 대학별로 군의후보들을 싣고 졸업식에 참석하고는 하였다. 졸업식 이후 곧바로 3사관학교에 입소한다. 3사관학교에서는 6주 동안 기초 군사훈련을 받게 된다. 한 내무반에는 여덟 명의 군의후보생들이 생활하면서 본격적인 군 생활이 시작된다. 나는 이곳에 두 번째로 오게 된 것이다. 첫 번째는 군의 13기로 들어왔다가 건강상의 문제로 중퇴하였다가, 인턴을 마치고 결혼을 한 후에 군의 14기로 들어온 것이다. 나는 막 결혼한 신혼시기를 사랑하는 아내와 떨어져서 두 달 이상을 병영에서 시간을 보내게 되었다. 2월에 입소하여 4월에 임관을 하기 때문에 겨울 산야에 봄이 와야 한다. 초원에 파아란 새 싹이 돋고, 마른 가지에 푸른 잎이 돋아서 만물이 소생하는 봄이 되어야 이 훈련이 끝나는 것이다. 3사관학교의 훈련이 시작되는 시기가 이미 3월에 접어들자 하루가 다르게 영천의 산야는 봄의 신호를 보내고 있었다. 훈련장으로 행군하여 갈 때 길가의 밭 언덕에 파아란 싹이 한두 개 돋아나는 것을 보면 몹시도 반갑고 기뻤다. 내무반 창 너머로 보이는 3월의 영천 들판은 신혼기간을 훈련소에서 보내는 나에게 잊지 못할 추억이었다. 그동안 봄에 새싹이 돋고 꽃이 피는 것을 많이 보았지만, 이토록 파아란 새싹이 돋기를 기다리고 봄이 오기를 고대하던 적은 없었다. 입영과 군복무는 갓 결혼한 신혼의 젊은이에게는 잔인한 시간임이 틀림없었다. 아내가 보고 싶었다. 훈련 중에 한 후보생이 나와서 유심초의 <사랑이여>를 불렀다. 가사 한마디 한마디가 가슴속에 스며 오면서, 아내를 향한 그리움이 몰려왔다.

영천 3사관학교 훈련의 고비는 화산 유격훈련이다. 화산은 영천 3사관학교로부터 약 40km 떨어진 지역에 위치한 해발 1,000m 정도 높이의 산이다. 화산 정상부의 넓은 평원에 유격장 시설이 있었다. 사람 키 높이의 갈대숲으로 둘러싸인 유격장에서 우리는 1박2일간의 유격훈련을 받았다. 화산 정상에 있는 막사에서 하룻밤을 자면서 우리 중대는 즐거운 시간을 가졌다. 한 후보생의 생일이라고 해서 초코파이를 선물하고 함께 축하하였다. 유격훈련이 끝난 날 우리는 유격복과 방탄모를 쓰고 전 중대원이 어울려 기념사진을 찍었다. 유격훈련이 끝나고는 40km 행군으로 부대에 복귀하였다. 처음 행군이라 다들 긴장을 하고 양말에다 비누칠을 하는 둥 부산을 떨었다. 다행히 낙오하는 사람 없이 우리는 무사히 부대에 복귀하였다.

3사관학교에서의 6주간의 군사훈련을 통해서 나는 많은 것을 느끼고 배웠다. 교관은 우리에게 한 민족의 용틀임이라는 정훈교재에 실려 있는 한 편의 시를 읽어 주었다. <왜 너 거기 서 있는가?>라는 시(詩)였는데, 분단된 조국의 현실과 휴전선 철조망 앞에서 흩날리는 눈을 맞으며 서 있는 초병의 정체성을 묻는 시(詩)였다. 나는 푸른 군복을 입고 영천의 넓은 들을 걸으면서 생각하였다. 이 땅이 속한 나라와 나라에 속한 나의 모습, 군복을 입고 국가의 명령에 따라야 하는 나의 정체성, 나와 국가, 국가와 나를 생각하였다. 군복을 입은 나는 국가의 소속이 되었고, 나의 존재는 국가의 소유가 되었다. 내가 밟고 있는 이 땅 역시 국가에 속한 땅이다. 내가 밟고 있는 이 땅은 나의 땅임을 생각하게 되었다. 서서히 내 속에 국가에 대한 정체성이 형성되어 감을 알게 되었다.

3사관학교의 6주간 교육이 끝나자 다시 군의학교로 돌아왔다. 이곳에서는 현역과 예비역이 결정되고, 현역은 다시 육해공군으로 분류된다. 공군 군의관으로 분류되는 것을 가장 다행으로 여긴다. 반면에 육군은 전방부대로 많이 배치되기 때문에 별로다. 그중에서도 가장 끔찍스럽게 생각하는 곳이 있었다. 그것은 특공부대로 배치되는 경우였다. 드디어 교관이 내무반을 돌면서 우선적으로 호명하는 사람들이 있었다. 다름 아닌 특공부대로 가는 사람들이었다. 우리 내무반에 교관이 들어왔다. 내 번호와 이름을 불렀다. 702특공연대! 내무반에 갑자기 환호와 탄성이 퍼졌다. 702특공연대! 그곳이 어디에 있는 부대인지, 무얼 하는 부대인지 모르지만 다들 환호하고 좋아해 주고 격려해 주자 기분이 나쁘지는 않았다. 그런데 들리는 소문이 심상치 않았다. 바로 이웃 중대에서는 특공부대로 가게 된 군의관이 모포를 둘러쓰고 식사도 하지 않는다는 것이다. 아무튼 모든 군의관들이 가기를 싫어하는 곳이라는 것은 분명하였다. 4월이 되고, 대구 군의학교 교정에 노란 개나리꽃이 만발한 어느 날 우리는 군악대의 연주가 울려 퍼지는 가운데 장교 임관식을 가졌다. 나는 육군 중위 임관을 하였다. 임관을 축하하기 위해서 부모님이 오셨다. 물론 아내도 왔다. 나에게는 이제부터 대한민국의 육군 중위로서 국방의 의무가 부여된 것이다.

훈련 중에 들린 세미한 음성

특공부대의 훈련은 계속되었다. 주야간 적응훈련을 하던 때였다. 낮에는 집에서 잠을 자고 저녁 무렵에 부대로 출근을 하였다. 연대의 모든 장병들이 밤낮이 바뀐 채 일주일 동안의 야간 적응훈련을 하고 있었다. 날은 추운데 대대장은 군의관에게도 소대단위 훈련을 감독하는 감독관의 일을 하도록 지시하였다. 목표물을 정하여 침투하고 폭파하는 야간 훈련이 밤새도록 계속되었다. 대대장은 훈련상황을 점검하기 위하여 대대장의 지휘차를 타고 훈련지역을 순회한다. 나는 이런 훈련의 연속인 특공부대 생활에 심신이 지쳤다. 육체적으로도 괴롭고 힘든 일이지만, 마음이 더욱 힘들었다. '과연 대한민국에 어느 군의관이 이렇게 군의관의 본연의 임무가 아니라 군의학교에서는 들어 보지도 못했던 훈련을 받고 있는가'라는 생각이 나를 더욱 힘들게 하였다. 천리행군이며, 공수훈련과 같은 육체의 한계를 넘나드는 훈련을 받으면서 나는 국군수도통합병원으로 후송을 가야겠다는 생각까지 하였다. 아직 건강문제가 온전히 해결된 것도 아닌데, 특공부대 생활이 나에게는 분명 감당하기 힘든 일이라고 생각하였다. 그러나 훈련의 끝은 보이지 않았다. 대대장에게 하소연 해 보았자 소용없었다. 처음엔 군의관의 임무를 내세워 대대장에게 권리를 주장해 보았으나, 군에서 산전수전 다 겪은 노련한 대대장에게는 상대가 못 되었다. 나는 슬프고 힘들었다. 마음이 낙심되었다. 하나님께서 연약한 나를 왜 이런 힘든 부대로 보내셨는지 이해할 수가 없었다. 나는 지치고 슬픈 마음을 이끌고 군인교회를 찾아갔다. 야간 적응훈련을 한다고 군목과 군종병도 나와 있었다. 내가 찾아가자 군종병은 연탄불 위에서 라면을 끓여 주었다. 뜨거운 라면을 먹으니 추위도 가시고, 얼어붙은 마음도 녹는 느낌이었다. 왠지 모르게 눈물이 흘렀다. 이때 하나님께서 말씀을 주셨다. 그냥 말씀이 생각나게 하셨다. 데살로니가전서 5:16~18절이었다. "항상 기뻐하라. 쉬지 말고 기도하라. 범사에 감사하라 이는 그리스도 예수 안에서 너희를 향하신 하나님의 뜻이니라" 하나님은 나에게 기뻐하라고 하셨다. 기도하라고 하셨다. 또 범사에 감사하라고 하셨다. 나는 하나님께 항의하였다. <아니, 하나님 제 상황이 지금 기뻐할 상황입니까? 하나님 저는 울어도 속이 시원치 않습니다. 그런데 기뻐하라니요. 그냥 기뻐한다고 억지로 기뻐집니까?> 이때 하나님은 말씀하셨다. <네가 왜 기뻐해야 하는지 아느냐?> 하나님은 내가 왜 기뻐해야 하는지, 그리고 왜 기도해야 하는지, 또 왜 감사해야 하는지를 알려주셨다. 하나님은 나에게 가을에 벼가 익어 가는 과정을 보여 주셨다. 벼는 여름의 뜨거운 뙤약볕을 받아야만 가을에 알곡이 된다. 여름에 뜨거운 햇볕과 비바람을 다 거쳐야만 가을에 낟알이 단단해지는 법이다. 여름에 덥지도 않고,

비바람도 없이 그저 서늘한 여름 한철을 보내게 되면 가을에 좋은 열매를 맺지 못한다. 낱알이 견고하지 않은 법이다. 이와 같이, 현재 하나님이 나에게 힘들고 고된 시간들을 주시는 이유는 장차 좋은 열매를 맺도록 하기 위함이라는 것이다. 그러니 기뻐하지 않을 수 있느냐고 하셨다. 지금 훈련이 고되다고 슬퍼할 일이 아닌 것이다. 훈련이 고되면 고될수록 기뻐하라는 것이었다. 그리고 이 과정이 힘들고 어렵기 때문에 기도함으로 이겨 내라고 하셨다. 기도하지 않으면 힘든 훈련의 과정을 이길 수 없다고 하셨다. 하나님은 나에게 이 모든 환경과 상황을 감사하라고 하셨다. 나는 하나님의 설명을 받아 적었다. 성경책 빈 공간에 볼펜으로 받아 적는데, 하나님의 말씀이 너무 빨라서 받아 적기가 바빴다.

나는 현재의 힘든 상황이 결국 장차 나에게 좋은 열매를 맺도록 하시는 하나님의 손길임을 깨닫게 되었다. 나는 데살로니가 전서 5:16~18절 말씀을 의무실 책상 앞에 붙여두고 날마다 이 말씀을 바라보면서 기도하였다. 이 말씀으로 힘든 군생활의 의미를 알게 된 후부터 나는 승리하기 시작하였다. 특공연대에서의 생활이 벌써 2년째 접어들고 있었다. 이 무렵 아내는 임신을 하였다. 오랫동안 기다리던 임신이었지만 아내의 임신은 아내에게, 그리고 나에게 힘든 기간이었다. 임신을 한 후 아내는 입덧이 심하여 몸을 가누기 힘들 정도가 되었고, 급기야 광주에 있는 친정으로 가서 여러 달을 지내야 했다. 임신 중에 신우신염이 와서 고생하기도 하였다. 아내의 임신으로 뱃속에 있는 아이의 모습을 초음파로 처음 보았다. 내가 학교에 다니고 인턴을 하던 시절에는 초음파가 희귀하였다. 그런데 춘천 시내에 있는 산부인과에서 처음 초음파로 본 아이는 엄마 배 속에서 헤엄을 치고 있었다. 내가 천리행군을 하면서 해산에서 보았던 그 모습이었다. 태몽이라는 것이 분명히 있거나, 아니면 하나님께서 나에게 환상을 통해서 아이를 보여 주셨거나 둘 중 하나이다. 아내의 임신 사실을 모르고 천리행군을 출발하였는데, 천리행군 첫날 해산에서 비몽사몽으로 아이 모습을 보았다. 아들이었다. 천리행군을 하면서 목요일쯤 어느 시냇가에서 수영을 하는데, 그때 한 번 더 보았다.

아내와 나는 거의 1년 동안을 아이를 위해서 기도하였다. 아내가 유산을 한 후 우리는 하나님께 사무엘 같은 아이를 주시면 하나님께 드린다는 서원(誓願)을 하였다. 하나님은 우리의 기도대로 아들을 주셨다.

특공연대에서 2년이 다 되어 가던 겨울에 연대 의무대 당직을 하고 있었다. 의무병이 전화 왔다고 나를 깨웠다. 잠결에 전화를 받으니 장모님께서 득남 소식을 전해 주셨다. 부대에 출근하여 대대장에게 휴가를 보내 달라고 하자 당장 보내 주지 않고 3일 후에 휴가를 주었다. 오랜 시간 차를 타고 광주에 도착했다. 아이는 옆으로 뉘어 자고 있었다. 피곤한 중에도 아이를 들여다보고 있노라니 신기하고 경이로웠다. 첫 아들을 낳고, 한 달 후 전출명령을 받았다. 특공부대에서 2년을 근무한 군의관들은 일반적으로 후방부대로 옮겨진다. 특공부대는 확실히 나에게 귀한 것을 선물했다. 나는 특공부대에 근무하면서 첫 아들을 얻은 것이다.

나는 오음리에서의 2년간의 특공부대 군의관 생활을 마치고 군복무 3년째에 후방으로 전출명령을 받았다. 내가 전출명령을 받은 부대는 ○○에 사령부를 두고 있는 ○○통신여단이었다. 그러나 내가 근무해야 하는 곳은 ○○통신여단의 ○○○통신대대가 위치한 춘천이었다. 즉 나는 여단 사령부에 가서 전입신고만을 마친 후 다시 춘천으로 와서 대대장에게 전입신고를 하였다. 그리고 1년 동안의 통신대대 군의관 생활을 하면서 사령부가 있는 ○○에는 체육대회를 한다고 해서 딱 한 번 갔던 기억이 있다. 여단 사령부가 있던 ○○는 전입신고와 전역신고를 위해서 방문하였을 뿐, 실제 군복무 3년째의 근무지는 춘천이었다. 나에게는 춘천이 낯선 도시가 아니었다. 오음리를 가기 위해서는 늘 춘천을 경유해야 했기 때문이다. 매주 있었던 외진을 춘천 국군병원으로 다녔기 때문에 춘천은 특공부대 군의관의 활동반경이었다. 그리고 보니, 나는 배후령 고개를 하나 넘어온 셈이 된 것이다. 버스로 40분이면 넘는 춘천에서 오음리를 잇는 배후령 고개! 그러나 그 고개는 나의 인생에 수많은 추억들을 새겨 놓은 잊을 수 없는 은혜의 골짜기였다. 군 제대 후 4반세기가 지났지만, 나의 영혼에, 나의 가슴에, 배후령 고개와 파로호와 오음리 특공부대는 지워지지 않는 추억의 골짜기로 남아 있다.

특공부대에서 근무하다 춘천시에 있는 통신부대로 오니 모든 것이 달라졌다. 우선 나는 대위로 진급하였다. 대위로 진급하니 월급도 더 나아졌다. 무엇보다도 특공부대와 같은 힘든 훈련이 없다 보니 군대생활이 그렇게 편할 수가 없는 것이었다. 일 년을 통틀어서 훈련다운 훈련이 없어 보였다. 통신부대는 첨단의 통신장비를 구비한 차량을 중심으로 이동한다. 그래서 특공부대와 같이 걸어서 이동하거나 행군을 하는 것은 서툴다. 한번은 1년에 딱 한 번 있다는 40km 행군을 하였다. 특공부대에서는 평상시의 일과라고 할 수 있는 가벼운 행군인데, 통신부대 장병들은 매우 힘들어하였다. 내가 근무하는 부대에는 통신부대와 보급부대가 같이 있었는데, 특공부대의 분위기에 젖어 있었던 나는 새로 근무하게 된 부대에 얼른 적응이 되지 않았다. 왠지 군인들이 군인 같지가 않은 것이었다. 군기도 빠져 있었고, 전에 근무하던 특공부대 병사들과 늘 비교가 되었다. 그러나 나중에야 깨달은 사실은 군(軍)이란 부대마다 독특한 임무와 역할이 있어서 특공부대와 같은 특수임무의 부대가 있는가 하면, 통신이나 보급을 맡은 부대 역시 고유하고 중요한 역할을 하고 있다는 것을 알았다. 통신부대는 나름대로 통신이라는 절대적으로 중요한 임무를 수행하고 있는 것이었다. 아무튼 통신부대 군의관으로서 나는 주로 의무실에서 책을 보고, 12월에 있을 레지던트 시험을 준비하는 시간을 많이 가질 수 있었다. 대대장은 내가 충분히 공부할 수 있도록 배려를 아끼지 않았다. 레지던트 시험이 있기 한 달 전부터 휴가를 보내 주어서 나는 광주에 내려와 시험 준비에 몰입할 수 있었다. 그 결과 나는 대학병원 산부인과 레지던트에 합격하게 되었고, 군 전역과 함께 대학병원에서 산부인과 전공의(專攻醫) 수련을 할 수 있었다.

춘천에서의 생활은 군인 아파트 대신 춘천시 후평동에 작은 전세방을 얻어서 지냈다. 부대에 전입을 하자 마침 그 부대에 근무하다 다른 곳으로 전출해 가는 중대장이 살던 집이 하나 나왔다. 부엌 하나, 방 하나의 전세방인데, 우리 가족이 살기에는 충분하였다. 저 멀리 한림대학 부속병원이 보이고, 야트막한 담 너머로 비교적 조용하고 깨끗한 주택가 집들과 골목들이 보이는 곳이었다. 나는 집을 결정하자마자 가까운 교회를 찾아 나섰다. 집에서 약 5

분 거리에 <순장로교회>라는 교회가 있어서 알아보니 보수적인 개혁주의 신앙의 교회였다. 하나님께 기도하였는데, 집에서 가까운 곳에 하나님이 예비하신 좋은 교회가 있어서 목사님을 찾아뵙고 인사를 드렸다. <순장로교회>는 일제강점기에 신사참배를 거부한 신앙인들이 중심이 되어 세운 교단이었다. 목사님은 우리를 참으로 반겨 주셨고, 격려해 주셨다. 춘천에서의 일 년은 순장로교회를 중심으로 한 영적 은혜의 시기였다. 하나님께서는 나와 아내에게 이 교회를 통하여 많은 은혜를 입도록 하셨다. 목사님 부부와 장로님들의 사랑과 섬김이 컸다. 특히 김기덕 장로님은 사업을 하시던 장로님이었는데, 헌신적으로 교회를 섬기던 분이었다. 군 전역이 가까워 올 무렵 아내가 먼저 광주로 내려가고, 나는 혼자 부대 의무실에서 생활하고 있을 때였다. 나는 중고등부 학생회를 맡아서 토요일이면 늦게까지 아이들과 어울리곤 하였다. 늦은 밤 시간에 부대로 복귀하려고 하면 불편한 점이 많았다. 그래서 한번은 야전용 침낭을 가지고 와서 교회에서 자려고 했더니, 김 장로님이 어떻게 알았는지 집으로 초청하셨다.

　목사님은 나에게 청장년 헌신예배에서 설교를 할 수 있도록 허락하셨다. 지금 와서 생각하면 이것은 특별한 배려요 은혜가 아닐 수 없었다. 목사님은 우리가 광주로 내려가게 되면 같은 교단의 교회로 나갈 것을 권유하셨다. 군복무 3년째, 이제는 전역 후 신앙의 진로를 놓고 기도해야 할 때이기도 하였다. 나는 학생시절 줄곧 대학생성경읽기선교회(UBF)에서 신앙생활을 하였다. 나의 젊은 날의 꿈과 비전, 기도와 헌신이 이곳에 뿌려졌다. 그러나 나는 결혼문제로 UBF의 규범을 어긴 자였다. 아내는 그 일로 다시 UBF

로 돌아가기를 원치 않았다. 나는 아내가 진정으로 원하지 않고 힘들어하는 길을 굳이 고집할 필요가 없다고 생각하였다. 아내와 남편은 한 몸으로서 아내의 중심을 헤아리는 것도 필요한 일이었다. 그렇지만 우리는 이제껏 한 번도 전역후의 신앙생활에 대해서 진지하게 논의하거나 기도해 본 적이 없었다.

전역을 반년 남겨 둔 군복무 3년째인 8월이었다. <순장로교회>에서는 8·15광복절을 의미 있는 날로 삼아 기도하였다. 일제강점기 순교의 피를 흘리면서까지 신앙의 절개를 지키던 그 믿음을 기리기 위함인지 교회에서는 8·15철야기도회를 가졌다. 밤 10시경에 교회에 모인 우리는 목사님의 인도로 찬송하고 기도하고 성경말씀을 읽고 설교를 들었다. 어느덧 새벽 네 시가 가까워 오자 철야기도회가 끝났다. 그런데 그날 밤 나는 놀라운 은혜를 체험하였다. 철야기도를 하는 중 하나님께서 나를 이 시대 젊은이인 대학생들을 위해 부르고 계신다는 음성을 들었다. 하나님께서 나를 대학생성경읽기선교회로 학창시절 부르셨고, 군 전역을 앞두고 다시 나를 부르고 계시는 것이었다. 더욱 놀라운 일이 있었다. 모두가 돌아가고 텅 빈 예배실에는 아내와 둘이만 남았다. 나는 그날 밤 하나님께서 나에게 말씀하신 부르심과 은혜를 아내에게 얘기하였다. 그런데 놀랍게도 아내 역시 나와 동일한 하나님의 부르심과 은혜를 체험하였다는 것이다. 우리는 서로 아무런 얘기도 하지 않았다. 우리는 서로에게 이렇게 하자고 제안하지도 않았었다. 다만, 그날 밤 하나님께서 나와 아내에게 찾아오셔서 우리를 부르시는 음성을 똑같이 들려주신 것이었다. 하나님은 나와 아내를 군복무 3년째에 다시 우리가 캠퍼스 시절 섬기는 교회로 부르시고 인도하셨다.

28

산부인과 의사의 길

군의관 3년차 12월에 레지던트 시험이 있었다. 나는 모교인 조선대학병원에서 레지던트를 하고자 준비하고 있었다. 레지던트 시험은 경쟁이 심했다. 나는 통신부대로 온 이후 줄곧 의무실에서 레지던트 시험에 대비한 공부를 했다. 시험이 가까워지자 대대장은 한 달간 특별 휴가를 주어 광주에 내려가서 준비할 수 있도록 배려해 주었다. 나는 군에 오기 전에 일 년간 이비인후과를 보았기 때문에 이비인후과를 지원했다. 한편으로는 대학병원의 이비인후과 과장님과의 인간관계도 나에게 유리하게 작용하리라 하는 기대도 있었다. 오전에 시험을 치르고 오후에 성적이 발표되었다. 그런데 특이한 방식이 적용되었다. 원서 접수 때에 지원한 과(科)를 불문하고 시험성적 순으로 원하는 과(科)를 정하는 것이었다. 시험성적 순(順)으로 이름을 불러서 원장실로 들어가면 원장님을 비롯하여 교수들이 빙 둘러앉아 있고, 탁자 위에는 전공할 과(科)가 적힌 종이가 놓여 있었다. 레지던트 응시자들은 성적순으로 자기가 희망하는 과목 옆에 이름을 적어 넣으면 된다. 내 차례가 되어 원장실에 들어가니 이미 누군가가 이비인후과에 이름을 적어 넣은 후였다. 나는 다른 과목을 정해야 했다. 종이를 한번 죽 훑어보니 '산부인과'가 얼른 눈에 들어왔다. 내가 선택할 수 있는 과목들 중에서 가장 마음을 끌었던 과(科)가 산부인과였다. 산부인과의 빈칸에 내 이름을 적고 나왔다. 평생의 전공과목이 그렇게 결정된 것이다.

레지던트 시험은 그렇게 끝났다. 산부인과 레지던트는 3명이 정원이었다. 산부인과에 합격한 나머지 두 사람은 이미 오래전부터 산부인과를 하기로 결정하고 교수님들을 찾아 인사를 드린 친구들이었다. 흥미로운 것은 작년까지는 산부인과 레지던트 T/O가 두 사람이었다. 그런데 그해에는 T/O를 한 사람 더 늘리고자 교수들이 학회 관계자들을 만나 어렵사리 얻어낸 T/O였다. 하지만 산부인과를 하겠다고 인사를 온 사람이 시험 당일까지도 두 사람뿐이었다. 요즘 산부인과는 비인기과목에 해당한다. 분만이 줄어들고, 상대적으로 힘든 과목이라서 산부인과를 희망하는 사람들이 많지 않다. 당시에는 산부인과에 들어가기가 만만한 것이 아니었다. 때로는 인맥(人脈)이나 금맥(金脈)을 동원하는 경우도 있다는 풍문이 돌았다. 나는 이러한 정보를 전혀 알지 못한 채 겁 없이 산부인과를 지원하긴 했는데, 병원에 들어가서 이런 정황을 전해 듣고는 혼자 고민을 많이 하였다. 다행히 나의 그런 염려는 기우(杞憂)로 끝났다. 산부인과 전공의에 합격한 우리 세 사람은 의기양양하게 산부인과 교수님들을 찾아 인사를 드렸다. 그런데 산부인과 과장님이 우리 인사를 받지 않는 것이었다. 느닷없이 산부인과에 합격하여 찾아간 나의 경우가 심기를 불편하게 한 것이 틀림없었다. 전공의 시험은 1월경에 치러졌기 때문에 나는 아직 군의관 신분이었다. 전공의 시험이 끝난 대로 다시 부대로 복귀하였다. 어느 병원이나 군의관들은 제대하고 5월 1일부터 병원 근무가 시작된다. 아직도 4개월의 시간을 군에서 보내야 했다.

레지던트 합격의 기쁨을 안고 부대에 돌아왔다. 아내와 함께 대대장을 찾아 인사를 드렸다. 집으로 인사를 갔는데 지금 기억으로 케이크를 사 가지고 간 것 같다. 아마 대대장의 기대에 많이 못 미쳤던 모양이다. 사실 나는 이런 일에 눈치나 아량이 없어도 너무 없는 것이 문제다. 지금 같았으면 대대장에게 좀 더 답례다운 답례를 해 드렸을지도 모른다. 당시 나는 대대장의 배려에 대한 응당한 감사가 부족했다. 얼마 후 정월 초하루에 대대장은 전 부대 간부들을 자기 집으로 초청하였다. 하지만 군의관은 오음산 격오지 부대를 시찰하라는 명(命)을 받았다. 신년 휴무일 격오지 부대 관리감독 지시가 여단사령부로부터 하달되었다는 것이다. 오음산은 오음리와 비슷한 지명이라서 오음리에 있는 산 이름으로 생각하기 쉬운데, 오음리와 오음산은 아무런 관계도 없다. 오음산은 강원도 횡성군과 홍천군에 위치한 산으로서 해발 900m의 높은 산이다. 오음산 정상에는 중요한 군사시설이 있다.

12월 31일 오후에 부대에서 내준 지프를 타고 오음산으로 향했다. 나는 전에 한번 이곳을 차량으로 올라간 적이 있었다. 그러나 내가 시찰차 가던 때는 겨울이라 눈이 많이 쌓여서 차량의 접근이 어렵다는 것이다. 군용차량은 나를 오음산 밑에 내려 주고는 가 버렸다. 오음산을 혼자 걸어서 올라가야 했다. 마침 오음산 군사시설에 업무 차 올라가는 다른 부대 하사관 한 사람을 만났다. 그는 오음산 군사시설로 올라가는 등산로를 알고 있었다. 오음산 정상까지는 약 두 시간정도 걸렸다. 그런데 가파른 등산로를 따라 올라가면서 보니 눈이 쌓여서 미끄러울 뿐만 아니라, 경사가 너무 심해서 하산길이 더 위험할 것 같았다. 등산로에 밧줄을 군데군데 연결하긴 하였지만, 일부 구간뿐이었고, 눈 쌓인 가파른 경사를 혼자 내려오다가 미끄러지기라도 한다면 실종사고가 날 것이 분명하였다. 특공부대에서 험준한 산악 행군을 많이 해서 산악행군에는 자신이 있었지만 급경사의 얼어붙은 하산 길은 너무나 위험해 보였다.

오음산 정상 요새(要塞)에서 하룻밤을 지냈다. 군사시설은 산 정상에 위치하고 있었는데, 사방이 흰 눈으로 덮여 있었다. 다음날 아침 일찍 하산해야 했다. 정월 초하루 교회에서는 오전에 신년(新年) 예배가 있다. 산을 빨리 내려가면 춘천으로 가는 버스가 있을 것이고, 버스를 타면 한 시간 남짓이면 집에 도착한다. 내가 올라왔던 등산로를 따라 내려간다면 1시간 안에 차가 다니는 국도까지 도착할 수 있는데, 군사도로를 따라 걸어가면 다섯 시간이 걸린다. 어느 길을 택할 것인가를 놓고 나는 다시 한 번 고민을 해야 했다. 등산로의 급경사를 따라 빠른 시간에 내려갈 것이냐, 다섯 시간의 긴 행군을 해서 안전하게 갈 것이냐. 아무리 생각해도 얼어붙은 급경사를 혼자 내려간다는 것이 너무 위험한 모험이었다. 나는 안전하게 군사도로를 걸어서 가기로 결정하였다. 다섯 시간을 걸어서 국도까지 와서, 같은 방향으로 가는 트럭을 얻어 타고 춘천까지 왔다. 교회에 도착하니 예배가 막 시작하려던 시간이었다. 대대장은 나보다 먼저 다른 곳으로 전출을 갔다.

이제 남은 얼마 동안의 군복무를 마치면 전공의 과정이 시작되는데, 평소에 산부인과를 전혀 생각해 보지 않다가 갑작스레 산부인과 전공의가 되고서 이제야 산부인과학에 대한 생각을 진지하게 하게 되었다. 분만을 비롯하여 임신과 부인과 질환에 대한 것들이 머릿속에 그려졌다. 특히 낙태에 관한 문제가 심각하게 다가왔다. 산부인과를 하게 되면 낙태를 피할 수가 없다고 하는 말들이 들려왔다. 기독교 신앙과 낙태문제가 정면으로 나의 심중에 부딪혀 왔다. 기독교 신앙을 부인하고 무너뜨리면서 산부인과를 할 것인가? 산부인과를 할지라도 기독교 신앙의 정신을 지켜나가야 할 것인가? 신앙과 현실의 문제가 이토록 진지하게 다가온 적이 나의 일생에 한 번도 없었다. 아니 신앙적인 문제로 이렇게 구체적으로 고민해 보기는 처음인 것 같았다. 나는 주위 몇 사람과 상담을 해 보기도 하고 책을 사서 읽어 보기도 하였다. 대천덕 신부가 지은 <산골짜기에서 온 편지>는 당시에 베스트셀러였다. 대천덕 신부는 무고한 자의 피를 흘리는 행위가 곧 낙태라고 정의하였다. 낙태는 무고한 생명의 피를 흘리는 살인행위인 것이다. 손봉호 교수가 지은 <현대사회문제와 기독교적 답변>이라는 책에서도 낙태문제를 심각한 기독교윤리문제로 정의하고 있었다. 더 이상 낙태에 대하여 미온적으로 엉거주춤할 수 없었다. 나는 낙태에 대한 나름으로 분명한 지침을 정의하였다. 비록 산부인과를 전공으로 선택하여 일하게 될지라도 낙태문제만은 분명한 성경적 입장을 취하자고 결심하였다. 전공의 시험을 마치고 군 제대를 하기까지 몇 개월간 나는 산부인과를 시작하기 전에 낙태문제에 대한 윤리적 지표를 설정한 것이다.

이어서 전역을 하였다. 전역신고를 위해 여단 사령부로 가기 전,

나는 내가 근무하던 오음리를 방문하였다. 정든 배후령 고개였다. 주일예배에 참석하였다. 목사님이 예고 없이 나더러 기도하라고 하셨다. 일어서서 기도하려는데, 오음리에서의 지난 2년 동안의 생활이 생각나면서 감정이 북받쳐 올랐다. 그때 배후령을 넘어온 이후로 나의 가슴 속 깊은 곳에는 언제나 그곳이 추억의 장(場)으로 남아 있다.

분만실의 일상(日常)

산부인과 전공의 1년차 생활은 분만당직으로부터 시작한다. 분만실을 당직하게 되면 밤이고 낮이고 찾아오는 분만 산모들을 돌보아야 하는 것이다. 무엇보다도 밤잠을 깨우는 야간 분만은 때론 참으로 괴롭고 힘든 일이었다. 분만을 돕다 보면 어느덧 새벽이 찾아오고, 동쪽 창문이 밝아 오면서 아침 해가 솟는다. 그러면, 지난밤의 처절한 분만실의 고통소리와 분주함은 어디로 가고 피 묻은 분만포와 스크럽 복으로 어질러진 분만실에는 정적과 평화가 찾아온다. 산부인과 전공의의 가장 고통스럽고 힘든 일은 야간 분만이다. 밤잠을 설치는 야간 분만으로 때로는 체력적인 한계에 이르게 하기도 한다. 산모는 분만이 이루어질 때까지 산통을 호소한다. 전공의는 산모가 산통을 겪는 시간에는 잠을 이룰 수 없다. 시간마다 분만진행 상황을 체크해야 하기 때문이다. 때로는 태아의 상태가 위급한 경우도 있다. 그럴 경우에는 응급 제왕절개 분만을 준비해야 한다. 분만이나 수술 후에도 전공의는 산모의 처치를 위한 오더를 내리고 챠트 정리를 하고 나서야 쉴 수 있다. 문제는 이때쯤 아침이 밝아 오고 회진과 수술을 준비해야 한다. 밤새도록 잠을 못 잤기 때문에 수술에 들어가서도 졸기 일쑤이다. 꾸벅 졸다 보면 수술에 열중하고 있는 교수님의 머리와 부딪히는 경우도 허다하다. 제대로 수술보조를 못한다고 야단을 맞는 일이란 일상적으로 있는 일이다. 함께 수련을 받고 있던 친구 Y는 잠이 많기로 유명하였다. 대학 1학년 때 병영훈련을 들어갔다가 밤에 보초를 서야 하는데 그는 자신의 순서가 왔는데도 잠에 취하여 일어나지를 않는 것이었다. 그런 Y에게 산부인과 전공의 과정은 잠 때문에 몹시 고통스러웠다. 하루는 잠은 쏟아지고 병원에서 마땅히 잘 곳은 없었다. 당직실이 있기는 하였지만 교수님들이 수시로 드나들고 있었고, 1년차 주제에 낮 시간에 잠을 잔다는 것은 상상조차 할 수 없는 일이었다. 혹시 빈 병실이 없는가 하여 복도를 돌아다녀 보았지만 빈 병실은 없었다. 마침 2인실 산모병실에 침대가 하나 비어 있었다. 한쪽에는 분만을 하고 입원 중인 산모가 누워 있는데, 그 옆자리 침대가 비어 있었다. Y는 쏟아지는 잠을 주체할 수 없어서 그 빈 침대에 누워서 잠이 들어 버렸다. 옆자리 침대에서 산모가 보니, 1년차 전공의가 옆 침대에 누워 코를 골면서 잠을 자는 것이다. 어이가 없기는 하였지만 얼마나 피곤하고 잠이 왔으면 그러겠는가 하면서 잠시 병실을 비워 주고 밖에서 산책을 하였다. 그런데 Y는 두 시간이 넘도록 일어날 줄 몰랐다. 그 두 시간 동안 옆자리의 산모는 병실 밖에서 의사선생님이 나와 주기만을 바라고 기다리고 있었다. 산부인과 의국에는 이러한 에피소드들의 전설적으로 내려오고 있었는데, 한번은 전공의가 내의 차림으로 뛰어나온 적이 있었다고 한다. 여름이라 당직실에서 내의 차림으로 잠을 자고 있는데, 간호사가 급하게 부르는 것이었다. 전공의는 반사적으로 일어나 분만실로 뛰어나왔는데 아뿔싸 그만 내의만 걸치고 있었다는 사실을 잊은 것이다. 간호사와 산모가 기겁을 하였으리라는 것은 상상에 맡겨야 할 부분이다. 밤에 산모가 예고 없이 찾아오면 잠이 늘 부족한 전공의에게는 밤잠을 빼앗아 가는 약탈자로 보이기 마련이다. 분만을 돕는 데 한 전공의가 산모에게 자신만의 화풀이를 하였다. 분만 중에 진통으로 인하여 몸을 자꾸 뒤트는 산모에게 "아줌마 몸을 뒤틀지 말고 가만히 좀 계세요" 하면서 산모의 볼기짝을 손바닥으로 찰싹하고 때린 것이다. 아프고 서운한 산모는 다음날 아침 회진 시간에 교수님에게 이 사실을 일러바쳤다. "교수님 의사선생님이 저를 때렸어요." 교수님이 전공의들을 돌아보면서 "아니 누가 산모를 때렸어?" 하자 아무도 대답을 하지 않고 고개만 숙이고 있었다. 이때 일러바친 그 산모가 말하기를 "백돼아지가 때렸어요" 전공의들 중에는 별명이 백돼아지인 사람이 있었는데 "야 백돼아지야 분만하고 있냐?" 하면서 지나가던 윗 연차 전공의가 백돼아지라는 별명의 전공의에게 한마디 던진 말을 산모가 듣고 있었던 것이다.

산부인과학을 전공하면서 밤에 일이 끝나면 나는 주제별 파일을 준비하였다. 산부인과 노 교수님은 우리가 학생 시절부터 가르치시던 은사님이신데, 항상 일본어 잡지를 읽으시면서 논문을 쓰고 계셨다. 나는 지금도 고(故) 오세량 교수님의 학구적인 자세를 보면서 배우게 된 것이 나에게는 큰 유익이며 좋은 도전이라고 생각한다. 지금까지 고(故) 오세량 교수님만큼이나 항상 논문과 글쓰기를 하시는 교수님을 본 적이 없다. 나는 오세량 교수님이 일본 의학 잡지를 보시는 것이 너무나 부러웠다. 나도 일본 의학잡지를 읽어 볼 욕심으로 일본어를 배우기 시작하였다. 나는 또 학술 컨퍼런스가 있는 날이면 최선을 다해서 컨퍼런스를 준비하였다. 필요한 재료가 있으면 힘을 다해서 재료를 구하였다. 이를테면 골반해부학을 발표할 때는 해부학교실에 부탁하여 골반뼈를 가져다가 직접 시연을 하였으며, 초음파 사진 등은 일일이 복사하거나 스캔을 하여서 사용하였다. 한번은 교수님이 나의 컨퍼런스를 들으시더니 실습 나온 학생들과 전공의들이 다 모인 자리에서 나를 칭찬하시는 것이었다. 컨퍼런스에 올인하여 최선을 다해 컨퍼런스를 준비하였던 전략이 적중하였던 것이다. 사실 나는 임상적으로 동료 전공의에 비해 뛰어난 점이 별로 없었다. 그러나 컨퍼런스 하나만큼은 누구에게도 뒤지지 않겠노라고 생각하고 열심히 감당한 덕에 교수가 되는 데 일조하지 않았는가 싶기도 하다.

전공의 1년차 겨울에 둘째 아들 한선이가 태어났다. 한선이가 태어난 날은 12월 23일인데, 마침 분만실 당직을 하고 있을 때였다. 당직하고 있는 병원으로 아내가 장모님과 함께 불쑥 들어왔다. 진찰을 해 보니까 아이 머리가 만져지는 것을 보아 이미 분만진통이 많이 진행되어 있었다. 분만실에 도착한 후 얼마 지나지 않아서 아들을 낳았다. 나는 분만을 돕는 교수님의 옆에서 분만을 거들었다. 아내는 분만 후 1개월간 한선이를 양육하다가 한선이를 순천 할아버지, 할머니 댁에 떼어 놓았다. 약국을 하기 위해서였다. 한선이는 태어난 지 한 달째부터 초등학교 2학년을 마칠 때까지 순천에서 자랐다. 한선이의 증조할머니가 모든 것을 돌보셨다. 한선이는 증조할머니에게 기쁨이었고 보람이었다. 어찌 보면 한선이는 증조할머니에게 효도를 많이 한 셈인 것이다. 한선이를 떼어 놓은 후부터 아내는 약국을 개업하였다. 한선이를 데리고 미국으로 연수를 떠난 때가 한선이 초등학교 3학년이 되던 해인데, 한선이가 열 살이 되기까지 한선이와 떨어져서 생활한 것이다.

한선이는 간혹 순천 집에 들를 때면 보게 되었는데 한 번씩 볼 때마다 부쩍 성장해 있는 것을 느꼈다. 한번은 한선이가 숫자를 배우는데 열까지 수를 제대로 세지를 못하는 것이었다. 자꾸 여덟을 빼고, 일곱, 아홉, 열이라고 세는 것이었다. 나는 한선이에게 군밤을 먹였다. 그리고 바보가 되었느냐고 화를 내었다. 한선이는 이것이 마음에 상처로 남았던 모양이다. 언젠가 다시 순천에 전화를 걸었더니 한선이가 전화를 받았다. 대뜸 하는 말이 열까지 잘 셀 수 있다고 하였다. 할머니께서 하시는 말씀이 한선이가 잠꼬대로 숫자를 세더라는 것이다.

전공의 생활이란 걸핏하면 파견근무를 많이 하였다. 특히 광양병원은 전공의 시절과 교수가 되어서도 파견을 가야 했던 곳으로서 그곳에서의 일을 잊을 수 없다. 전공의 2년차 때였다. 병원에는 마취과의사도 없었고, 교수님은 광주로 출퇴근하고 있었다. 마침 그때는 아내와 한림이가 광양병원을 방문하여 병원 숙소에서 세 식구가 함께 있던 날이었다. 저녁부터 분만진통을 하던 산모의 진행이 더디게 이루어졌다. 밤새도록 분만진행을 지켜보는데 진통은 지속되었지만 아이가 나올 생각을 하지 않았다. 그러다가 태아의 심박동이 떨어지기 시작하였다. 나는 광주에 있는 교수님에게 전화를 걸어서 갑자기 태아의 심박동이 떨어지고 있다고 다급하게 보

고를 하였다. 마취과 의사도 없고, 교수님은 광주에 있고, 그곳에
는 2년차인 나 혼자서 산모를 지키고 있는데 태아가 배 속에서 상
태가 안 좋다고 하니까 교수님도 당황하셨다. 전화기 속에서 평소
에 하지 않던 격한 욕지거리를 하셨다. 그러나 뾰족한 방도가 없
었다. 교수님과의 전화를 끊고 나는 순천 가롤로 병원으로 전화를
하였다. 산부인과 과장을 연결하도록 하여 자초지종을 말하자 산모
를 데리고 오라는 것이었다. 마침 순천 가롤로 병원 산부인과 과
장은 개인적으로 안면은 없었지만 학교 선배님이셨다. 병원 앰뷸런
스를 요청하였다. 앰뷸런스 기사는 새벽 4시에 산모 이송을 요청
하자 노골적으로 불만을 토로하였다. 지금 생각하면 광양병원 시스
템이 엉망이었던 것이다. 그래도 의사가 산모를 이송해야 한다고
하니까 대놓고 투덜거리면서 앰뷸런스를 대기시켰다. 환자를 순천
으로 싣고 가는 길에 아내와 한림이를 순천 집에다 데려다 주어야
할 것 같아서 그 와중에도 아내와 한림이를 앰뷸런스에 태우고 갔
다. 앰뷸런스 기사는 불만을 감추지 않으면서도 운전하여 환자를
이송하였다. 가롤로 병원에 도착하여 산모를 수술실로 들여보냈다.
그런데 급하게 산모를 준비하다 보니 산모의 정맥주사 부위에서
출혈이 있었다. 시트와 산모복에 산모의 피가 흥건히 흘렀다. 이제
산모의 남편이 화를 내었다. 내 곁은 지나치면서 고의적으로 내
몸을 툭 치고 지나갔다. 산모가 수술실에 들어가서 무사히 수술을
마치는 것을 보고 나니 이미 아침이었다. 광양병원 파견근무 때에
는 혼자서 분만을 해야 하기 때문에 힘들었던 시간이었다. 하루는
동생 도훈이가 병원을 방문하여 당직실에서 함께 있던 날이었다.
산모의 진통이 시작되었는데 밤 12시에 분만실로 옮겨서 분만을

시도하였다. 그런데 분만실에서 그야말로 난산이 시작되었다. 아이는 산모가 낳는데도 녹초가 되는 사람은 분만을 돕는 분만의사이다. 참으로 어렵고도 어렵게 분만이 이루어졌는데, 시간을 보니 아침 7시였다. 무려 일곱 시간을 분만실에서 고전(苦戰)을 한 것이다. 분만을 마치고 나는 깊이 낙심하였다. 분만이 이렇게 힘들다면 이 일을 평생토록 해야 한다고 생각하니 앞길이 막막하였던 것이다. 전공의 시절 광양병원 파견근무는 힘든 일만 있었던 것은 아니다. 일과가 끝나면 광양병원에 근무하던 전공의, 교수들이 어울려 족구를 하였는데 매일 족구 하는 재미에 푹 빠졌었다. 교수와 전공의가 족구 하는 시간만큼은 격의 없이 서로 다투고 열을 냈는데 여름철이면 훤한 대낮부터 족구 하느라 정신이 없었다. 광양병원에서는 주로 산부인과 당직실에서 지냈는데, 저녁시간이나 밤 시간에는 혼자 당직실에 앉아 있으려면 저 멀리서 광양제철소의 흰 연기가 쉴 사이 없이 품어 나오고, 창밖은 적막하여 소일거리가 없었다. 그럴 때면 제철소 직원들이 살고 있는 아파트 단지 내에 위치한 백화점에 가서 쇼핑을 하거나 서점에 들렀다 오기도 한다. 파견근무는 광양병원만 있었던 것이 아니다. 장흥, 홍천, 목포, 백제 등 어디든 선배 원장님들의 요청이 있으면 우리는 분만실과 외래진료를 담당해 줄 목적으로 파견을 다녔다. 교수가 되기까지 언제나 3월은 대학병원이 아닌 어딘가에 가서 파견근무를 하고 있었다. 장흥병원에 파견 근무를 하고 있을 때였다. 장흥병원의 근무는 전공의 3년차 말에 파견을 갔기 때문에 산부인과 과장의 일을 맡았다. 그곳에서 나는 자궁파열로 병원을 찾은 두 사람의 산모를 경험하였다.

어느 날인가 토요일에 잠시 병원을 비우고 광주에 올라왔다. 그런데 급하게 병원에서 나를 찾는 것이었다. 나는 토요일 오후에 급하게 버스를 타고 병원에 복귀를 하였는데, 만삭이 거의 다 된 산모가 분만대 위에 누워 있었다. 이미 아이는 산모의 자궁 속에서 죽은 후였고, 산모가 통증을 호소하고 있는 양상이며 배가 불러 있는 상태로 보아서 자궁파열이 거의 확실하였다. 그런데 병원에는 토요일 오후라 마취과 의사도 없었고 수술을 도와줄 외과 선생도 없었다. 환자를 앰뷸런스에 싣고 광주에 있는 대학병원으로 가야 하는데 중간에 산모가 죽지 않을까 하는 염려가 들었다. 산부인과에서는 판단과 결정이 정확하고 빨라야 한다. 나는 환자를 이송하기로 결심하였다. 앰뷸런스에 기관지 삽관이며 산소마스크 등을 준비하여 만일의 사태를 대비하면서 대학병원에 이르렀더니, 마취과 당직 전공의가 마취를 해 주지 않는 것이었다. 배를 여는 순간 순식간에 배 속에 차 있던 피가 빠져나오면서 산모가 죽을 수 있다는 것이었다. 나는 일분 일초가 바쁘니 마취를 해서 출혈 부위를 지혈해야 한다고 하고, 마취과 의사는 환자가 죽을 것을 걱정하여 주저하는 것이었다. 마침내 마취를 하고 개복을 하였더니 아이는 자궁 밖 복강 내에 죽어 있고, 파열된 자궁의 출혈부위는 죽은 태아가 누르고 있어서 출혈이 억제되어 있었던 것이다. 장흥 병원에서 겪었던 두 번째 자궁파열의 예는 불완전 파열이었다. 자궁파열이 의심되어 개복을 하고 들어갔더니, 자궁파열이 의심되는 자궁 하절부에 커다란 혈종이 형성되어 있었다. 나는 혈종을 절개하기는 해야겠는데 혈종절개와 동시에 급격한 출혈이 염려가 되어 망설이고 있었다. 산부인과 전공의 3년차인 내가 집도를 하고 있었고, 환자를 데리고 온 산부인과 병원 원장님이 수술보조를 하고 있었다. 산부인과 원장님은 전문의이면서도 나에게 의존하고 있었다. 만일의 사태에 환자에게 문제가 발생하면 책임소재를 고려하였기 때문이었다. 그 원장님은 내가 이러지도 못하고 저러지도 못한 채 혈종부위를 만지작거리면서 주저하고 있자, 언제까지 이렇게 뒤적이고만 있을 것이냐고 하였다. 나는 용기를 내어 혈종을 절개하였다. 거대한 혈종이 제거되자 자궁하절부에서 동맥이 하나 노출되어 거기서 선홍색의 동맥혈이 힘차게 분출되고 있었다. 수술할 때 지혈부위가 어디인지 명확하게 파악되기만 하면 수술은 끝난 것이나 다름없다. 나는 자궁 하절부 출혈부위를 지혈하고 찢어진 부위를 꿰매 주고 수술을 끝낼 수 있었다. 장흥병원에서 바라보면 건너편에 억불산이 있다. 어느 토요일 오후에 나는 억불산에 혼자 등산을 갔다. 당시에는 무선호출기도 없었고, 휴대폰도 없던 때였다. 산모가 올 경우 푸른색 담요를 창틀에다 널어놓아 신호를 보내도록 하였다. 억불산에 올라 보니 그곳에는 군부대가 있었다. 억불산 등산을 마치고 내려오는데 아니나 다를까 병원 창틀에 푸른색 담요가 널려 있었다. 그리고 병원에서는 앰뷸런스를 산 밑 마을까지 보내왔다. 그러고 보니 내가 주로 일하였던 병원들은 목포와 해남병원, 장흥병원, 광양병원으로서 우리나라 최남단의 병원에서 주로 근무한 꼴이 된다. 목포에서 광양까지 남해안을 따라 연결된 남해안선이 형성되는데, 나는 남해안선에 놓인 병원에서 주로 근무를 한 것이다. 그 외에도 홍천과 백제에도 파견근무를 나간 적이 있다. 백제에서는 백마강을 따라 배를 타고 올라가 낙화암에 이르러 본 적이 있다. 백제의 고궁과 성터를 둘러보았다. 홍천은 내가 군복무 중에 자주 들렀던 곳인데, 이곳에서도 전공의 3년차 때 두어 달을 지낸 적이 있다. 홍천의 병원은 일반의로 개업을 하신 분의 병원인데 산부인과와 소아과 그리고 내과 등 전반적인 환자를 다 보는 곳이었다. 나는 산부인과와 소아과를 주로 보았는데, 원장님은 당시 우리가 하던 방식의 수술이 아닌 특이한 방법으로 제왕절개분만을 하는 것이었다. 즉 대학병원에서 우리는 자궁하절부를 봉합할 때 세층을 봉합하였다. 그런데 그곳 원장님은 자궁하절부 봉합을 대충 한 층으로 봉합해 버리는 것이었다. 당시 나는 그 원장님의 방식을 비난하였다. 교과서대로 하지 않는다고 경멸하는 마음도 들었다. 그런데 내가 교수가 되고 미국으로 연수를 가던 무렵에는 제왕절개분만에서 단층으로 봉합하는 것이 새로운 방법이 된 것이다. 산과 교과서에는 물론이거니와 미국에서도 단층으로 자궁을 봉합하고 있었다. 단층봉합이 세 층으로 봉합하는 것에 비해 수술 후에 유착이 적게 발생한다는 것이다. 의학이란 참으로 재미있는 학문이다. 홍천의 그 원장님은 무려 10여 년을 앞선 수술방법을 선보였던 것이다. 홍천에 파견근무를 하고 있을 때였다. 아내가 찾아왔다. 나의 숙소는 병원에 있었지만, 그날은 병원 가까운 곳에 여관을 숙소로 잡았다. 그런데 문제가 생겼다. 밤새도록 분만하러 온 산모들 때문에 여관에서 들락날락하였더니 여관 주인 아주머니가 몹시 화를 내었다. 세상에 어떻게 고객의 사정이 있는 것인데, 밤에 들락날락한다고 그렇게 화를 낼 수 있단 말인가! 하지만 산부인과 의사의 고충을 이해하기에는 무리였을 것이다. 그 밤에 나는 서너 건의 분만을 했기 때문이다.

30

처가살이

전공의 시절 나의 삶은 전반적으로 안정적이지 못했다. 경제적으로도 여유가 없었다. 적은 전공의 월급으로 대학원 등록비를 감당하기가 빠듯하였다. 아파트를 마련하였다가 아파트에 아내와 한림이만 두고 거의 병원에서 생활하는 것이 여의치 않아서 아내가 둘째를 낳으면서부터는 양동 처가에서 아내와 한림이가 생활하였다. 둘째 한선이가 태어난 이후에는 아내는 순천에서 약국을 하면서 시부모님과 함께 생활하였고, 나는 광주에서 처가에서 기거하게 되었다. 처가에는 장인과 장모님만이 계셨다. 나의 처가살이는 전공의 1년차 때부터 시작하여 내가 교수가 된 후 미국으로 연수를 떠나기까지 꼬박 10년간 계속되었다. 나는 처가에서 전공의 시험을 치렀고, 처가에서 전문의 시험준비를 한 것이다. 우리속담에 걸보리 서 말만 있어도 처가살이하지 말라는 말이 있는데, 나의 처가살이는 무려 10년을 지속하였지만 별로 불편을 느끼지 않았다. 지금 생각하면 장모님과 장인어른이 얼마나 나를 많이 배려하시고 섬겨 주셨는가 하는 생각이 든다. 그러나 나는 장인 장모님에게 그렇게 싹싹하게 굴지 못한 것 같다. 특히 장인 어르신이 돌아가신 지 오래되었지만, 왜 그때 장인어른과 좀 더 친밀하게 대화를 많이 나누고 좋은 시간을 갖지 못했는가 하는 생각이 든다.

병원에서 퇴근하면 함께 식사를 하고, 내 방에 가서 책을 보다가 잠을 자곤 하였는데, 말이 별로 없는 내가 무슨 불만이라도 있어서 그런가 싶으셨던 모양이다. 한번은 장인께서 나를 부르시더니, 왜 그렇게 말이 없느냐고 물으셨다. 무슨 불만이라도 있으면 말을 하라고 하시는 것이었다. 성경에 보면 야곱이 외삼촌 라반의 집에서 20년을 처가살이하는 장면이 나온다. 모세 역시 처가살이를 하였다. 모세의 처가살이는 나에게 위로가 되곤 하였는데, 사실 나는 학생시절 요회 메시지에서 겉보리 서 말만 있어도 처가살이를 하지 않는다는 속담을 가끔 말하곤 하였던 것이다. 전공의 시절에는 명절 때면 교수님들을 찾아 인사드리는 일이 중요한 연중행사였다. 처가살이에 경제적으로도 넉넉지 않았던 시절 명절이면 교수님 댁을 찾아 인사드리는 일도 쉬운 일이 아니었다. 인생을 살면서 사람답게 산다는 것이 결코 만만한 일이 아니라는 것을 배우는 시간들이었다. 나는 처가살이를 하면서 전공의 과정을 마칠수 있었다.

전공의 1년차 여름에 학내문제가 심화되었다. 박철웅 총장이 병원장의 뺨을 때리는 일이 발생하자 대학병원 수련의들은 의사 가운을 벗고 병원을 나가는 사태가 일어났다. 조선대학교의 설립과정에서 설립동지회와의 이해관계가 얽힌데다가 박철웅 씨의 독재적인 경영에 불만을 품은 세력들에 대해서 가차없이 해직조치를 내리자 전선은 박철웅 일가와 민주화 세력 간의 다툼으로 번지게 된 것이다. 학내문제의 소용돌이가 연일 학교를 어수선하게 만들었다. 처음에는 병원 수련의들은 별로 무관심하듯 보였다. 그런데 병원장이 뺨을 맞은 사건은 전공의들의 반발을 일으키는 도화선이 되었다. 인턴과 레지던트 전원은 가운을 벗어던지고 병원 밖으로 나갔다. 무등산장과 시내 장급호텔에서 한 달 이상을 합숙하면서 농성을 하였다. 장급호텔에서는 모여서 박철웅 일가를 성토하거나 연일 회의를 하기도 하였지만, 주로 많은 시간을 호텔방에 머물면서 비디오를 보거나 영화를 보는 일로 소일하고 있었다. 그동안 병원에서 밤낮으로 고생하며 회진과 수술준비로 눈코 뜰 새 없던 생활을 하다가 근 한 달 동안이나 호텔에 모여서 잠을 자고 빈둥거리고 있자니 그 생활도 쉬운 것이 아니었다. 당시 호텔비와 농성에 소요되는 비용을 개업가의 선배들이 지원해 주었다. 대학병원에서 교수님들이 찾아와서 설득하기도 하고, 때로는 격려하기도 하였다. 그런데 어느 날 대학에서 버스를 두 대 보내면서 대화를 제의하였다. 우리는 드디어 박철웅 총장이 우리에게 사과를 하고 문제를 해결하려고 한다고 생각하였다. 진즉 그럴 것이지 전공의들은 최고의 지성인들인데, 전공의들이 근 200여 명이 이렇게 데모를 하는데 박철웅 총장인들 물러서지 않겠는가 하는 생각을 하였다. 그런데 그것은 착각이었다. 버스 두 대를 타고 대학본관 건물에 이른 우리는 안내를 받으며 대 강당으로 들어갔다. 대 강당에 들어선 순간 예상치 못한 광경이 벌어졌다. 검은 양복을 입은 건장한 교수들이 양옆으로 도열해 있고, 강당 안에는 열을 맞추어 간호사들과 직원들과 교수들이 마치 졸업식을 하는 장면처럼 엄숙히 앉아 있는 것이 아닌가? 단상에는 박철웅 총장이 참모들과 함께 앉아 있었다. 한마디로 우리들의 기가 죽게 만드는 상황이었다. 좌석배치를 하였는데 우리들이 앉을 자리를 가운데로 만들어 놓았다. 수련의들이 자리에 앉자 박철웅 총장이 나와서 일장 연설을 하는 것이었다. 그런데 사과와 협조를 부탁하는 내용의 연설을 기대했던 우리의 예상과는 다르게 총장은 시종일관 우리를 가지고 놀듯이 하였다. 자기 자녀가 서울대에 다니는데 우리더러 왜 조대에 왔느냐는 것이다. 말인즉 자신이 이렇게 조선대학이라도 만들어 놓았기에 우리들이 의대를 졸업하여 의사행세를 하는 것이지 뭐가 잘난 것이 있느냐는 것이었다. 우리는 그야말로 사과를 받으러 갔다가 도리어 설득과 책망을 당하고 나온 꼴이 되었다. 결국 그 일 후 우리는 유야무야 농성을 끝내고 병원으로 복귀하고 말았다. 대학을 다니면서 나는 박철웅 총장이 조선대학교 인접 주민들로부터 많은 원성을 사고 있다는 사실을 알게 되었다. 학교 부지라는 명목으로 임야도 빼앗기고, 살던 집에서 쫓겨난 가난한 주민들이 포클레인에 맞서서 막대기를 들고 항의하던 모습을 보곤 하였다. 오늘날 조선대학교는 이렇게 해서 오늘의 위상을 갖게 된 것이다.

31

낙태수술

낙태수술을 산부인과에서는 D&C라고 한다. 내가 처음 D&C를 배운 것은 1년차 때 광양병원에 파견을 나갔을 때였다. 교수님이 나에게 D&C를 가르쳐 주셨다. 큐렛으로 자궁내막을 긁을 때 감촉이 시골에서 덕석을 긁을 때의 감촉과 같아야 한다는 것이다. 그리고 얼마 후 광주 시내에 있는 개인 산부인과 의원에 파견근무를 나갔다. 그런데 그날 하루 동안에 내가 D&C를 시술한 건수가 무려 10건이나 된 것이다. 나는 그날 산부인과 파견에서 돌아와 교수님을 찾아갔다. 앞으로 열흘 동안이나 더 파견근무를 해야 하는 상황이었기 때문이다. 나의 형편과 상황을 들은 교수님은 그다음 날부터 개인 산부인과 병원의 파견업무를 다른 사람과 바꿔 주었다. 나 대신 친구 Y가 파견을 나가게 되었다. 그 이후로 낙태수술에 있어서는 비교적 자유로운 입장이 되었다. 낙태에 대한 분명한 입장을 취하게 되자 산부인과학을 전공하는 가운데 부딪히는 생명윤리적인 문제들에 대한 입장도 분명해졌다. 이를 통해서, 생명윤리에 대한 분명한 가치관 정립이 얼마나 중요한가를 알 수 있었다. 반면에 낙태에 대한 불분명한 입장을 취하는 경우, 많은 생명윤리의 문제에 직면했을 경우 모호한 입장을 취하게 된다. 산부인과를 하면서 부딪치는 생명윤리적 문제들이란 가장 흔한 것이 원하지 않은 임신이다. 둘째가 약물이나 방사선을 조사한 경우이다. 때로는 성감별에 의한 낙태를 원하는 경우도 있다. 그러나 강간이라든가 근친상간과 같은 사례는 거의 만나 보지 못했다. 방사선 조사를 과다하게 받은 산모가 찾아온 적이 있다. 산모는 나이가 40이 넘은 노산(老産)이었는데 결혼 후 17년 동안이나 아이를 갖지 못하였다. 불임 산모였던 것이다. 그런데 최근에 소화가 잘 되지 않고 몸이 안 좋아서 내과를 찾아갔더니 이런저런 검사를 해도 특별한 것이 없더라는 것이다. 그래서 대학병원에 와서 종합검진을 하게 되었는데, 이때 엑스레이며 CT 등의 사진을 많이 찍은 것이다. 산모의 엑스레이를 확인하던 내과 교수는 기겁을 하게 되었는데 배 속에 많이 자란 아이가 보였기 때문이다. 산모는 임신 17주가 넘은 상태였다. 엑스선 조사를 무려 5,000mRad나 받은 것이다. 내과교수와 주변의 모든 교수들이 낙태수술을 요구하였다. 만에 하나라도 문제가 될 경우 발생할 수 있는 의료소송의 문제를 고려한 조치였다. 산모와 남편은 이 사실에 거의 공황상태에 빠졌다. 결혼 후 17년째에 느닷없이 임신이라는 사실도 충격적인데, 낙태를 시켜야 한다고 하니 얼마나 놀랍고 당황스러운 일이었겠는가! 거기다 아이의 성별은 남자아이였다.

나는 일단 조사된 엑스선 량을 면밀히 계산한 후에 문헌고찰에 들어갔다. 다행히 미국소아과 학회와 방사선과 학회에서 공동으로 발표한 가이드라인이 있었다. 그 내용에 의하면 10,000mRad 이하의 조사량으로서는 낙태수술을 정당화할 수 없다고 하였다. 나는 산모에게 낙태를 지양하고 임신을 유지할 것을 권면하였다. 주변 교수들의 반응은 좋지가 않았다. 왜 낙태를 시키지 않느냐고 하는 말들이 들려왔다. 특히 내과 교수는 나를 직접 찾아와서 다시 한번 낙태를 신중히 고려해 줄 것을 부탁하기도 하였다. 지금은 괜찮을지라도 나중에 초등학교라도 가서 정신박약이나 기타 합병증이 발생하면 어떻게 할 것이냐고 하였다. 그러나 임신은 유지되었고 건강한 남자아이를 분만하였다. 아이의 부모들은 매년 나에게 감사의 표시로 여수의 오징어를 한 죽씩 소포로 보내 주곤 하는 것이다. 그리고 최근에 그 아들을 데리고 산부인과 교수 연구실로 찾아온 적도 있다. 약물을 복용하고는 개인 산부인과 병원으로부터 위험하니 낙태를 시키라는 권면을 받고 산부인과 외래를 찾은 분들도 많다. 이런 경우 약물의 위험도를 분석하고 가능한 임신을 유지하도록 돕고 있는데, 나중에 분만하여 건강한 아이를 낳은 후에는 나에게 감사하다고 하는 분들이 많다. 자기 아이를 데리고 와서 인사를 시키는 분들도 있다. 멀리서 편지를 보내와 교수님 덕분에 아이를 건강하게 낳게 되었다고 감사의 인사를 받을 때면 많은 보람과 긍지를 갖게 된다. 다행히도 지금까지 내가 임신유지를 권면하여 분만한 경우 단 한 사례라도 아이에게 문제가 발생한 경우는 없었다. 만약 그 당시 약물이나 방사선의 위험성을 강조하여 낙태를 권면한 의사들의 말대로 낙태를 하였다면 새 생명이 건강하게 탄생할 기회를 박탈하게 되는 죄를 지었을 것이다.

32

마지막 관문

전공의 4년차 9월이 되면 대게 전문의 시험준비를 위해서 8층 의국으로 올라가게 된다. 의국으로 올라간다는 말은 회진과 수술 등의 일상적인 병동과 수술실의 업무에서 물러나 전문의시험을 위한 공부만을 하게 된다는 의미이다. 나와 Y, 그리고 O 선생은 함께 수련 받는 같은 연차의 동료들로서 우리는 9월이 되자 드디어 8층 의국으로 올라가게 되었다. 우리와 함께 공부하게 된 타 병원 전공의들을 포함하여 여섯 명이 함께 공부하게 되었는데, 전문의 시험을 보기 위해서 대학병원 외에서 수련 받던 사람들이 전문의 시험이 다가오면 대학으로 들어와 함께 공부하는 전례가 있었기 때문이다. 전문의 시험이 1월에 있었는데 우리는 9월부터 약 4개월을 집중적으로 전문의 시험을 위해서 공부하는 시간을 가진 것이다. 이때는 병원에서 꼬박꼬박 월급을 주는데 병원업무에서 자유로운 시간이다. 나에게는 이 시간들이 참으로 행복하고 즐거운 시간이었다. 어느 날인가 함께 공부하는 동료들과 어울려 얘기하다가

배를 잡고 웃었던 일이 있었다. 그런데 그 순간 문득 지난 4년 동안의 전공의 수련을 받으면서 나는 이렇게 한 번이라도 호탕하게 웃어 보지 못했구나 하는 생각을 하게 되었다. 그랬었다. 4년간의 전공의 수련을 받으면서 나는 마음 놓고 웃어 보지를 못했던 것 같다. 수련의의 생활이 그렇게 긴장되고 경직된 생활이었던 것이다. 늘 윗 연차의 지시와 눈치를 보아야 했고, 교수님들의 지시와 질책을 받았기 때문이다. 선배 교수님은 전공의 시절 가장 마음이 편할 때는 화장실에서 볼일을 볼 때라고 한 적이 있었다. 화장실에서 볼일을 보면서 담배를 한 대 느긋이 피울 수 있어서였는지 그 선생님은 화장실에 있을 때가 가장 편하였다고 하였다. 전공의 1년차 어느 날 아침 식사를 하고 나는 식당 한쪽에서 조용히 앉아 물 한잔을 마시면서 나만의 시간을 가진 적이 있었다. 그 시간이 길지도 않았다. 겨우 10분 정도의 시간 동안 나는 혼자서 나만의 생각에 잠겼다가 병동으로 갔다. 그런데 윗 연차가 어디 갔다가 이제 왔느냐고 캐물었다. 단 10분의 시간도 내 마음대로 자유롭게 가지는 것도 쉽지 않았던 시간들이었다. 그런데 이제는 하루 종일 혼자서 공부하는 시간이 보장되었고, 누가 간섭하는 사람도 없었으며, 환자들을 보는 스트레스도 없으니 참으로 행복하였던 것이다. 나는 아침부터 오후 여섯 시까지 병원 8층에 있는 의국에서 공부를 하였다. 그리고 퇴근 후에는 저녁식사를 마치고 잠깐 눈을 부치는 시간을 가졌다. 잠깐 초저녁에 잠을 자고는 밤 10시 무렵부터 새벽까지 공부를 한다. 새벽 다섯 시나 여섯 시까지 공부를 한 후 취침에 들어가는데 그러다 보니 아침은 느지막하게 일어나서 먹는다. 대게 아침식사는 아홉 시가 되어서야 먹었는데 아침 식사

후에는 곧바로 학교로 가서 학교에서 공부를 하였다. 나에게는 심야에 온 세상이 잠든 시간 적막을 느끼면서 공부하는 나만의 기쁨이 쏠쏠하였다. 나의 공부 방법은 주로 문장을 만들어서 암기하는 식이었다. 즉 단어의 첫머리나 약어를 따서 연결하면 문장이 된다. 문장형태로 외워 두면 아무리 많은 내용이라고 쉽게 암기할 수 있다. 성염색체 열성 및 우성유전질환이라든가 상염색체 열성 혹은 우성 유전질환과 같은 경우는 의미도 모르는 어려운 이름들이 많다. 이런 경우도 문장을 만들어 암송하였더니 완벽하게 암송할 수 있었다. 그런데 내가 만든 문장이 간혹 야한 문장들이 좀 있었던 모양이었다. 후배가 내 책을 인수받아 공부하더니 내가 그렇게 야한 문장을 구사할 줄 몰랐다고 하는 것이다. 나는 주로 부인과와 산과학 교과서를 중심으로 공부하였다. 전문의 시험문제 족보가 있었으나 나는 족보에 크게 연연하지 않고 교과서를 다섯 번 읽었다. 그런데 교과서를 다섯 번이나 읽었어도 시험이 닥치자 자신이 없는 것이었다. 이제 시험이 임박하였는데 나는 족보를 거의 보지 않은 상태였다. 그래서 족보문제를 암송하기로 마음먹고 시작한 것은 시험을 치르기 위해 롯데호텔에 투숙한 이후였다. 시험은 며칠 앞으로 다가왔는데, 나는 족보의 내용을 다 암기하지 못한 상태였다. 교과서는 다섯 번 읽었으나 족보를 암송하지 않은 상태였기 때문에 갑자기 초조해지기 시작하였다. 나는 호텔에서 집중하여 족보의 주관식 문제를 암송하기 시작하였다. 집중하여 암송하다 보니 나중에는 가만히 앉아 있었는데 코피가 흘렀다. 전문의 시험준비를 하면서 나는 두 번 코피를 흘렸다. 그래서 지금도 나는 공부하다가 코피를 흘려 보지 않은 사람은 공부를 열심히 하였다고 말하지 말라는 말을 하곤 한다. 이렇게 준비하여 전문의 시험을 치렀는데, 막상 전문의 시험문제를 받고 보니 다소 억울한 점이 있었다. 거의가 족보에 있는 문제가 그대로 출제되었던 것이다. 이럴 줄 알았다면 구태여 그렇게 힘들게 공부하지 않았어도 합격에는 별 영향이 없었으리라는 생각이 들었다. 족보만 공부했어도 합격할 수 있었던 시험을 나는 힘들고 어렵게 교과서를 다섯 번씩이나 읽어 가며 공부하였던 것이다.

33

교수의 꿈이 성취되다

내가 교수로 임용된 것은 그야말로 기적에 가까운 일이 아닐 수 없었다. 학창시절부터 나의 꿈은 교수가 되는 것이었다. 초등학교에 들어갔을 무렵, 아버지는 나에게 대학교수의 꿈을 심으셨다. 그도 그럴 것이, 당시 초등학교 교사이셨던 아버지에게 교수는 이상적인 직업임이 틀림없었다. 그런데 나는 대학교수란 대학교에서 '수(秀)'만 맞는 우등생인 줄 알았다. 초등학교에 입학한 이래로 나의 가정통신문에는 늘 '수(秀)'만 있었기 때문에 대학교에 가서도 수(秀)만 받는 사람이 되라는 의미로 생각하였다. 그래서 누가 장래 무엇이 되고 싶냐고 물으면 주저함 없이 대학교수가 된다고 입버릇처럼 말하곤 하였다. 중학교시절 감수성이 싹터 오르기 시작하면서 나는 학문에 일생을 바치는 수도자적 인생에 매력을 느끼기 시작하였다. 고등학교 때는 인간을 철학적이며 생물학적으로 통합적인 연구를 함으로써 인간의 근본 문제를 해결하고 싶었다. 아무튼 나의 꿈은 교수가 되는 것이었고, 학문에 일생을 헌신하는 것이었다. 의과대학에 입학하여 여름방학을 맞아 기독학생회 의료봉사 활동을 떠났다. 그곳에는 의대를 졸업하고 의사가 된 기독학생회 선배님들이 몇 분 오셨는데, 그들은 그야말로 우리들에게 선망의 대상이었다. 내과 레지던트가 되어 청진기를 들고 환자를 진료하는 선배 의사는 우리들의 동경의 대상이었다. 봉사활동 마지막 날 밤 우리는 모여서 캠프파이어를 가졌는데, 서로의 꿈을 얘기하였다. 이때도 나는 학문에 종사하는 교수가 되고 싶다고 말했다. 교수가 되어 강단에 서서 강의하는 모습이 나의 가슴속에 살아 있었다. 그래서 빈 강의실만 있으면 강단에 서서 강의하는 흉내를 내곤 하였다. 그런데 산부인과 전공의가 될 무렵 그 꿈은 너무나 요원해 보이기만 하였다. 학생시절 성적이 특출하게 좋아서 교수들로부터 인정을 받은 것도 아니고, 산부인과 전공의를 하면서 기대주로 관심을 모은 것도 아니었다. 인간관계를 잘해서 교수들의 환심을 산 것도 아니었다. 내가 교수가 되고 싶노라고 말한다면 아마 아무도 그 사실을 진지하게 받아들이지 않았을 것이다. 더 나아가 교수가 되려면 교수 T/O가 나와야 하는데, 내가 산부인과 전공의가 되던 첫해 교수는 여섯 명이었다가 이듬해 곧 일곱 명이나 되었다. 한마디로 더 이상 교수를 채용할 여지가 없었다. 그런데 전공의 3년차 때부터 산부인과에 지각변동이 일기 시작하였다. 소위 말해서 학원 민주화 운동의 여파로 교수들이 대거 탄핵되거나 학교를 그만두는 사태가 벌어졌다. 산부인과 교수 중의 한 분도 학원 민주화 운동의 여파로 학교를 그만두어야 했다. 그리고 그 교수를 응원하고 추종하던 교수 한 분이 또 학교를 그만두게 되었다. 그러다가 전공의 4년차가 되자 교수가 다섯 명까지 줄어들게 되었다. 이제는 교수를 충원해야 하는 상황이 되었다. 그러나 이미 국내 명문의대를 졸업하고 우수한 성적으로 전문의가 된 한 분이 산부인과 교수로 공채될 예정이었다. 인맥이 워낙 견고한 터라 그분이 교수가 되는 것은 이미 기정사실로 받아들여지는 분위기였다. 하지만 나는 4년차 되던 해 추석을 맞아서 산부인과 과장님을 집으로 찾아뵈었다. 나는 교수가 되고 싶다고 소신껏 나의 의사를 표현하였다. 그리고 학교에 교수 T/O가 없다는 사실을 잘 알고 있으니 광양병원에서 근무하는 조건으로라도 교수로 뽑아 준다면 의욕적으로 해 보겠다고 하였다. 광양병원 T/O라도 좋으니 교수가 되게 해 달라는 나의 말이 과장님의 마음을 움직였던 모양이다. '아 이 친구는 교수가 되고자 하는 분명한 의지가 있구나' 하는 생각을 한 것이다. 사실 나는 교수가 되고 싶었다. 만약 산부인과 교수가 되기 힘들다면 기초의학 전공을 다시 해서라도 교수가 될 수 있으면 하겠다는 생각이 있었다. 그리고 남은 시간 나는 전문의 시험준비에 여념이 없었다. 드디어 전문의 1차 시험을 치르고, 2차 면접시험을 치르는 날이었다. 산부인과 과장님이 서울까지 응원을 오셨다. 그리고 광주로 다시 내려가시면서 그날 교수채용을 위한 공개강좌가 있다고 하였다. 공개강좌만 무사히 치르고 나면 그분은 산부인과 교수로 발령을 받을 예정이었다. 우리는 전문의 2차 면접시험을 잘 마치고 당일에 광주로 내려왔다. 광주에 도착하자 산부인과 교수님들과 의국원들이 회식을 해 주었다. 그런데 회식자리에서 나는 놀라운 소식을 듣게 된 것이다. 우리가 전문의 시험 2차 시험을 치르는 그 시각에 공개강좌를 해야 할 분이 나타나지 않았다는 것이다. 나중에 자초지종을 알아보니, 전에 근무하던 병원에서 그분이 워낙 뛰어난 인재라서 놓아주지를 않았다는 것이다. 어찌 되었든지 공개강좌가 무산되면서 산부인과 교수 공채는 불발로 끝나게 되었다. 그때가 1991년 1월이었다. 그런데 3월에 산부인과 원로 교수님이 정년퇴임을 하시는 것이었다. 즉 교수가 최종적으로 세 명이 되는 셈이다. 산부인과에서는 공채가 무산되고, 정년퇴임까지 겹치게 되어 결과적으로 교수를 2명이나 특채해야 하는 상황이 된 것이다. 나는 1991년 4월 1일자로 산부인과 교수로 특채되었다. 초등학교 시절부터의 꿈이 이루어진 것이다. 그것은 하나님의 일방적인 은혜였다. 나는 전공의 과정을 마치고, 전문의가 되면서 대학병원의 산부인과 교실에 교수로 남게 되었다. 학생 때부터 산부인과를 강의하시던 교수님이 정년퇴임하시고 은사이신 교수님이 맡으시던 부분을 내가 맡게 되었다. 내가 강의해야 하는 부분이 주로 산과총론(産科總論)으로서 분만진통 부분을 다루었다. 인류의 역사가 시작되면서 분만의 역사도 함께해 왔지만, 만삭이 되어 진통이 오는 그 신비한 베일이 아직 밝혀지지 않은 것이었다. 나는 분만과 진통의 신비에 매료되었다. 분만진통의 신비를 풀고자 하는 많은 학자들이 여러 가지 이론을 제시하였고, 현재도 많은 사람들이 그 신비를 풀고자 연구하지만 아직 명확한 기전설명을 못 하는 것이다. 분만진통은 왜 오는가? 일찍부터 제시된 이론이 옥시토신 이론이다. 뇌하수체 후엽에서 분비된 옥시토신은 자궁을 수축시키는 강력한 수축물질이자, 유즙분비에도 관여하는 아홉 개의 아미노산으로 구성된 펩타이드 호르몬이다. 옥시토신은 1954년 미국의 생화학자 Vincent du Vigneaud 에 의해서 발견되었는데, 다음 해 그는 옥시토신을 발견한 공로가 인정되어 노벨상을 수상하였다. 옥시토신이 분만진통에 영향을 미치는 강력한 수축물질이기는 하지만 옥시토신이 분만진통을 시작하게 한다는 결정적인 단서를 찾지 못하였다. 그러던 중, 1973년 영국의 Liggins경이 양(羊)을 대상으로 한 연구에서 태아의 부신에서 만들어지는 부신 호르몬이 분만진통의 시작에 중요한 역할을 한다는 사실을 보고하였다. 즉 태아의 부신이 만삭에 이를수록 커지면서 부신 호르몬인 코티솔이 태반 호르몬의 변화를 일으키고, 태반 호르몬의 변화가 분만진통이 시작되도록 한다고 하였다. 태반에서는 에스트로겐과 프로게스테론이라는 중요한 스테로이드 호르몬이 만들어지는데 분만진통에 결정적인 역할을 하는 호르몬이 바로 프로게스테론이다. 임신 중에는 많은 량의 프로게스테론이 태반에서 만들어지는데 프로게스테론은 임신의 유지에 매우 중요한 호르몬이다. 만약 태아 부신이 만들어내는 부신 호르몬이 분만진통의 시작에 중요한 역할을 한다고 하면, 분만진통의 시작에 태아가 결정적인 역할을 한다는 의미가 된다. 즉 태아의 성숙이 분만진통을 일으키는 열쇠가 된다는 말이다. 태아가 분만진통을 일으키는 신호를 만들어 보냄으로써 분만진통이 시작된다고 하는 증거들은 그 외에도 많이 있다. 그런데 Liggins의 이론도 인간의 분만진통을 충분히 설명하기 어려운 부분이 있는데, 양(羊)에서와는 달리 인간에게서는 프로게스테론의 변화가 분만 후 태반만출이 되고 나서야 일어난다는 사실이다. 이 부분은 아직도 풀리지 않는 퍼즐로 남아 있다. 1985년에 Robert Romero가 조기진통의 발생에 감염(感染)이 중요한 원인으로 작용한다고 하는 감염설을 들고 나왔는데, 그는 많은 증거들을 통해서 감염과 조기진통의 관계를 입증하였다. 그래서 감염이론과 기존의 분만진통 이론 사이에는 한동안 뜨거운 논쟁이 일기도 하였다. 나는 1995년 시카고에서 열린 미국부인과학회에 참석하였다가 당시 감염이론의 선두인 Robert Romero 박사와 McDonald 박사의 토론에 참석한 적이 있다. 나는 뜨거운 논쟁이 되리라고 기대하며 참석하였는데, 아쉽게도 Romero 박사만 나와서 혼자 얘기하고 들어가는 싱거운 토론으로 끝났다. 감염이론이 휩쓸고 있던 시기에도 꾸준히 옥시토신과의 관련성을 연구하는 학자가 있었는데, Fritz Fuchs & Anna Ritta Fuchs 박사 부부였다. 이들은 옥시토신 수용체가 인간의 자궁근층에 존재한다는 것을 보고하기도 하였는데, 옥시토신 수용체이론을 들고 나와서 유명하다. 옥시토신 수용체이론이란 옥시토신 혈중 농도는 임신기간 내내 거의 비슷하지만 옥시토신 수용체의 수(數)가 만삭에 이르러 갑자기 증가함으로써 자궁수축이 일어난다는 이론이다. Fritz Fuchs & Anna Ritta Fuchs 박사 부부가 꺼져 가던 옥시토신 이론에 새로운 희망과 용기를 실어 준 꼴이다. 이들의 이론은 이어서 조기진통 억제제의 개발에서 옥시토신 수용체 길항제(Oxytocin Receptor Antagonist)의 개발로 이어졌는데, 내가 일 년간 연구하였던 시카고 일리노이 대학의 Laird Wilson 교수의 실험실에서 바로 이 연구를 하고 있었다. 나는 Wilson 교수의 실험실에서 원숭이과의 일종인 임신한 baboon을 대상으로 옥시토신 수용체 길항제를 개발하는 일에 참여하였다. 1997년 일 년간의 연구를 마치고 귀국한 후에 미국 Portland에서 열린 학회에 참석했을 때, 나는 Anna Ritta Fuchs 박사를 만났다. 남편의 안부를 물으니 작고하셨다고 하면서 슬픈 얼굴을 하였다. 나는 Wilson 교수의 실험실에서 조기진통 억제제인 옥시토신 수용체 길항제를 개발하는 연구에 참여하기 전, 분만진통에 관한 나름의 연구를 수행하였다. 우선 토끼의 자궁수축에 관련한 스테로이드 호르몬의 작용을 연구하였는데, 치과대학 실험실에 Polygraph라고 하는 장비가 있어서 치과대학 실험실에서 주로 연구를 하였다. 분만진통 기전에 관여하는 인자들이 수없이 많은데, 태반조직과 양막, 융모막 등의 태아막에서 분비되는 물질이 분만진통에 관여한다. 나는 박사학위 연구로 태반과 태아막에서 분비되는 Endothelin-1과 EGF수용체가 분만진통에 미치는 영향을 연구하였다.[2]

---

2) 송창훈. 분만진통과 Endothelin‒1 및 EGFR에 관한 연구. 전남대학교대학원. 1996.

34

목사가 된 B 이야기

의과대학에 입학하였는데 키가 작달막하고 얼굴이 희고 동그란 B라는 친구를 만나게 되었다. 그와 나는 CCC를 함께 다녔다. 그는 CCC 여름수양회 이후에 우리와 합류하게 되었다. 의과대학 시절 B에게는 두통이 있었다. 고질적이고 지독한 편두통으로 인하여 그는 거의 공부를 할 수 없었다. 함께 공부를 하다 보면 그는 편두통이 심하여 공부를 하지 못하고 전전긍긍하고 있는 모습을 자주 보았다. 당연히 시험을 보면 백지로 내기도 하고, 거의 답안지를 채우지 못하는 경우가 많았다. 결국 의예과 2년에서 해부학과정을 통과하지 못하고 그도 나처럼 유급을 하고 말았다. 그런데 그의 편두통은 그다음 해에도 좋아지지 않았다. 나는 의학과 1학년으로 진급을 하였는데 B는 여전히 의예과 2학년에 머물게 되었다. 제적을 피하기 위하여 두 번째 해에는 1학기를 마치고 휴학을 하였다. B는 그렇게 의과대학을 여러 해 다녔다. 내가 의학과 3학년이 되었을 때 B는 5년 동안의 의대생활을 청산하고 신학교로 적을 옮겼다. 고질적인 편두통이 떠나지 않았기 때문이다. 이러한 과정에서 B는 극단적인 행동을 하고 말았다. 반복된 유급과 편두통으로 시달리다가 어느 날 B는 자기 집의 욕실에서 스스로 거세수술을 하고 만 것이다. 출혈이 낭자하고 혈관을 잡을 수 없게 되자 B의 부모가 알게 되었고, 병원으로 이송되었다. 병원에서 무사히 치료를 하기는 하였으나 이 일은 그의 부모에게 씻을 수 없는 아픔을 남기게 된 사건이 되었다. 그 후 B는 신학교를 졸업하였으나 목사안수를 받지 못했다. 만성적인 편두통에 시달리느라 그는 기도원과 수도원을 전전하였기 때문이다. 그는 거세로 말미암아 결혼도 생각할 수 없었다. 고질적인 편두통으로 아무것도 할 수 없었다. 집에서는 그러한 B를 때로는 사람취급도 하지 않았다. 그를 멸시하고 박해하였다. 그러나 그의 삶은 오직 기도와 인내였다. 그는 한동안 그의 할머니를 모시고 살았다. B의 아버지와 작은 아버지 모두가 노모를 모시지 않으려 하였기 때문이다. 어느 날 나는 B의 자취방을 우연히 방문하였다. B는 자취방에서 할머니를 모시고 살고 있었다. 그런 B가 나를 찾아온 것은 1997년 어느 날이었다. 마침 병원예배를 이루고 있던 때라 누군가의 도움이 필요한 상황이었다. 나는 강도사로 있었던 B에게 도움을 요청하였다. 그는 흔쾌히 받아들였다. 나의 연구실에 원목실이라는 패널을 붙이고 B와 나는 연구실을 같이 이용하였다. B는 병원사역을 섬기면서 목사 안수를 받게 되었다. 현재도 B는 병원목회를 하고 있다. 병원에서 내준 원목실이 생겼고, 주일이면 두 번의 예배를 섬긴다. 병원목회를 시작한 지도 벌써 10여 년이 훌쩍 넘었다.

교수가 된 K 이야기

　내가 대학에 교수가 된 지도 훌쩍 10여 년이 가까이 된 어느 날이었다. 느닷없이 고등학교 동창생인 K라는 친구가 연구실로 찾아왔다. 대학시절 얼굴을 보고 이제 만난 친구라서 반갑기도 하고 또 갑자기 나타난 사연이 궁금하기도 하였다. 그런데 놀랍게도 이 친구가 내가 재직 중인 조선대학교 사학과 교수가 되어 내 눈앞에 나타난 것이다. 나는 하마터면 교수가 된 친구에게 '너 수학 못하던 K 아니냐'는 말을 내뱉을 뻔하였다. 병용이는 고등학교 1학년과 2학년 때 나와 같은 반 친구였다. 고등학교 1학년 때였던가 그가 내 옆자리에 있었는데, 수학시간에 문제를 풀지 못해 도와준 적이 있었다. 나는 그가 수학을 잘 못한다는 사실을 알았다. 그와 나는 조선대학교에 입학하였다. 나는 의대를 입학하였고, 그는 공과대학에 들어갔다. 수학공부를 못하던 그가 왜 이과 쪽으로 왔으며, 더구나 공과대학으로 갔는지 알 수 없지만, 아무튼 그는 공대에 입학하였고 대학 1학년 때 우리는 자주 만났다. 그리고 그의 소식이 끊어졌다. 나 역시 의대공부에 바빴고, 그 후 군복무와 수련으로 정신이 없었다. 교수가 되고 시간이 많이 흘렀는데 친구 병용이가 내 앞에 사학과 교수가 되어 나타난 것이다. 그의 얘기는 이러하였다.

공대를 1학년 다녔는데 적성이 안 맞았다. 공대는 수학을 기본으로 하는데 수학을 아주 못하는 그에게 적성이 맞을 리가 없었다. 그는 전과를 고심하다가 서울에 있는 어느 대학 사학과로 편입하여 들어갔다. 역사학을 공부하게 되자 너무 행복하였다. 대학 3학년을 마치고 군 입대를 하였다. 그런데 군복무 중에 인생의 전기(轉機)를 만났다. 후임으로 온 사병이 유학에 관련한 잡지를 보고 있는 것이었다. 그는 후임병이 읽고 있던 유학관련 잡지를 빌려 읽는 중에 가슴이 뜨거워져 오는 것을 느꼈다. 유학에 대한 꿈이 생긴 것이다. 그는 군전역할 때까지 그 잡지를 구독하여 읽었다. 그는 군복무를 하면서 장차 유학에 대한 꿈을 키워나갔다. 제대 후 다시 4학년에 복학하였다. 그런데 어느 날 중세사를 강의하던 교수가 말하기를 우리나라에는 중세사를 전공하는 사람이 없고 자기도 잘 모르는 부분인데 전공자가 없으니 할 수 없이 자기가 강의하게 되었다고 하더라는 것이다. 이때부터 그에게는 목표가 세워졌다. 독일로 가서 중세사를 전공하기로 작정하고 구체적인 준비에 들어갔다. 대학을 졸업하자마자 그는 독일로 향했다. 독일에서는 함부르크 대학에서 중세사를 전공하였다. 박사학위를 받기까지 13년의 세월이 흘렀다. 그동안 그곳에서 경제학 박사과정을 하던 현재의 부인을 만났다. 현재 그들 부부는 함께 조선대학교 교수로 재직 중이다. 사실 친구가 대학에 들어올 당시 조선대학교는 지방사립대학으로서 그렇게 우수한 학생들이 입학하는 대학이 아니었다. 그 친구 역시 고등학교 시절 성적이 별로 좋지 않았다. 나는 그 친구가 공대에 입학한 사실을 알고 깜짝 놀랐다. 내가 놀란 까닭은 그가 대학에 붙었기 때문이 아니었다. 오히려 K처럼 성적이 좋지 않은 학생도 입학이 가능한 대학이라는 사실 때문이었다. 그러나 그것은 그 후 K의 인생 여정에 아무런 문제가 안 되었다. 그는 서울에 있는 어느 이름 없는 대학으로 다시 편입하였고, 적성에 맞는 학과를 선택하였으며, 군복무 중에 꿈과 비전을 발견한 것이었다. 문제는 그의 고등학교 성적이 아니었다. 수학은 잘할 수도 있고, K처럼 아주 못할 수도 있는 문제이다. 수학적 두뇌가 있는 사람이 있는가 하면 시적 감성이 발달한 사람이 있는 것이다. K는 꿈과 비전을 품었으며, 자신의 목표를 발견하였다. 그리고 그 목표를 위해 젊은 날의 대부분을 바쳤다. 13년의 세월은 한 사람의 중세사 전문가가 잉태되고 태어나기 위한 산고의 시간이었다. 13년은 말콤 글래드웰이 말한 일만 시간에 해당하는 것이다. 독일에서의 박사학위 과정이 아니었다면 그가 어떻게 13년을 혼신의 힘으로 중세사에 전념할 수 있었겠는가! 아마도 그 과정이 아니었다면, 그 역시 많은 사람들이 갔던 길과 같이 일찍 결혼을 하였을 것이고, 한국에서 직장을 잡았을 것이고, 그리고 직장일에 매어 하루하루를 살아갔을 것이다. 그의 꿈과 비전, 목표가 13년 동안 한 우물을 파면서 공부에 매진하도록 그의 인생을 이끈 것이다.

36

강단의 좌절

교수의 꿈이 성취되자 가장 행복한 것은 강단에 서서 학생들에게 강의를 한다는 사실이었다. 이제 갓 전문의를 취득한 젊은 교수에게 강의란 흥분 자체였다. 나는 강의에 거의 모든 시간을 투자하여 준비하였다. 강의에 사용할 한 컷의 그림을 얻기 위해 색지를 사서 풀로 붙여 원하는 도안을 만들기도 하였다. 일주일에 한 번 있는 강의를 위해 일주일 내내 강의 준비를 하였다. 내가 강의해야 할 부분은 산과총론 부분이었다. 대게 이제 막 전문의가 된 교수는 가능한 많은 지식을 전달하려고 하는 바람에 잡다한 내용을 강의 시간에 모두 다룬다. 반면에 연륜이 있는 노 교수는 강의시간에 반드시 필요한 핵심적인 원리를 다룬다. 나는 열정과 흥분을 가지고 강의에 임했다. 그런데 강의를 계속해 가면서 나는 강단의 황폐함을 깨달아 갔다. 그것은 의학교육 현장의 모순과 딜레마이자, 의학교육의 한계였다.

교수가 의과대학 강단에 느꼈던 황폐함이란 무엇보다도 학생들이 추구하는 가치관과의 충돌이었다. 어느 날 문득 나는 수업 중에 '나의 꿈과 비전'이라는 제목으로 글쓰기를 하도록 하였다. 그런데 글쓰기를 시도한 결과는 사뭇 실망스러운 결과였다. 우선 학생들은 글쓰기라든가 꿈이나 비전 등에 대해서는 무관심하였다. 의과대학은 매 학년이 생존의 싸움을 해야 하는 곳이다. 시험을 통과하여 진급한 자는 생존한 것이고, 시험에 실패하여 진급을 하지 못하는 경우도 많이 있었다. 그러다 보니 학생들에게 가장 큰 관심거리이자 현실문제는 시험이다. 어떻게 하면 교수에게서 시험에 유리한 정보를 얻어내어 무사히 시험에 통과할 것인가가 초유의 관심이 된다. 학교시험에 의존도가 높은 의과대학 생활은 꿈이라든가 비전이라든가 하는 말에 흥미를 갖지 못하게 한다. 왜 귀찮게 이런 것을 하느냐 하는 투다. 그래서 글쓰기의 제목을 받고는 무성의하게 몇 줄 적다가 마치는 사람, 일련번호를 매기면서 시험지 답안지 쓰듯이 하는 사람 등 글쓰기의 중요성과 가치를 외면해 버린다. 글쓰기에 대한 인식이 전혀 없다. 그래서 어떤 학생은 의과대학에 들어온 지난 5년 동안 단 두 줄 이상 자신의 말을 글로 써 본 적이 없다고 하였다. 더욱 놀라운 것은 자신의 꿈과 비전에 대해서 분명하게 말하는 사람이 적다는 것이다. 대부분, 장차 의사가 되어 안정된 가정을 이루고, 지금보다는 더 나은 생활을 하는 것이 꿈이라고 말한다. 어떤 학생은 평범하고 정상적인 가정을 가지는 것이 자신의 꿈이라고 하였다. 그래서 그런 것 말고 더 높은 이상과 꿈이 없느냐고 하자 자기는 평범하고 정상적인 가정을 가지는 일이 무엇보다도 중요한 일이라고 생각한다고 하였다. 나는 의과대학 학생들의 의식(意識)과 가치관이 무엇인지 궁금하였다.

그래서 수업시간을 이용하여 학생들에게 주제를 주고 글쓰기를 하도록 하였다. 글쓰기의 주제로는 <나의 꿈과 비전>, <내가 생각하는 의사상(醫師像)은 무엇인가?>, <국가와 나>, <내가 생각하는 의학교육>, <인간생명에 대한 나의 소고(小考)> 등이었다. 나는 학생들이 쓴 글을 일일이 읽고, 또 철학을 전공한 교수님과 나누어 읽으면서 학생들의 글을 분석하였다. 대체적으로 의대생들은 인문학적으로 사고하고 글을 쓰는 일에 익숙하지 않았으며 전공이나 시험과 관련된 일이 아니라는 점에서 무관심한 경향을 나타내었다. 의대생들은 깊이 있게 사고하고 접근하는 일에서 훈련이 되어 있지 않았다. 그리고 의대생들의 특유의 고착화되고 경직된 사고의 흐름이 엿보였다. 그것은 의예과에 입학하면서 학교에서 선배들에게 교육받고 영향을 받은 획일화된 사고체계라고 할 수 있었다. 의대생들은 역할모델과 가치관이 획일화되었다. 그리고 그 외의 가치체계에 대해서는 외면하거나 무관심하다. 의대생들은 머리가 우수하든지 아니면 그렇지 못하든지 일단 의대에 입학하면 고착화되고 획일화된 사고체계, 가치관의 형성과정을 거치게 된다. 나는 이러한 고질적인 폐해가 의학전문대학원이 되면서 많이 해소되기를 희망한다. 내가 느끼던 강단의 황폐함이란 바로 이러한 것들이었다. 그런데 의대생들의 이러한 사고체계는 이들이 전문의가 되고 개업을 하게 되면 보다 두드러진다. 즉 개업의들의 주된 관심과 대화의 주제는 제한되어 있다. 이것이 의학교육현장의 한계이며 딜레마이다. 산부인과는 출산율의 저하 등으로 인하여 비인기 과목으로 전락하고 말았다. 전문의가 되면 개업을 하는 붐은 사라졌다. 의료현장의 상황이 의사들을 많이 위축시키고 있다. 결국,

의학교육 현장에서 획일화된 가치관과 역할 모델은 열악한 의료현장에서 무참하게 무너지고 마는 것이다. 의학교육과정에서 무엇인가 의사들의 사명감과 존재감을 일깨우는 교육적 혁신이 필요하다. 아니 의대생들의 고착화된 사고체계와 가치관의 체계에 도전할 수 있는 의학교육적인 변혁이 필요하다.

37

의료사고

교수로 임용된 직후 왠지 나는 종횡무진 수술에 자신이 있었다. 동료들은 내가 평소에는 조용한데, 집도를 하게 되면 사람이 확 달라진다는 말을 하였다. 과격하다고 할까 그야말로 조증상태에서 수술을 하곤 하였다. 사실 교수가 된 후 10년이 되도록 수술실에 들어갈 때마다 일하러 들어간다는 생각은 추호도 들지 않는 것이었다. 수술이 오락게임이나 즐거운 취미생활 같았다. 그런데 수술 중에 어이없는 실수를 범하고 말았다. 개복을 한 후 장(腸)을 밀어 올리기 위해 넣어 두는 커다란 수술포를 사용하는데, 나는 수술이 끝난 후 이 수술포를 꺼내지 않은 채 배를 닫아 버린 것이다. 물론 간호사도 실수를 한 것이다. 수술 후 다음날부터 환자의 복부가 부풀어 올랐다. 장폐색이 의심되어 사진을 찍어 보니 커다란 수술포가 장을 덮고 있었던 것이다. 재수술은 외과에서 들어갔다. 개복을 하고 수술포만 간단히 꺼내고 수술을 마쳤지만, 이 일은 나에게 큰 교훈이 되었다. 그래서 나는 스스로에게 결심을 하였다.

항상 겸손하자. 그리고 수술 전에는 하나님께 수술을 도와 달라고 반드시 기도하자. 그 이후로 나는 수술 집도에 들어가기 전에 반드시 기도하는 시간을 갖는다.

외과의사에게는 항상 수술에 따른 합병증이나 과실(過失)의 문제가 따라다닌다. 산부인과 의사에게도 마찬가지이다. 분만이란 늘 위험한 상황을 동반할 수 있으며, 실제 분만 사고가 의료분쟁 중에는 많은 비중을 차지하고 있다. 전공의 시절 내가 직접 과실을 범하여 어려움에 처한 적은 없었다. 그러나 선배 전공의가 수술집도를 하다가 과실을 범한 사례들은 더러 있었다. 한번은 제왕절개분만을 하는데, 자궁하절부를 절개하면서 태아의 얼굴에다 칼자국을 낸 적이 있었다. 태어나면서 얼굴에 칼자국이 난 아이는 곧바로 미세한 봉합수술을 해서 별문제가 되지는 않았으나 간혹 이러한 실수는 일어날 수 있는 경우이다. 전공의가 분만을 하다가 아이를 시멘트 바닥에 떨어뜨린 사례도 있다. 그 경우는 급속분만이 이루어지던 상황이었는데, 미처 전공의가 분만실에 도착하기 전에 분만이 이루어졌던 것이다. 분만실의 시멘트 바닥에 태어나면서 머리를 부딪친 아이의 두개골에는 미세한 골절상이 생겼다. 다행히 아이에게 더 심각한 후유증은 나타나지 않았으나 이러한 실수는 자칫 치명적인 결과를 낳을 수도 있었던 것이다. 한번은 선배 전공의의 집도로 야간에 제왕절개분만이 있었다. 그런데 제왕절개수술을 들어가기 직전까지 우리들은 회식을 하고 있었고, 선배 전공의는 술을 한잔하여 얼굴에 취기가 오른 상태였다. 우리는 응급수술이 있다는 연락을 받고 병원으로 급히 들어와 수술준비에 들어갔는데 수술 중에 선배 전공의는 산모의 요관을 묶어 버리는 과실을 저질렀다. 취중의 수술이란 위험한 것이다. 반면에 생명의 경각을 달리는 위험한 수술 중에 위기를 무사히 넘긴 사례들도 많이 있었다. 수술 중에 상황이 극도로 안 좋을 때면 나는 수술을 하다 말고 기도를 한다. 그럴 경우 하나님은 늘 나에게 위기를 모면할 수 있도록 은혜를 베푸시고 무사히 환자의 생명을 보존하고 살리는 경우가 허다하다.

38

사라이야기

사라는 내가 임신 29주에 제왕절개분만에 의해 분만한 쌍둥이 아이 중의 한 아이이다. 사라의 부모는 한국에서 대학을 졸업하고 이르쿠츠크에 UBF선교사로 사역을 하고 있었다. 그들이 첫 아이를 임신하고 그곳 산부인과에서 절망적인 얘기를 들었다고 하는 연락을 받았다. 마침내 선교사 부부는 한국으로 들어와 나에게 진찰을 받았다. UBF선교사들이 세계 각국에 흩어져 있다 보니 나는 때로는 러시아에서, 캐나다에서, 일본에서, 중국에서 온 산모들을 돌보는 경우가 허다하였다. 이르쿠츠크에서 귀국한 산모를 초음파로 진찰해 보니 쌍태아였는데 한쪽 아이가 무심장(acardia) 태아였다. 무심장 태아란 심장이 없는 상태로서 다른 쪽 아이로부터 혈액공급을 받아서 생존하고 있는 쌍태아이다. 당연히 심장이 없기 때문에 생존능력이 있을 수 없다. 다만 자궁 내에서는 상대방 태아로부터 혈액공급을 받고 있기 때문에 무심장(acardia) 태아도 움직임이 있고, 성장을 계속한다. 오히려 태아의 크기가 눈사람처럼 과도하게 성장하는 기형이다. 무심장 쌍태아(acardia twin) 기형의 경우 임신을 만삭까지 유지할 수 없다. 그래서 나는 임신 29주에 제왕절개분만에 의한 분만을 시도하였다. 무심장 태아는 분만과 동시에 사망하였으나 한쪽 아이는 미숙아로서 인큐베이터에서 자라게 되었다. 그런데 문제는 미숙아로 태어난 아이의 뇌에도 이상이 발생한 것이다. 아이의 이름은 사라(sarah)였는데, 사라는 태어날 때부터 뇌성마비를 가지고 태어난 것이다. 이런 경우 의사로서 깊은 딜레마를 안게 된다. 과연 뇌성마비를 가진 아이를 분만하는 것이 잘한 일이었을까? 차라리 이런 경우 두 아이다 일찍 포기하는 것이 현명한 판단이 아니었을까? 아이의 부모가 겪는 고통과 아픔은 다른 사람들이 다 이해할 수 없을 것이다. 사라도 선교지 이르쿠츠크에서 자비량으로 생활하면서 선교활동을 하던 사라 부모에게 마음의 큰 고통이 되었다. 그래서 사라 부모도 한때는 사라를 보호시설에 맡기고 선교지로 다시 돌아가는 비행기에서 내내 울었다고 한다. 그러나 사라를 도저히 보호시설에 맡기고 떨어져서 살 수가 없었다. 결국 사라를 보호시설에서 다시 데려와 선교지로 나갔다. 현재 사라 부모는 한국에 돌아와서 생활하고 있다. 사라도 많이 성장하였다. 사라는 웃는 얼굴이 해맑고 귀엽다. 머리가 총명하여 대부분의 대화며 TV드라마 등을 이해한다. 다만 뇌성마비 장애를 안고 있을 뿐이다.

39

타오르는 설교자의 꿈

학생시절부터 꿈꾸어 오던 설교자의 사역을 시작한 것은 교수가 되고 3년째부터였다. 나는 광주 UBF의 3부에 소속되어 있었는데, 3부의 책임목자인 박다윗 목자님이 일 년 동안 미국에 연수차 나가 있는 동안 3부 역사를 맡아서 섬기게 되었다. 주일예배 메시지를 섬기는 일이었는데 메시지는 광주 책임목자님이신 이여호수아 목자님이 보내주시는 메시지를 받아서 전하는 형식으로 섬겼다. 나에게 있어서 주일 설교, 즉 메시지를 전하는 일은 학생시절부터 동경하고 사모하던 일이었다. 나는 메신저의 삶을 동경하며 꿈꾸어 왔다. 학생시절에는 장차 메신저의 삶을 살고 싶어서 캠퍼스 시절 내내 요회목자로서 메시지를 전하는 생활을 계속하였다. 나에게 있어서 메시지란 참으로 감격스러운 직분이었고, 기쁨이었다. 메시지란 하나님의 말씀을 전하는 설교인 것이다. 설교의 중요성과 의의를 배우게 되었고, 설교자의 삶이 얼마나 가치 있고 소중한 삶인가를 알아 갔다. 그래서 설교자의 인생을 사는 것이 나의 학창시절부터의 꿈이었다. 그런데 그 꿈의 실현이 대학교수가 된 지 3년째에 찾아온 것이다. 비록 임시로 메시지를 전하는 직책이긴 하였지만 하나님의 말씀을 섬기고 전하는 일은 나에게 무한한 감동과 행복을 가져다 주었다. 광주 UBF 3부는 박다윗 목자님이 개척한 역사였다. 박다윗 목자님이 조선대학교 병원 교수가 되자 의과대학 학생들을 중심으로 성경을 가르치고 제자양성을 시작하였다. 내가 군전역을 하고 산부인과 전공의로 오자 박다윗 목자님은 교수가 되어 캠퍼스 복음역사를 섬기고 있었다. 나는 박다윗 목자님의 파트에 합류하여 신앙생활을 시작하였다. 그런데 내가 전공의 2년차가 되었을 무렵부터 역사가 갑자기 성장하였다. 그해 여름 수양회에 약 70여 명의 양들이 참석하였다. 2학기 때부터는 광주 3부를 개척하여 박다윗 목자님이 주일 메시지를 섬기게 되었다. 내가 전공의를 마치고 교수가 된 지 3년째 되던 해, 박다윗 목자님은 시카고로 일 년간 연수를 가게 되었다. 그래서 내가 광주 3부를 맡아 일 년 동안 주일메시지를 감당하였던 것이다. 나로서는 학생시절부터의 꿈이기도 한 일이었지만, 일 년간의 연수를 마치고 박다윗 목자님이 다시 귀국을 하자 나는 메신저의 위치에서 내려와야 했다. 그리고 저녁 6시 예배를 섬기게 되었다. 저녁 6시 예배는 오전 11시 예배나 오후 3시 예배에 참석하지 못한 사람들을 위한 소위 말해서 보강예배였다. 나는 1994년부터 2001년 광주 7부를 개척하기까지 7년 동안이나 6시 예배를 섬겼다. 이 기간 동안은 사실 하나님께 정식 메신저로 써 달라고 매달리며 기도하던 시간이었다. 메신저의 직분에서 내려와 저녁 여섯시 예배 메시지를 감당하는 동안은 나에게 몹시 힘든 시간들이었다. 메신저의 삶을 위해 간절한 기도를 드리는데, 현실적으로 희망이 보이지 않았다. 그럴수록 나의 기도는 간절하였다. UBF 메신저로서 길이 없다면 신학교를 졸업하여 개척교회라도 섬겨야 할 것 같아 호남신학대학에 편입하여 야간으로 공부하기도 하였다. 1996년 드디어 시카고로 일 년간 연수를 갈 기회가 주어졌다. 나는 UBF의 세계본부가 있는 시카고에 가서 이사무엘 선교사님을 배우고 싶어서 시카고 행을 택하였던 것이다.

40

Dr. Samuel C Lee와의 짧았던 만남

나는 1996년 연수차 시카고에서 일 년을 지낸 적이 있다. 이때, 나와 아내, 그리고 두 아이들의 거주 공간이며 그곳에서 생활을 위해 가장 애써 주셨던 분이 이사무엘 목자님과 Grace A Lee 사모님이시다. 시카고에 가기 1년 전에 나는 연수할 대학을 둘러볼 겸 해서 그곳으로 사전 답사차 방문을 하였다. 미국 부인과학회가 마침 시카고에서 열렸던 터라 검사겸사 해서 좋은 기회라고 생각하고 1주간의 일정으로 시카고를 방문하였다. 사무엘 목자님은 나를 게스트 하우스에 머물도록 하셨고, 게스트 하우스 3층에 머물면서 식사는 아래층에 살던 리틀 사라 선교사 댁에서 함께 하였는데, 매 식사 때마다 리틀사라 선교사의 동역자이신 찰스 김 선교사가 나를 부르러 왔다. 게스트 하우스에서 3일을 지냈는데, 뉴욕에서 애니 강 목자가 방문하였다. 나는 게스트 하우스를 애니 강 목자에게 비워 주고 배사라 선교사님 댁으로 옮겼다. 배사라 선교사님 댁에는 연로하신 배사라 선교사님의 어머니가 계셨고, 아주머니 쿡

이 있었다. 매일 아침 미국식 조반을 맛있게 준비하여 접대해 주셨다.

그런데 시카고에 도착한 첫날이었다. 월요일 스텝미팅이 시카고 센터 지하홀에서 있었다. 매주 월요일 오후 여섯시부터 시카고 센터의 선교사들이 모여서 소감발표와 기도회를 갖는 시간이었다. 나는 Grace Lee 선교사님이 준비해 주신 저녁식사를 대충 먹고 그 모임에 참석하였다. 긴 시간 비행기를 타고 온 터라 피곤하고 또 영어로 진행되는 모든 순서가 생소하기도 하고 아무튼 나는 무작정 그 모임 뒷줄에 앉아 기다리고 있는데, 시간은 어느덧 밤 12시 가까이 되었다. 그런데 Ron Ward목자가 다가오더니 나더러 소감을 써 왔냐고 물어보는 것이었다. 그래서 안 써왔다고 영어로 대답하니 아무런 대답이 없이 가더니 금방 다시 왔다. 그리고 왜 안 써왔느냐?(Why didn't you prepare the testimony?) 하는 것이었다. 사무엘 목자님이 그렇게 물어보신 것이다. 나는 출국 전에 누구로부터도 소감을 준비해서 가야 한다는 정보를 들은 적이 없었던 터라 왜 안 써 왔느냐고 하는 질문에 할 말이 없었다. 그래서 엉겁결에 한다는 소리가 소감은 안 써왔지만 그냥 구두로 소개만 하면 안 되겠냐고 했더니 아무 대답이 없이 다시 돌아갔다. 모임은 자정을 넘겨서 한참 더 계속되더니 마침내 사무엘 목자님이 나오셔서 광고를 하셨다. 그리고 나를 불러내시고는 간단한 소개를 시키셨다. 월요일 밤 소감을 발표하지 못하자 금요일에 있는 전체 소감모임이 있는데 이때 소감을 써서 발표하라고 하셨다. 나는 학회에 참석하는 도중에도 금요일에 있을 영어 소감 때문에 학회장에서도 틈만 나면 소감을 준비했다. 그리고 금요일 드디어 소감 발표시간이 돌아왔다. 선교사님들과 미국목자들이 지하 홀을 가득 메우고 있었는데, 주로 미국목자들이 단상에 앉아 대기하면서 약 13 -15명의 목자들이 소감발표를 하였다. 오후 일곱 시경에 시작한 소감발표는 밤 11시 가까이까지 계속되었다. 나는 이때 학회장에서 준비한 소감을 발표하였다. Grace A Lee 선교사님이 다가오시더니 참 잘했다고 격려해 주셨다. Grace A Lee 선교사님은 고모처럼, 이모처럼 너무나 정이 가고 편한 분이셨다. 그러면서, 이제 소감을 발표했으니 내일은 Ben Toe 목자의 안내를 받아 시카고 시내 구경도 하라고 하셨다.

토요일은 학회가 막바지에 이르는 날이라 내가 연수하기로 한 UIC(University of Illinois at Chicago) 의대의 Laird Wilson 교수와 점심식사가 약속되었다. Wilson 교수가 점심을 같이하자고 나오라고 한 장소에 약속시간에 맞춰서 갔더니 Wilson 교수를 찾을 수 없는 것이었다. 아마도 영어로 의사전달에 문제가 있었는지 나는 나의 지도교수가 될 Wilson 교수의 초대에 애석하게도 참석하지 못하게 된 것이다. 어디로 가서 무엇을 해야 할지 막연하였다. 오후에는 학회 세션이 없기 때문에 학회가 열렸던 장소에는 계속 머물 수 없고 해서 나는 지도교수의 연구실을 찾아가기로 하였다. 택시를 타고 UIC 대학으로 가자고 하니까 택시기사는 나를 UIC 병원이 아닌 UIC 대학으로 데려다 준 것이다. 할 수 없이 캠퍼스를 둘러보면서 나오는데 수요일 날 한번 방문하였던 UIC 센터가 눈에 띄는 것이다. 반갑게 센터로 들어갔더니 센터에는 Ben Toe 목자와 몇몇 선교님들, 그리고 미국 목자들이 페인트를 칠하고 있었다. 그리고 내가 막 가자 이제 햄버거로 점심을 하려던 참이었다. 나는 그들과 어울려 햄버거로 점심을 하고, Ben Toe 목자의 안내로 시카고 중심가를 관광하였다. 씨어스타워에 올랐는데, 점심으로 먹은 햄버거 때문인지 배 속이 부글거리더니 이내 금방 밑으로 쏟아질 것 같았다. 다행히도 씨어스타워의 꼭대기층 전망대에 화장실이 하나 있었다.

1주간의 시카고 방문은 나에게 참으로 유익하였다. 우선은 내가 일 년 후에 이곳에 오겠다고 하는 신고식을 톡톡히 하게 된 시간이었다. 내가 소감을 써서 내년에 이곳으로 연수 올 예정이라고 하자, 사무엘 목자님은 광고시간에 가족이 꼭 같이 올 것을 말씀하셨다. 둘째는 내가 일 년간 연수할 대학을 미리 둘러보는 시간이었다. Wilson 교수는 자기 실험실과 연구소의 이곳저곳을 소상히 소개하였으며, 많은 호의를 베풀어 주었다. 셋째는 배사라 선교사님 댁에 머물면서 저녁이면 배사라 선교사님으로부터 한국 초기 개척역사에 대해서 많은 얘기를 들을 수 있었다. 그리고 BenToe 목자의 가정을 비롯하여 정요셉 선교사님, 안요셉 선교사님, Paul Choi 선교사님, 그리고 다 기억할 수 없는 여러 선교사님들의 댁에 초대를 받았다. 사무엘 선교사님은 마지막 떠나오기 전날 월요일 스텝미팅시간에 나에게 직접 다가오시더니 한국말로 정중히 소감을 조금만 써 보시렵니까? 하시는 것이었다. 나는 짧은 소감을 써서 곁에 앉아 계시는 선교사님으로부터 영어 교정을 받은 후 또 한 번의 소감발표를 하였다. 사무엘 선교사님은 나를 부르시더니 기도를 해 주셨다. 시카고 1주간의 짧은 방문 동안 잊을 수 없던 일이 또 있다. 그것은 주일 대예배의 대표기도를 섬긴 것이었다. 예배 시작 전에 우리는 시카고 센터에서 예배를 위한 준비기도를 하였다. 그리고 예배가 시작되면서 나는 기도를 맡아 단상에서 앉아 예배를 드렸다. 시카고 센터 오케스트라의 베토벤 심포니 No. 45(?)가 너무나 감동적이었다.

교수가 되고, 일 년 동안 미국에서 연수할 기회가 주어졌을 때 나는 일 년간 연구하고 공부할 대학을 놓고 잠시 고민하였다. 학문적으로 내가 하고 싶었던 분만진통분야의 권위자가 오라고 하는 캐나다 오타와가 있었고, 시카고 UIC 둘 중 한 곳을 선택하여야 했다. 나는 시카고를 선택하였다. 그 주된 이유가 고 이사무엘 선교사님을 배우고 싶은 마음 때문이었다. 그분을 가까이서 뵙고 싶었다. 그분의 사상과 신앙, 믿음을 배우고 싶었다.

나는 학문적인 야심을 포기하고 시카고를 택하였다. 그러나 일 년간의 미국 연수를 마친 후 향후 10년 동안 하나님은 나에게 학문적인 축복을 주셨다. 매년 국가 연구비를 받게 하셨다. 사실 의과대학 임상교수로서 국가 연구비를 매년 한 해도 거르지 않고 수혜 받을 수 있기란 쉽지 않은 일이다. 더욱이 지방대학 임상교수로서는 말이다. 그런데 귀국한 첫해부터 아산재단 연구비를 시작으로, 보건복지부 연구비, 과학재단 연구비, 학술진흥재단 연구비, 과학 기술부 연구비, 산업자원부 연구비를 쉼 없이 받게 하셨다. 나중에는 연구비를 감당 못할 지경에 이르렀다. 그리고 (주)JB줄기세포연구소를 설립하기까지 상상할 수 없는 연구비를 부어 주셨다. 또한 연구로 인하여 TV, 신문 등의 언론에도 오르내리도록 하셨다. 하나님은 먼저 그의 나라와 그의 의를 구하는 사랑하는 자를 축복하시는 하나님이시다. 사실 나는 시카고로 떠나면서 두 가지를 하나님 앞에서 결단하였다. 첫째는 학문적인 야심을 버렸다. 나는 학문에 대한 야심과 꿈이 있었다. 그러나 학문적인 야심을 버리고 하나님을 배우고, 믿음을 배우고, 세계선교를 배우고자 하였다. 그래서 시카고로 결정한 사실은 나에게 학문적 야심을 포기한 사건이었다. 둘째는 혈육의 정을 버렸다. 시카고 행을 앞두고 집안에 어려움이 닥쳤다. 개업을 하여야 하는 상황이었다. 나는 하나님께 기도하였다. 하나님은 20분도 되지 않은 짧은 시간에 응답해 주셨다. "죽으면 썩어질 육신의 부모를 위해서 살지 말고, 너는 나를 따르라" 나의 심령에 하나님의 음성이 들려왔다. 나는 부모님과 혈육을 하나님께 의탁하고 미국으로 떠났다. 대학시절 한 편의 설교가 나의 인생을 지배하게 되었다. 나의 가슴에 지금도 살아 있는 한 편의 이 설교가 젊은 청년의 가슴을 뜨겁게 하였고, 그의 인생을 좌우하였으며, 오늘까지 영향력을 끼치고 있다.

고 이사무엘 선교사님과의 짧은 만남은 나에게 평생 잊을 수 없는 소중한 추억이 되고 있다. 어쩌면 학창시절에 영어 주일메시지를 통해 만났던 그분을 직접 가까이서 뵙고 배울 수 있었던 것은 놀라운 하나님의 은혜임이 틀림없다. 고(故) 이사무엘 선교사님⋯⋯ 그분은 지금도 나의 가슴속에 사랑과 존경으로 살아 계신다.

시카고에서의 생활을 마치고 1997년 귀국을 하였다. 귀국하기 전에 고(故) 이사무엘 목자님이 식사자리에 초청해 주셨다. 식사를 마치고 나는 고(故) 이사무엘 목자님께 개척역사를 섬기고 싶다는 말씀을 드렸다. 고 이사무엘 목자님은 그것이 본인의 기도제목이라고 하셨다. 사무엘 목자님은 아드님이 그렇게 개척역사를 섬기는 목자의 삶을 사는 것이 소원이라도 하셨다. 그리고 나를 위해서 기도를 해 주셨다. 나는 개척의 소원 가운데 한국행 비행기에 몸을 실었다. 귀국하여 나의 이러한 계획을 어떤 수순으로 풀어나갈 것인가 고심하고 있었다. 평신도 목자가 개척하여 나간다는 것은 쉬운 일이 아니었으며, 이것은 UBF 한국본부 혹은 광주지역 책임 목자인 이 여호수아 목자님의 허락이 있어야만 했기 때문이다. 이렇게 고민하면서 기회를 엿보고 있던 차에 아내가 일을 저지르고 말았다. 이 말이 다윗 목자님을 통해 여호수아 목자님에게 올라갔다. 이 여호수아 목자님은 시카고로 전화하여 누가 (창훈)목자에게 개척의 방향을 주셨느냐고 물었다. 시카고에서는 지금 당장 개척을 하라는 말이 아니라 여건이 조성되면 개척하라는 의미라고 하는 답변이 돌아왔다. 이 여호수아 목자님은 나의 개척문제를 놓고 고심하다가 우리 가정을 광주 3부에서 광주 2부로 옮기도록 하셨다. 광주 2부는 이 여호수아 목자님의 지휘 아래 있었기 때문에 나를 광주 2부에서 훈련한 후에 때가 되면 개척을 시키고자 하신 것이다. 나는 광주 2부로 옮겨서 사랑요회를 맡아서 섬기게 되었다. 사랑요회는 약 7~8명이 있었는데, 앞으로 이들과 동역을 이루어 개척하도록 하기 위함이었다. 또 광주 2부에는 의대생 학생리더가 한 사람 있었는데 이 여호수아 목자님은 그를 나에게 소개해 주셨다. 앞으로 개척을 하게 되면 동역을 하게 될 사람이라는 의미였다.

41

설교자의 꿈이 이루어지다

2001년 3월 어느 날 역사적인 광주 7부 개척예배를 드렸다. 축하하러 온 사람들도 없었다. 그저 평소와 같이 조촐하게 누가파트 동역자들끼리 예배를 보는 그런 예배였다. 그러나 여기까지 오는 과정이 순탄하지만은 않았다. 얼마나 길고 오랜 기다림의 시간이 있었는지 모른다. 가슴속에 타는 듯한 간절한 기도를 드린 적이 한두 번이었겠는가! 남모르는 눈물과 갈급함으로 혼자 괴로워하던 시간들이 얼마나 많았던가! 그동안 이 여호수아 목자님은 번번이 개척을 연기하셨고, 여러 차례 내가 개척하는 것을 탐탁하게 여기지 않는 듯 하셨다. 그런데 2001년 초에 이르러 목자님에게 이제 개척을 했으면 한다고 말씀드리자 목자님은 순순히 그렇게 하라고 하시는 것이었다. 그래서 광주 7부 개척이 이루어졌다. 처음에는 광주 7부라는 이름도 없었다. 그저 누가파트 예배였다. 누가파트에서 광주 7부라는 이름으로 하는 것 역시 쉽지 않았다. 1997년 2월에 시카고에서 1년간 연수를 마치고 귀국하였을 때 개척문제가 대두되었다. 그리고 벌써 4년이라는 시간이 흘렀다. 4년의 세월 동안 나는 신학대학원에 입학하여 공부하기도 하였고, 병원예배를 만들어 섬겨 보기도 하였다. 학창시절부터 가슴 속에 불타오르던 설교자의 삶이 나를 부르고 있었기 때문이다.

나는 왜 그토록 설교자의 소원으로 가슴이 뜨거웠을까?

대학 1학년 어느 날 설교하시는 목자님의 모습에서 거룩한 무엇인가가 발산되는 것을 보았다. 그리고 그 빛이 내 영혼을 감동시키고 있었다. 설교자의 삶! 나는 대학 1학년 무렵부터 설교자의 삶에 끌리고 있었다. 대학에서 본과 1학년이 되던 해에 나는 요회개척을 하였다. 목자의 삶을 살고 싶었기 때문이다. 요회목자란 매주일 요회 메시지를 전한다. 요회 메시지를 전하기 위해서는 준비하는 시간이 필요하다. 때로는 밤을 지새우며 요회 메시지를 준비한다. 나는 메시지를 준비하는 시간이 그렇게 좋았다. 성경본문을 텍스트로 하여서, 본문을 해석하고 결론을 유도해 낸 후에 교훈을 찾아 오늘의 삶에 적용하는 방식이다. 이것은 참으로 가치 있고 놀라운 작업이었다. 이렇게 성경을 공부하고 연구하며, 성경을 근거로 글쓰기 하는 일이 나에게는 적성에 맞았다. 그래서 처음 UBF에 왔을 때 성경을 공부하고 소감을 쓰고 발표하는 이러한 UBF의 방식이 환상적이라고 생각했다. UBF는 나를 위해 만들어 놓은 단체라는 착각까지 들었다. 요회 목자가 되어 요회 메시지를 준비하는 시간이 행복하고, 메시지를 전하는 시간이 흥분되며 메시지를 전하고 늦은 밤 집에 오는 버스 안에서, 걸어서 캠퍼스를 지나오면서 나는 무한한 행복감에 젖곤 하였던 것이다. 나는 이러한 작업이 장차 내가 메신저로서, 설교자로서 살아가기 위해서는 반드시 거쳐야 할 훈련과정이라고 생각했다. 학창시절 이러한 훈련을 거쳐야만 장차 훌륭한 메신저의 삶, 세계적인 설교자가 된다고 믿었다. 그래서 학창시절 내내 나는 요회목자로서 메신저의 삶을 스스로 훈련하였다. 그러면서 한편으로는 이것이 나의 인간적인 야심이 아닐까 하는 생각도 들었다. 나의 인간적인 이상과 야심이 하나님의 일, 그것도 설교자의 삶을 살고 싶다는 표현으로 나타나는 것이 아닐까 하는 염려도 들었다. 그래서 하나님께 묻고 기도하였다. 하나님, 설교자의 삶이 하나님께서 나에게 원하시는 길입니까? 아니면 내가 좋아서 내가 원하는 길입니까? 의과대학 7년 동안을 이 문제를 놓고 하나님께 묻고 기도하였다. 과연 하나님이 나에게 원하시는 역할과 사명은 무엇일까? 설교자의 삶을 살고 싶은데 이 길이 과연 하나님이 기뻐하시는 일일까? 하나님의 말씀을 전하는 순간에는 알 수 없는 희열과 기쁨이 몰려온다. 하나님의 말씀만이 영원한 진리요 생명의 길인데, 하나님의 말씀을 선포하는 일만큼 가치 있고 의미 있는 일이 있을까 하는 생각이 들었다.

대학을 입학하면서 나는 성경을 하나의 인간학 연구의 중요한 교재로 생각하고 있었다. 고등학교 시절 나의 학문적 야심은 인간을 생물학적, 형이상학적 실존으로 이해하는 것이었다. 일반적으로 인간학이란 생물학을 중심으로 하는 형이하학적 학문과 철학을 중심으로 하는 형이상학적 학문으로 대별되었다. 그리고 그 둘 사이의 연결을 시도하는 노력과 학문방법은 존재하지 않는 것 같았다. 나는 고등학교시절 인간을 배후에서 지배하는 알 수 없는 힘의 세력이 있다고 생각하였다. 그 알 수 없는 힘이 인간을 지배함으로써 인간은 그 힘에 예속되어 고통하고 있다고 생각하였다. 그래서 나의 사명은 인간을 지배하는 알 수 없는 그 힘의 정체를 밝힘으로써 인간의 진정한 해방을 이루는 것이었다. 이를 위해서는 인간이란 무엇인가를 연구해야 하였다. 그런데 인간학이 형이상학과 형이하학으로 나뉘어 둘 사이에는 좁혀지지 않는 간극이 있다는 사실을 알고는 나는 이 둘을 통합하는 학문을 하고 싶었다. 나는 그 학문의 이름을 humanthropology(human being + anthropology)라고 이름 지었다. 새로운 학문의 명칭을 만든 것이다. 휴만드로폴로지란 인간의 형이상학적 실존과 생물학적 실존을 동시에 연구하는 학문이다. 그렇다면 대학에 가서는 무엇을 선택해야 하는가? 그 당시 나의 생각으로는 철학적인 영역은 혼자서 책으로도 공부할 수 있으리라는 생각을 하였다. 그렇지만 인간의 생물학적인 연구는 대학에서 직접 실험연구를 해야만 한다고 생각하였다. 그래서 나는 의과대학을 선택하였다. 나는 의학과 철학을 공부함으로써 인간을 지배하는 알 수 없는 힘의 정체를 밝히고, 그래서 인간을 무지와 흑암으로부터 구원하리라고 생각하였다. 나는 성경에 인간을 이해하는 열쇠가 있으리라고 생각하였다. 나의 성경에 대한 관심은 이렇게 시작되었다. 나는 성경연구를 인간을 알기 위한 학문의 한 방편으로서 이해하였던 것이다. 그런데 대학에서 예수님을 만나자 이러한 생각들이 사라졌다. 학문적 야심은 온데간데 없어지고 예수님을 나의 구주요 임금으로 모시게 된 것이다. 학문적 야심은 사라졌는데 이제는 하나님의 말씀인 성경에 대한 믿음과 확신이 심령에 싹트기 시작하였다.

이 시절 나에게 영향을 끼친 분이 바로 고(故) 이사무엘 목자님이셨다. 이사무엘 목자님이 미국으로 선교사를 나가셔서 첫해 동안

전하신 주일 메시지 영어본이 나의 손에 쥐어졌다. 나는 이 사무엘 선교사님의 주일예배 메시지를 영어로 읽으면서 많은 감동과 은혜를 받았다. 특히 에스라서 7장 10절 말씀으로 증거하신 <The Decision of Ezra>는 나의 심령을 사로잡는 한 편의 설교말씀이 되었다. 이 말씀대로 나는 성경을 연구하고 준행하고 가르치는 인생을 살고 싶었다. 짧은 한 말씀으로 증거하신 메시지가 나의 인생과 영혼을 송두리째 사로잡는 것을 느꼈다. 이 무렵 나에게 영향을 준 또 한 분의 신앙인이 있었다. 일본의 내촌감삼(우찌무라간조우, 內村監三)이 지은 소감(所感)이라는 책이었다. 소감을 읽으면서 나는 내촌의 신앙과 사상에 접할 수 있었다. 내촌은 성경에 특별한 애정과 확신을 가지고 있었다. 특히 그의 로마서 강의는 유명하였는데, 내촌의 영향으로 나는 후에 성경 중에서도 로마서를 전공으로 하겠다고 말하곤 하였다. 내촌은 소감에서 '성경을 연구하라. 성경을 연구하라. 성경을 연구하라'고 강조한다. 나의 성경연구에 대한 신념과 확신은 이렇게 이사무엘 선교사님과 내촌감삼의 영향을 받은 것이 확실하였다.

학창시절 동안 줄곧 요회 메시지를 매주 감당하였다. 메시지를 전하면서 나의 꿈은 세계적인 메신저가 되는 것이었다. 한편으로는 이것이 나의 인간적인 야심이 아닐까 하는 염려와 함께 다른 한쪽에서는 점점 강렬하게 솟아오르는 영적인 소원으로 자라갔다. 고(故) 이사무엘 선교사님은 나의 역할모델이 되셨다. 의사로서 장차 반신불수, 중풍환자를 다 고치는 세계적인 신경외과 의사의 꿈과 함께 위대한 설교자의 꿈이 가슴속에서 불타올랐다. 나는 이 꿈을 이루고자 열심히 공부하였다. 의학을 공부하고 설교자로서 준비를 해 나갔다. 목자님들의 메시지를 분석하고 설교에 관한 책들을 읽으며 꿈을 향해 나아갔다. 대학을 졸업하고 군복무 중에 나의 꿈의 불씨에 기름을 붙여 준 두 가지 사건을 만났다. 그것은 첫째로 존 스토트가 쓴 <현대교회와 설교>라는 책을 접하게 된 사건이었으며, 둘째는 로이드 존스 목사님의 에베소서 강해집을 만난 것이다. 나는 책을 통해서 존 스토트와 로이드 존스라고 하는 두 사람의 위대한 신앙인을 만나게 된 것이다. 존 스토트의 책 <현대교회와 설교>는 우연히 어느 잡지의 책 소개란에서 알게 되었는데, 공수강하 훈련을 받기 위해서 경기도 광주 매산리로 가던 도중 춘천에서 잠시 머무는 시간을 이용하여 구입하였던 책이다. 나는 이책을 공수훈련을 받던 중 야전용 개인 텐트 속에서 읽었다. 어찌나 감동적이고 영혼을 뒤흔드는 내용들인지라 단숨에 두 번을 읽었던 것이다. <현대교회와 설교>는 존 스토트가 썼고, 정성구 박사가 번역을 하였지만 설교자의 감격과 흥분이 그대로 나타나 있었다. 설교자는 그 시대를 항해하는 뱃머리에서 배의 키를 잡고있는 선장과 같은 존재이다. 설교자는 하나님의 말씀을 대언하는 말씀의 종이다. 설교에는 인간이 맛볼 수 있는 최고의 감동과 감격이 감추어져 있다. <현대교회와 설교>를 읽으면서 나는 설교자의 삶에 대한 확신을 갖게 되었다. 설교자의 인생을 사는 것만큼 보람되고 가치 있는 삶은 없다는 확신을 얻었다. <현대교회와 설교>는 학창시절 메신저의 훈련을 줄기차게 해 온 나에게 영감을 주었고 큰 공감을 가져다주었다. 만약 내가 학창시절 설교자의 일을 훈련받지 않았다면 그 책이 그렇게 감동적으로 다가오지 않았을 것이다. 그 책은 설교자의 훈련을 통해서 설교의 영광과 고난을 동시에 체험해 본 자들을 위한 책이었다. 나의 인생에 가장 큰 감동과 영향력으로 다가온 책은 바로 <현대교회와 설교>였다. 나는 지금까지 이 책을 여러번 읽고 또 읽었다. <현대교회와 설교>라는 책을 통해서 나의 설교자에 대한 꿈은 이제 가슴속의 불이 되었다. 나의 가슴속에 꺼지지 않는 로뎀나무 불꽃은 바로 설교자의 꿈이었다. <현대교회와 설교>라는 책 외에 두 번째로 나의 영혼을 흔들었던 사건은 로이드 존스의 에베소서 강해집을 읽은 것이었다. 군인교회에 군목으로 시무하시던 김태규 목사님으로부터 나는 로이드 존스의 에베소서 강해집을 빌려 읽게 되었다. 에베소서 6장 10절 말씀의 설교가 여러 편의 메시지로 계속되었다. 참으로 강해설교의 진수를 대하는 듯하였다. 로이드 존스라는 거인이 나에게 다가온 것이다. 나는 로이드 존스에게 매료당했다. 로이드 존스를 평생의 사표로 삼고 싶었다. 강해설교란 이런 것이구나 하는 생각을 하였다. 로이드 존스는 칼빈주의의 신학적 노선을 따르고 있었다. 나는 로이드 존스의 신학적 영향을 많이 받게 되었다. 하나님은 설교자의 삶을 동경하는 나의 이러한 꿈을 인도해 가셨다. 군의관으로 복무하는 동안 군인교회에서 설교할 수 있는 기회를 많이 주셨다. 대대에서는 장교식당에서 사병들을 모아 놓고 말씀을 전하였다. 이 모임에 대대장도 참석하곤 하였다. 군인교회에서도 간혹 주일설교를 맡았다. 춘천에서 생활 할 때는 춘천 순장로교회 목사님께서 청년회 헌신예배의 말씀을 섬기도록 하셔서 설교를 한 적도 있다. 군복무 기간 내내 나는 설교자의 꿈을 위해 기도하였다. 군복무가 끝나고 대학병원에서 산부인과 전공의 생활을 하면서도 이 꿈은 더욱 더 간절히 타올랐다. 교수가 되어서도 이 꿈은 더욱 불타올랐다. 어찌나 가슴속에 뜨겁게 타오르던지 마치 가슴속이 불타 버리는 듯하였다. 이런 갈급함은 1993년 광주 3부를 일 년간 섬기던 시간뿐만 아니라 그 후에 여섯 시 예배를 섬기던 시절에도 변함없이 나의 가슴속에서 불타고 있었다. 메신저의 열정은 식을 줄 모르고 활활 타오르는데, UBF 역사편에서나 나의 형편과 상황은 개척목자로 세움 받을 수 있는 가능성이 보이지 않았다. 그래서 나는 호남신학대학 야간 과정에 편입하여 일 년간 공부하였다. 호남신학대학 3학년에 정식으로 편입하였는데 병원 일과가 끝나기가 무섭게 야간 수업을 들으러 갔다. 야간수업은 저녁식사도 하지 못한 채 밤 아홉 시나 열 시에 끝나는데 육체적으로 힘든 상황이었다. 또 신학교의 숙제란 주로 책을 읽고 정리해서 보고서를 제출하는 형식인데, 병원 근무를 하면서 많은 량의 독서를 하기란 쉽지 않았다. 때로는 읽어야 할 책에다 줄만 그어서 제출한 적도 있었다. 그러나 가장 나를 힘들게 하였던 부분은 자유주의 성향의 신학강의를 들을 때였다. 호남신학대학은 비교적 보수적인 신학을 공부하는 학교이다. 그런데도 구약학 등에서는 자유주의적 강의를 하는 경우가 많았다. 나는 수업시간에 이러한 내용의 강의를 소화하기가 어려웠다. 교수들과 언쟁을 벌이기도 하였다. 나는 신학교에서 목회자를 양성하는 과정에 현대철학이나 심리학의 여러 이론을 공부하는 것이 얼른 납득이 되지 않았다. 심리학이란 인간관에 따라 전혀 다른 이론적 배경의 학문인데, 심리학자들 중에는 무신론적 입장을 취하는 이들로 상당수 있었다. 1997년 1년간의 시카고 연수를 마치고 귀국한 이후에도 개척역사를 시작하지 못하였다. 그래서 1998년부터는 광신대학원에 입학하여 한 학기를 공부하였다. 나는 병원에서 하루 일과가 끝난 후 신학교로 이동하여 야간 수업을 받는 일이 힘들었다. 그러던 차에, 목자님이 나를 부르시더니 UBF에서 목자생활을 하려면 신학교를 그만두라고 하셨다. 나는 그렇지 않아도 힘든 공부를 하느라 고생하고 있던 터라 목자님의 말씀에 얼른 순종하여 신학교를 그만두었다. 그러고 나서도 개척역사를 시작할 때까지는 더 많은 시간을 보내야 했다. 2000년 겨울에 UBF는 1976년 이후 두 번째로 분열과 대립의 갈등을 겪게 되었다. 이 무렵 시카고 이 사무엘 목자님으로부터 한 통의 편지를 받았다. 사무엘 목자님은 그동안 내가 개척역사를 섬기고 있는 줄로 알고 계셨다는 내용의 편지를 보내셨다. 사무엘 목자님은 편지에서 나에게 미안하다는 말씀을 하셨다. 나는 이사무엘 선교사님의 편지를 들고 기도실에 들어가서 한참이나 울었다. 너무나 감격하였기 때문이다. 그러고 나서 얼마 후 나는 이여호수아 목자님으로부터 광주 7부 개척의 방향을 들었던 것이다. 광주 7부 개척예배를 드린 지 한 달 후 이 여호수아 목자님은 광주지구 스텝목자의 직분을 이임하고 서울로 올라가시게 되었다. 간발의 차로 나는 광주 7부를 개척하게 되었다. 그것은 참으로 하나님의 놀라운 은혜였다.

임상연구자의 길

옥시토신수용체 억제제의 개발 연구[3]를 위해 시카고 일리노이 주립대학 Wilson 교수의 실험실에 있을 때의 일이다. 조기진통의 억제제로서 이미 임상적으로 활용되고 있는 약제들이 몇 가지 있지만, 조기진통을 근본적으로 예방하거나 치료하지는 못한다. 그래서 보다 강력한 조기진통 억제제를 개발하는 것이 조산을 예방하는 길이다. 많은 연구자들과 연구기관에서 조기진통 억제물질을 개발하고자 시도하였고, 당시에 주목을 받고 있던 후보물질로서 옥시토신 수용체 억제제였다. Wilson 교수는 자신이 개발한 물질에 대한 특허권을 가지고 있었고, 일본의 모 제약회사와 제휴하여 신약 개발을 하고 있었다. 이때의 실험실 경험과 대동물실험의 경험이 나에게는 매우 유익한 기회가 되었다. 일본 회사에서 연구원이 한 명 파견되어 와서 우리와 함께 연구하였는데, 신약물질로 개발 중

3) Chang – Hun Song,Sok – Cheon Pak, Seiji Kamiya, Walter Kowalski, Geore Flouret, Tuan Nguyen, Laird Wilson Jr. In Vitro Metabolism of Oxytocin and Oxytocin Atagonist, TT – 235, in the Plasma of Pregnant Women and Baboons. The International Journal of Chosun Univertsity. 1:3;21 – 23,1998

인 약제의 보안과 관리가 철저하였다. Baboon의 자궁수축을 모니터링하고, 약을 주입하는 실험실에는 CC 카메라가 설치되어 있었다. 그리고 baboon의 자궁수축 상태를 연구실이나 집에서도 동시에 볼 수 있게 네트워크화되어 있었다.

Wilson 교수의 실험실은 지하에 넓은 공간을 차지하고 있었는데, 실험실 옆에 조그만 연구실을 하나 내주어서 혼자만의 공간을 가질 수 있었다. 매일 아내가 싸 준 도시락을 가지고 가서 점심은 도시락으로 해결하였다. 동물실험실은 따로 지어진 건물이 있는데, baboon이 약 200여 마리나 사육되고 있었다. 나는 매일 출근과 동시에 baboon실험실로 올라가서 임신한 baboon의 혈액을 채혈하고, 약물을 주입하며, 자궁수축 상태를 모니터링하였다. Wilson 교수는 내가 실험실에서 기본적인 일을 시작한지 3개월이 지났는데도, 나만의 연구 주제를 주지 않았다. 그래서 나는 교수에게 가서 <내가 미국에 있는 시간은 매우 소중하고 귀한 시간들이다. 그런데 이곳에서는 별로 할 일이 없다. 나에게 연구주제를 달라>고 하자 교수는 하얀 칠판에다가 그림을 그려 가면서, 기초연구를 수행하기 위해서는 일정기간 기본적인 것들을 익히는 과정이 필요하다고 하였다. 생각해 보니 그의 말도 맞는 것 같았다. 사실 의과대학을 졸업하고, 전문의가 되기까지 나는 실험연구의 경험이 없었다. 미국에 오기 전에 동물실험을 한다고 토끼를 수술하고, 박사학위 논문을 쓰기 위해서 몇 가지 실험을 수행하기는 했지만, 실험실에서 밤낮으로 실험만 하고 지내던 연구자들의 눈에는 실험연구 경험이 없는 임상의사에 불과하였다. 미국의 경우 학부과정을 마치고 입학하는 대학원 과정으로 운영하고 있기 때문에, 의과대학 학생들 중에는 방과 후에 Wilson 교수의 실험실에 와서 연구를 하는 학생들도 있었다. 우리나라 의과대학 커리큘럼으로는 생각하기 어려운 일이었다. 의과대학 과정에서는 과도한 학습량과 시험으로 학생들이 기초실험 연구에 접할 수 있는 기회가 없다. 전공의 과정을 거치면서는 더욱 바쁘다. 그러다 보니, 임상교수에게 있어서 실험다운 실험을 배우고, 연구다운 연구를 할 수 있는 기회가 주어지지 않는 것이다. 그래서 나의 경우와 같이 전문의가 되고, 교수가 되었지만 실험연구의 기본적인 술기와 방법론을 습득할 기회를 갖지 못하고 일 년씩 혹은 2년씩 외국연수를 하게 된다. 1년이나 2년은 기초실험연구를 수행하기에는 매우 짧은 시간이다. 물론, 이렇게 제한된 기회이지만, 열심히 하여 네이쳐나 사이언스에 논문을 게재한 사람도 간혹 있다. 문제는 우리나라 의학교육 과정과 교수가 되기까지의 과정에서 선진국들과 경쟁할 수 있는 연구력을 확보하는 것이 쉽지 않다는 것이다. 자존심이 상하는 얘기인데, 나는 파이펫 사용하는 법을 Wilson 교수의 실험실에 있은 지 거의 일 년이 되어 가는 시점에서야 터득하였다.

일 년간의 미국 연수를 마치고 귀국하면서 나는 앞으로 내가 연구해야 할 방향을 놓고 고민하였다. 조기진통의 연구를 내가 보고 듣고 경험한 범주에서 시작하고자 할 때 요원하기만 하였다. 미국처럼 엄청난 재원과 많은 연구자들이 지난 40여 년간 분만진통을 해결하고자 하였지만, 아직 분만진통의 기전에서부터 진통을 근원적으로 억제할 수 있는 약제를 개발하지 못하였다. 그런데 한국의 열악한 환경에서 미국의 연구자들과 경쟁하면서 조기진통을 해결하고자 할 때, 그들과 같은 방법으로는 승산이 없다는 생각이 들었다. 그래서 조산(早産)의 주된 원인이 되는 조기진통을 근원적으로 예방하고 막을 수 있는 방법이 어렵다고 한다면, 조산아(早産兒)를 치료하는 쪽으로 연구방향을 정하기로 하였다.

　조산아란 임신 37주 미만의 재태령을 가진 신생아를 말한다. 조산아가 문제가 되는 이유는 신체기능이 아직 미숙하여 발생하는 합병증 때문이다. 조산아는 뇌(腦)를 비롯하여 폐(肺)의 발달이 미숙하여 사망하거나, 뇌성마비와 같은 후유증을 일생 동안 가지고 있거나 하기 때문에 사회적으로도 문제가 된다. 미국과 같은 나라에서 조산아로 말미암은 사회경제적 부담은 천문학적 비용에 해당한다. 조산아가 문제가 되는 이유는 조산의 비율이 감소하지 않는다는 사실 때문이다. 그런데 현대의학의 한계는 조산아의 치료가 폐호흡에 기반을 둔 치료라는 점에 있다. 즉 태아는 임신 기간 동안 엄마의 자궁 속에서 탯줄을 통하여 영양분과 산소를 공급받으면서 자란다. 아직 폐가 완전한 형태와 기능을 수행할 수 없기 때문이다. 탯줄을 통하여 태아에게 필요한 영양분과 산소가 공급되는 동안 태아의 폐는 성숙과정을 거치게 된다. 문제는 조산으로 말미암아 미성숙한 상태의 폐를 가지고 태어난 조산아의 경우 현대의학의 치료개념인 폐호흡 기반 치료법이 한계에 부딪힌다는 데 있다. 태아가 재태령 26주 이전에 출산한 경우, 태아의 폐는 형태학적으로, 기능적으로 아직 불완전한 상태이다. 이때 태아의 폐호흡에 기반한 치료는 불완전하다. 이러한 한계를 극복하기 위하여 폐 활성물질이 개발된 이후 조산아의 사망률이 현저히 감소하였다. 그러나 폐 활성물질 자체도 형태학적인 폐포의 발달 이후에나 유효한 까닭에 여전히 폐호흡에 의존한 치료는 현대의학의 한계로 남아 있다. 그렇다면, 폐호흡에 의존하지 않는 방법이 있는가? 바로 탯줄을 통하여 영양분과 산소가 공급되는 태아의 생존모델을 개발하는 것이다. 인공 자궁태반이란 엄마의 자궁 속 환경과 태아생존 원리를 이용하여 조산아를 치료하고자 하는 방식이다. 즉 자궁 속 환경과 동일한 환경을 만들어 줌으로써 태아의 폐성숙이 안 된 조산아의 자궁 외 생존이 가능하도록 하는 원리이다. 인공 자궁태반의 연구는 이처럼 조기진통과 조산에 대한 연구에서 새로운 패러다임을 찾다가 시작되었다. 아마도 산과(産科)의사로서 제왕절개분만을 하고, 자궁 내 태아를 관찰하면서 자연스럽게 형성된 아이디어라고 생각한다.[4]

인공 자궁태반은 첫해에 과학재단에 연구비를 신청하였다가 선정되지 못한 과제였다. 그럴 만도 한 것이, 연구비를 신청하면서 제시한 연구제안서의 내용이 내가 지금까지 한 번도 시도해 보지 않은 내용으로서 그야말로 이러이러한 연구를 하고 싶다고 하는 정도의 연구제안서였다. 선행연구결과가 전무한 연구 제안서였다. 상상도(想像圖)와 같은 연구제안서가 선정될 리가 없는 것이었다. 그런데 나는 용감하게도 다음 해 동일한 내용으로 다시 제안서를 냈는데, 이번에는 보건복지부 과제로 냈다.

어느 날, 보건복지부 담당관으로부터 전화가 왔다. 일 차 선정에서는 탈락되었는데, 선정된 과제 중에 한 과제가 연구수행이 어렵다고 포기하여, 나의 과제가 후보로 올랐다는 것이다. 원래 신청한 연구비에 비해 적은 액수이지만 해 보겠는가 하고 물었다. 거절할 이유가 없었다. 그런데 내 주변 가까운 교수들의 반응은 달랐다.

---

4) 박상기. 송창훈. 박 종. 조산아 관리현황 및 정책 수립방안. 집문당. 2000.

내 연구계획이 너무나 황당하여 연구결과를 낼 수 없으니 연구비를 반납하는 것이 좋겠다고 충고해 주었다. 사실 내가 연구하겠다고 제시한 연구계획은 어쩌면 황당한 계획이었다. 양(羊)의 태자(胎子)를 어미로부터 분리하여 물속에서 키우는 실험인데, 연구제안서를 제출할 당시만 해도 나는 이런 연구가 다른 곳에서 진행되고 있다는 사실을 모르고 있었다. 산부인과 의사의 감각적인 아이디어였다. 그러나 아이디어란 아무리 기발하여도 사람의 생각과 상상력은 누구나 비슷한 모양이다. 문제는 그 아이디어와 상상력을 누가 구체적으로 실현하느냐에 있다. 이미 일본의 Kuwawara[5] 교수가 수년 전부터 동일한 아이디어로 연구를 하고 있었다. 염소의 태자를 어미로부터 분리하여 21일 동안이나 체외에서 태반순환에 의해 생존시킨 결과가 학술지에 보고되었다. 나는 일단은 이러한 시도가 가능하다는 사실을 확인하고, 곧바로 실험에 들어갔다.

가까운 화순농장에 약 1,000여 마리의 염소를 사육하는 큰 염소농장이 있었다. 나는 그곳에 가서 임신한 염소를 구해다가 인공자궁태반 실험을 시도하였다. 실험의 관건은 어미의 자궁 내에 있는 염소 새끼를 어미로부터 분리해 내어 미리 준비한 인공양수 챔버와 체외순환 회로에 염소새끼의 탯줄을 연결하는 작업이다. 체외순환 회로는 미리 다른 염소의 혈액을 채혈하여 순환시스템을 구축하여 놓는데, 막형 산화기(Mmbrane Oxygenator)[6]와 펌프가 회로에 장착된다. 이렇게 회로가 준비되면, 임신한 염소를 마취하여 제

---

5) Kuwawara: 일본 순천당대학(Juntendo) 교수로서 인공자궁태반 연구로 유명하다.
6) 막형산화기는 일종의 인공폐로서 막형으로 된 중공사를 통해서 혈액으로 하여금 산소를 얻어 산화(Oxygenation)되도록 하는 장치이다. 주로, 개흉술에서 체외순환 시 이용한다.

왕절개 수술을 한다. 이때 염소새끼를 자궁 밖으로 꺼내기 전에 탯줄에다 카테터를 삽입하는 작업을 해야 한다. 염소새끼의 탯줄은 사람과는 달리 정맥과 동맥이 각각 한 쌍씩 있다. 사람의 경우는 두 개의 동맥과 하나의 정맥으로 구성되었지만, 염소의 경우는 두 개의 정맥과 두 개의 동맥으로 구성되었다. 따라서 한 쌍의 동정맥에 카테터를 삽입하는 동안에도 나머지 한 쌍의 동정맥에 의해서 순환이 이루어지고 있기 때문에 염소새끼의 실험에서는 카테터의 삽입과 체외순환회로의 연결이 가능하다. 그러나 만약 인간의 경우에 임상적으로 이 방법을 적용하고자 한다면, 두 개의 동맥과 하나의 정맥으로 구성된 탯줄에 의해 유지되는 태아의 순환이 카테터 삽입과 순환 회로 연결 시에 정지할 가능성이 있다. 이렇게 하여 체외순환에 연결된 염소태자는 인공양수 속에 잠겨서 탯줄을 통한 생존이 가능해진다.

처음에는 거의 모든 염소새끼가 살지 못하고 죽었다. 우선 실험장치가 엉성하여 좋은 결과를 낼 수가 없었다. 막형 산화기는 흉부외과에서 심장수술을 하고 버린 것을 씻어서 사용하였다. 인공양수가 들어 있는 챔버는 시장에 가서 투명한 플라스틱 통을 구입하여 사용하였다. 실험이 모두 실패로 끝나자 나는 중대한 결정을 하였다. 국내에서 ECMO[7]의 권위자로 알려진 L 교수를 찾아가서 함께 연구하자고 제의하였다. L 교수가 연구에 참여하면서 연구는 속도를 내기 시작하였다. 일본의 Kuwawara 교수를 찾아가서 실험에 대한 몇 가지를 배우고 돌아왔다. 문제는 인공자궁태반 실험을

---

7) ECMO(Extra Corporeal Membrane Oxygenator) 체외막형산화기로서 폐 기능부전 환자에서 경동맥과 정맥을 이용한 체외 관류시스템이다. 그 당시 L 교수는 국내에서 ECMO를 직접 시술하고 경험한 유일한 이 분야 전문가였다.

위한 장치의 개발이었다. 일본 팀에서는 회로며, 모든 장치를 직접 제작하여 사용하였는데, 동경대 공대 교수들이 설계하고 제작하여 실험에 사용되고 있었다. 사용하고 있는 회로 역시 염소 실험에 맞게 치밀하게 설계되었다. 회로의 혈류 속도를 측정하고 조절하는 장치 역시 공학자들이 직접 설계 제작하여 사용하고 있었다. 나는 인공자궁태반 연구를 통해서 독창적이고 경쟁력 있는 실험연구의 관건은 자체적인 실험장치의 제작에 있다는 것을 알았다. 이를 위해서는 전공을 초월하여 관련 과학자들 간의 협력과 공동연구가 원활하게 이루어져야 한다.

인공 자궁태반의 연구는 이어서 과학재단과 과학기술부의 지원으로 연구가 계속되었다. 일본의 연구팀은 Kuwawara 교수가 작고하면서, 연구팀 자체가 없어져서 연구가 중단되었다. 일본에서 열린 학회에서 나는 인공 자궁태반 연구를 발표하였는데, Unno라고하는 교수가 찾아와서 나에게 격려를 아끼지 않으면서 힘들지라도 연구를 계속하라고 하였다. 그는 과거 인공 자궁태반 연구팀에서 활약하던 분으로 논문에서 나는 그의 이름을 익히 알고 있었다.

인공자궁태반은 현대의학의 기존개념이 아니라 조산아와 태아에 대해서 새로운 개념으로 접근하고 있는 미래의학이며, 꿈의 의학이다. 미래에는 자궁 속 환경과 같은 환경인 인공자궁태반에서 태아가 생존할 수 있을 것인가? 인공 자궁태반은 모체의 자궁 내 환경과 동일한 생리적인 모델을 구축함으로써 태아를 체외에서 생존시키는 가운데 장기의 성숙과정을 유도하는 것이 원래의 목적이었다. 그런데 아직은 생체와 같은 수준으로 체외생존환경을 유지하는 데는 많은 한계가 노출되었다. 우선 혈류역학적으로 태아의 제대혈류와 동일한 환경을 유지하려면 보다 정교하고 고안된 시스템의 개발이 필요하다. 현재의 인공자궁태반 시스템으로는 태아 혈관내피세포를 파괴시키는 외부의 물리적 힘을 제거하기가 어려운 실정이다. 즉 롤러 펌프에 의한 혈류 속도와 회로내압, 혈류 내의 산소와 이산화탄소등의 혈류화학적 항상성을 유지하기가 어렵다. 결국 체외순환 모델에 의해서 동물 태아를 인공자궁태반으로 생존시키기에는 한계를 보이고 있다는 것이다. 두 번째는 태반 호르몬을 비롯한 태아와 모체 간의 내분비계 및 생체활성물질의 상호작용을 규명하는 일이다. 그리고 마지막으로는 감염이나 영양 등의 제반 문제를 무시할 수 없다. 이러한 총괄적인 문제들이 해결되고, 인공자궁태반하에서 태아가 생존하는 동안 태아에게 미치는 손상이 최소화되도록 하기까지에는 사실상 많은 시간이 소요되리라 생각된다. 그리고 임상적으로 인공 자궁태반 시스템을 신생아 집중치료실이나 분만실에서 적용하기까지는 앞으로도 10년 이상의 연구가 필요하다. 그럼에도 불구하고 인공자궁태반의 연구는 앞으로도 지속적으로 계속해야 할 충분한 의의가 있다. 인공자궁태반의 활용범위는 실로 무궁무진하기 때문이다. 첫째로, 인공 자궁태반 동물모델은 그 자체가 태아의 생체현상을 연구하는 소중하고 희귀한 실험장치가 된다. 태아의 발달과 장기의 기능을 구하는 데 인공 자궁태반 동물모델은 매우 경쟁력 있는 실험장비이다. 따라서 인공 자궁태반 모델을 실험장비로 개발하여 이를 상업화한다면 수많은 과학자들이 이를 이용하여 태아연구에 활용할 수 있을 것이다. 둘째는 인공 자궁태반 동물모델은 신약개발과 신약물질의 독성연구 등을 수행할 수 있는 특수한 생체모델 검사장비가 된다. 이를테면,

신약후보물질이 임산모와 태아에 미치는 영향이 무엇인지를 평가하고자 할 때, 인공 자궁태반 동물모델은 이러한 연구에 최적의 장비가 될 것이다. 향후 신약개발과 신약후보 물질의 안전성 연구에 있어서 인공자궁태반 모델은 독성 및 안전성연구 모델로서 인정받게 되리라 기대한다. 셋째는 인공 자궁태반 동물모델을 의료장비나 검사장비의 개발에 활용할 수 있다. 예를 들면, 태아의 심박동이나 혈압, 동맥혈 가스분석과 같은 측정을 위한 신기술 의료장비의 개발에 적용될 수 있다. 넷째, 발육과 발달과정의 기초과학 연구에 응용될 수 있다. 마지막으로는 태아 영양물질의 연구를 통해서 이상적인 영양액(Ideal Nutrition)을 개발하는 데 인공자궁태반 동물모델이 활용되리라 생각한다.

2002년 초, 나에게는 제대혈 줄기세포를 연구할 수 있는 새로운 기회가 찾아왔다 나는 산과의사로서 분만 후 폐기되는 태반에 관한 연구를 하고자 여러 번 시도를 하였는데 특히 태반으로부터 얻을 수 있는 탯줄혈액(제대혈) 연구에 관심이 있었다. 나는 1997년부터 제대혈 연구를 위한 연구제안서를 수차례 제출하기도 하였다. 그러나 그때마다 여건이 조성되지 않아서 제대혈 연구는 늘 한계에 봉착하였다. 그런데 2002년 1월, 같은 대학의 K 교수가 미국에서 사람 제대혈을 이용한 척수손상 연구로 좋은 논문을 발표하였다는 소식이 전해져 왔다. 나는 K 교수에게 바로 전화를 하여 공동연구를 제안하였다. 그러자 K 교수는 한국에 오면 제대혈이 필요해서 그렇지 않아도 나에게 연락하려고 하던 중이라고 하면서 반가워하였다. K 교수는 쥐의 척수손상모델을 만들고, 손상된 쥐의 척수신경에다 제대혈로부터 분리한 단핵세포를 주입하여 그 치료 효과를 보는 연구를 하였는데, 내가 관여한 부분은 제대혈을 채취하여 공급하는 일이었다. K 교수와의 척수손상 연구가 진행되고 있는 중에, 제대혈 줄기세포 연구의 새로운 장이 열리는 계기가 있었다.[8] 2003년 3월부터 한 바이오 벤처회사와 제대혈 줄기세포에 관한 공동연구를 시작할 수 있는 기회가 찾아왔다. 당시 나의 실험실에서는 제대혈로부터 줄기세포를 분리할 수 있는 기술을 개발하지 못한 상태인지라, 제대혈 줄기세포가 필요하였다. 나는 그 회사로부터 제대혈 줄기세포를 공급받아서 본격적인 척수손상 줄기세포치료를 연구하고자 대학 내에 줄기세포연구단을 구성하기에 이르렀다. 줄기세포연구단이란 그동안 함께 연구하던 K 교수를 비롯하여 척수분야에 관심이 있는 교수들이 모여서 연구 그룹을 만들고, 회사로부터 줄기세포를 공급받아서 연구를 수행하고자 하는 모임이었다.

줄기세포를 이용한 척수손상연구를 시작할 무렵에 제대혈 줄기세포를 환자에게 임상시험해 보면 어떻겠는가 하는 논의가 시작되었다. 당시 나는 임상시험의 식약청 규정이라든가 임상시험의 법적인 부분에 대해서는 문외한이었다. 뿐만 아니라, 제대혈 줄기세포를 환자에게 적용하였을 때 이것이 식약청의 임상시험 규정에 위배되는지 아니면 수혈과 다를 바 없는 일반적인 의료행위라고 해석해야 할지도 명확한 구분이 제시되지 않은 상태였다. 그런데 이 무렵 나와 친분이 있던 목사님의 교회 고등학생이 오토바이 사고로 하반신 마비가 되는 사고가 발생하였다. 그 목사님과 환자 보

---

8) 송창훈 외. 손상된 흰쥐 척수에 사람 중간엽 세포이식 시기에 따른 영향. 대한 해부학회지. 40:2:115-125, 2007.

호자는 내가 줄기세포 연구를 하고 있다는 사실을 알고 있었기 때문에 나에게 줄기세포 임상시험을 제안하였다. 나는 공동연구를 진행하던 회사로부터 제공받은 제대혈 줄기세포를 척수손상으로 하반신 마비가 온 그 학생에게 적용해 보고자 임상시험을 준비하였다. 이 과정에서 척수손상 환자를 줄기세포 임상 시험한다는 소문이 척수손상 환자들을 통해 입에서 입으로 전해지기 시작하였다. 그러자 그야말로 전국에서 척수손상 환자들의 전화문의가 쇄도하였다. 환자들은 내가 근무하는 병원에까지 찾아와서 척수손상에 대한 제대혈 줄기세포 임상시험을 해 달라고 하였다. 그러나 당시에는 줄기세포라는 것도 생소한 것인데다 아직 식약청의 규정에 줄기세포를 식약청의 허가 없이 환자에게 임으로 투여할 수 있는 법적인 제도가 마련되어 있지 않았다. 일반적으로 임상시험이라 하면, 신약개발을 목적으로 신약 후보물질에 대한 전 임상 단계를 거쳐서 식약청의 임상시험 승인이 이루어진 후에야 가능하다. 또한 임상시험에 소요되는 비용과 시간, 공력이 이만저만한 것이 아닌 것이다. 그런데 이러한 과정을 거치지 않고 척수손상 환자에게 제대혈 줄기세포라고 하는 생소한 물질을 세포치료제라고 하여 임상시험한다고 하니, 사회적인 문제가 되었다. 당시 나와 공동연구를 추진하던 회사에서는 제대혈로부터 간엽줄기세포를 분리하는 기술을 개발하여, 일찍부터 이것을 환자들에게 상업적인 목적으로 공급하고자 하였던 것이다. 회사의 책임자인 H 박사는 의대 교수 출신으로서 이 분야에 업적이 있는 꽤 유명한 분이었다. 그분의 주장은 제대혈로부터 얻은 간엽줄기세포는 일종의 혈액제재이기 때문에 수혈과 같은 원리로 환자에게 바로 사용하여도 된다고 하는 입장이었다. 반면에, 식약청의 입장은 제대혈에서 분리한 간엽줄기세포는 체외에서 오랜 시간 동안 배양하였고, 여러 약품처리를 하였기 때문에 일종의 치료제라는 것이다. 전문가 그룹에서 약간의 논란이 있기는 하였지만, 제대혈 간엽줄기세포는 세포치료제로서 식약청의 임상시험 과정을 거친 후 품목허가를 받아서 환자들에게 적용해야 한다는 견해가 지배적이었다.

그런데 H 박사는 자신의 주장을 굽히지 않고, 자신의 회사에서 분리 배양한 제대혈 간엽줄기세포를 간경화 환자를 대상으로 상업적으로 판매하고 있었다. 그리고 몇몇 병원에서는 제대혈 줄기세포를 환자들에게 직접 투여하기에 이른 것이다. 결국 이것이 사회적인 문제가 되었고, 불법 임상시험을 시행한 병원들의 이름이 신문에 보도되었다. 제대혈 회사에서 제출한 세포공급 장부에는 내가 근무하는 대학병원 역시 제대혈 줄기세포를 공급받은 것으로 기록되어 있었고, 불법 임상시험 병원으로 주목을 받게 되었다. 결국 모든 책임이 나에게 있었기 때문에 나는 임상시험을 시행하게 된 과정을 보건복지부와 식약청으로부터 조사를 받게 되었다. 식약청은 사회적 문제로까지 발전한 줄기세포 임상시험에 대해서 현실적이고 좀 더 포용적인 입장을 모색하였다. 즉 <응급임상시험>과 <연구자 임상시험>이라는 제도를 만들어서, 불치의 병으로 고통하는 환자에게 절차를 간소화하여 최근 개발한 신약을 투여할 수 있도록 법 제정을 한 것이다. 응급임상시험과 연구자 임상시험 제도가 공표되어 시행되기 시작한 것은 2004년 7월경부터였다. 나를 찾아와 줄기세포 임상시험을 받기를 원하던 척수손상 환자들은 법령이 시행되기만을 기다리고 있었다. 이 기간 동안 나는 공동연구를 추진하던 회사와 임상시험을 준비하고 있었는데, 회사의 책임자인 H 박사는 나에게 다섯 명의 환자를 임상시험 할 수 있도록 세포공급을 지원하겠다고 약속하였다. 그리고 회사에서는 임상시험 대상으로 선정된 다섯 명에게 투입될 제대혈 줄기세포를 확립하여 두었다. 마침 2004년 1월에 식약청으로부터 응급임상시험에 관한 법령이 공포되고 2004년 7월부터는 응급임상제도가 시행되도록 법률적인 환경이 조성되었다. 나는 줄기세포연구단에 참여하고 있던 교수들을 중심으로 척수손상 임상시험팀을 만들고, 척수손상에 대한 줄기세포 임상시험을 본격적으로 준비해 가기 시작하였다. 그리고 2004년 10월 첫 번째, 척수손상 임상시험 대상으로서 황OO 환자가 선정되었다.

황OO(당시 37세, 여) 환자는 척수손상으로 하반신이 마비된 지 19년이 된 환자로서, 우리 병원의 줄기세포 임상시험에 관한 소식을 듣고 광주에까지 직접 찾아온 환자였다. 그리고 내 연구실까지 휠체어를 타고 찾아와서는 척수손상 줄기세포 임상시험에 자신을 첫 번째 환자로 시술해 달라고 간청하는 것이었다. 그 당시 나와 H 박사는 척수손상 환자 5명을 임상시험하기로 계획하고 있었다. 나는 척수손상 임상시험팀에서 논의를 거친 후 황OO 환자부터 임상시험을 시행하기로 결정하였고, 식약청에 응급임상시험을 신청하였다. 황OO 환자의 응급임상시험이 성공적으로 끝나면 이어서 나머지 네 명의 임상시험을 수행하여 제대혈 줄기세포가 척수손상에 미치는 치료 효과를 평가하고자 하였다. 그래서 2004년 10월 12일 조선대학교 척수손상 줄기세포 임상시험팀에서는 황OO 환자의 응급임상시험 수술을 시행하였다. 척수손상 줄기세포 임상 팀은 척추 전공 정형외과 교수 2명, 마취과 교수 1명, 재활의학과 교수 1명, 그리고 나 이렇게 다섯 명으로 구성되었다. 각각의 임무가 분업화 되었는데, 나의 임무는 임상시험 전체를 총괄하는 일이었다. 아침에 회사로부터 공급되는 제대혈 줄기세포가 비행기로 광주까지 공수되고, 수술진행 과정에 맞추어 정확한 시간에 줄기세포를 손상된 척수부위에 주입하였다.

척수손상 줄기세포의 응급임상시험 수술이 이루어지던 날 환자인 황OO 씨의 근황이 척수손상 환자들에 의해서 실시간으로 알려지고 있었다. 이를 나중에서 알고는 황OO 씨에게 일체의 응급임상시험 상황에 대해서 보안유지를 당부했지만, 환자들은 부산을 비롯한 전국에서 황OO 씨의 병실과 아파트를 방문하기까지 하였다. 다행스럽게도 황OO 환자의 수술경과는 기대 이상으로 좋은 반응을 보였다 수술 후 1주째부터 감각의 변화가 있기 시작하였고, 한달 후에는 상당한 호전을 보였다. 환자를 수술한 한 달째, 나는 임상시험에 대한 부푼 기대와 소감을 글로 써서 대학소식지에 게재하였다. 다음은 대학소식지에 실은 그 당시의 글이다.

43

꿈을 향한 도전

슈퍼맨 '크리스토퍼 리브'의 갑작스런 타계 소식을 접하던 무렵 우리는 그렇게 기다려 왔던 임상시험 시술을 하였다. 그러니까 지난 10월 12일, 그날은 척수손상에 대한 제대혈 줄기세포 이식이 처음 이루어지던 역사적인 순간이었다. 수술 팀이 무사히 이식수술을 마치고, 함께 식사를 하러 나가면서 우리는 크리스토퍼 리브의 죽음을 못내 애석해하였다.

현대의학의 눈부신 발전에도 불구하고, 척수손상은 여전히 뾰쪽한 치료방법이 없는 불치 혹은 난치의 질환으로 남아 있다. 척수신경 재생에 관한 연구가 세계 각국에서 불철주야 이루어지고 있으나 아직 이렇다 할 연구결과가 나오지 않은 실정이다. 이러한 난공불락의 영역에 줄기세포는 한 줄기 희망의 빛을 던지며 수많은 척수장애인들과 연구자들에게 다가온 것이다.

필자가 처음 척수손상에 대한 줄기세포의 치료 가능성에 눈을 뜨게 된 것은 2002년 1월이었다. 대학병원에서 산부인과를 전공으로 하는 임상교수, 더욱이 산과학을 담당하는 터라 탯줄혈액에 대한 애착은 일찍부터 가지고 있었다. 그래서 대학병원에 탯줄은행을 만들고자 힘을 모으고자 했으나 당시로써는 역부족이었다. 장비며 시설도 문제였고, 인력과 기술은 더욱 문제였다. 그런데 기회가 찾아왔다. 같은 대학의 해부학 교수님 한 분이 미국에서 척수손상에 대한 줄기세포연구를 하고 돌아온 것이다. 나는 그분이 귀국하자마자 공동연구를 제안하였고, 탯줄혈액으로부터 단핵세포를 추출하는 역할을 맡게 되었다. 그 후 1년 동안의 연구에서 우리는 사람의 탯줄혈액에서 유래한 단핵세포가 손상된 쥐 척수에 가서 착상할 뿐 아니라 운동능력의 회복에 있어서도 효과가 있다는 결론을 얻었다. 척수손상 쥐를 대상으로 한 연구에서 탯줄줄기세포의 척수신경 재생능력에 대한 가능성을 확인한 후 우리는 사람의 척수손상에 대한 연구에 도전하였다.

탯줄혈액에서 추출한 단핵세포가 손상된 척수신경의 재생에 관여한다면 이는 탯줄혈액 내에 줄기세포가 존재한다는 말인데, 문제는 탯줄혈액으로부터 줄기세포를 추출하여 필요한 양만큼 증폭시키는 기술이 관건이었다. 사람의 척수손상에 대한 연구를 시작한 2003년 3월경만 하더라도 아직 탯줄혈액으로부터 간엽 줄기세포를 분리하였다는 연구보고가 희귀하였던 때였다. 그러나 다행히 산학 협동연구를 체결한 (주)히스토스템 연구팀에서는 2003년 중순부터 성공적으로 간엽줄기세포를 확립하기 시작하였다. 드디어, 2003년 추석이 다가오던 어느 날 임상시험을 추진하였다. 그런데 난관에 부딪쳤다. 병원 내 임상시험윤리위원회의 승인도 어려웠지만, 안전성검사, 유효성 및 독성 검사 등의 전임상 연구를 거친 후 식약청의 승인을 얻어서야 비로소 임상연구에 들어갈 수 있다는 사실을 알았다. 임상시험이라 하는 것이 그토록 많은 시간이 소요되며 어렵고 복잡할 줄은 미처 몰랐던 것이다. 나는 임상시험의 거대한 장벽 앞에서 좌절을 맛보았다. 설상가상으로 탯줄줄기세포의 임상시험이 사회적인 문제가 되고, 불법 임상시험을 했다느니 하는 신문기사에 병원의 이름이 오르내렸다. 임상시험에 자원한 다섯 분의 후보자들은 기약 없는 기다림 속에 머물러야 했다.

사회적 이슈가 된 불법 임상시험의 논란은 다행스럽게도 식약청에서 법안을 개정함으로써 돌파구를 찾게 되었다. 연구자들의 연구를 돕고, 질병으로 고통하는 환자들에게 하루라도 빨리 치료의 길을 열어 주고자 줄기세포 연구에 한하여 연구자 임상과 응급임상이라는 예외 조항을 만들었다. 그리고 2004년 7월 시행령이 공고된 것이다. 또다시 나의 연구실에는 임상시험에 관해 문의해 오는 전화가 쇄도하였다. 임상시험을 위해서 집을 아예 광주로 옮긴 분도 있었고, 처음 임상시험 명단에 들었다가 불가피한 이유로 탈락되자 필자를 고소하겠다는 분도 계셨다. 날마다 임상시험을 받게 해 달라는 전화를 수차례씩 받아야 했다.

마침내 임상시술을 위해 첫 번째 대상자로 선정된 H 님이 병원에 입원하고, 임상시험팀이 모여서 환자의 상태와 수술방법에 대해 열띤 토론을 하였다. 환자의 척수손상부위가 예상했던 것보다 훨씬 심각한 것이다. 남아 있던 근육마저 심한 위축을 보였고, 척추는 서로 융합하여 척수신경의 접근이 쉽지 않은 상태였다. 임상시험팀에 참여한 교수들은 마취과, 재활의학과교수가 한 분씩, 정형외과교수가 세 분, 그리고 필자까지 모두 여섯 명이었다. 수술은 전신 마취 상태에서 약 4시간 계속되었고, 수술당일 항공편으로 탯줄줄기세포가 운반되었다. 세포가 수술실에 도착하면서 수술진행도 기막히게 일치하여 만족스럽게 세포이식이 이루어졌다. 이제 남은 것은 환자의 마비된 신경이 다시 회복되기를 기대하면서 기다리는 일이다.

수술 후 만 1주 째, 믿기지 않는 일이 일어났다. 재활의학과 근전도 검사실에서 환자의 상태를 평가해 본 결과 수술 전과 비교하여 상당한 변화를 보인 것이다. 도대체 환자의 척수신경에 무슨 일이 일어난 것인가? 줄기세포가 콩나물마냥 신경세포로 자라나기라도 했단 말인가? 그런데 변화의 속도는 멈추지 않고 수술 후 2주 째, 3주 째, 4주 째 계속하여 일어났다. 날마다 환자로부터 걸려오는 휴대폰으로 매일 매일의 변화가 느껴졌다. 한편으로는 정말 믿기지 않는 일에 놀라움을 금하지 못하면서, 또 한편으로는 이것이 심리적인 현상은 아닌지, 잠깐 이러다가 미미한 변화로 멈춰버릴 것인지 하는 걱정도 앞섰다. 그러나 흉추 9번과 12번 손상으로 하반신이 마비되어 지난 20여 년 동안 꿈쩍도 않던 다리가 이제는 누워서 움직이고 조금씩 들어 올려지며 보행기를 착용하고 조금씩 걷고, 엉덩이를 자유롭게 움직이는 이런 일이 가능한 일인가 생각할 때 치료의 기적은 일어난 것임이 틀림없다.

그렇다! 이제 남은 네 분의 후보자를 임상시험해 보는 일이 급선무다. 그래서 이분들에게 나타나는 결과를 분석하여 일차적인 결론을 내리는 것이 필요하다. 그래서 척수손상 환자에게 탯줄줄기세포의 치료 효과를 객관적이고 신뢰할 만한 과학적 증거로 확립하는 일이 과제이다. 물론, 충분한 의과학적 임상적 결론을 내리기 위해서는 더 많은 시간과 더 많은 임상시험 사례와 더욱 치밀하고 다양한 검증이 필요할 것이다. 부작용은 없는 것인지, 안전한 시술인지, 적정의 시술방법은 무엇인지 등 앞으로 수많은 과제가 기다리고 있는 것도 사실이다. 다만 지금 말할 수 있는 느낌은 대양을 휘저으며 유영하는 거대한 고래 떼의 그 꼬리 부분을 목격한 뱃사람의 감격 같은 것이다. 하나님! 우리에게 힘과 지혜를 주소서. 그리고 치료의 권능을 나타내소서.(2004년 11월 12일 조선대학교의과대학 교수 송창훈)

황OO 환자의 응급 임상시험은 무사히 끝났다. 이때 많은 척수손상 환자들이 황OO 환자의 수술경과에 관심을 가지고, 직접 조선대학교 병원에까지 와서 곁에서 지켜보면서 전국에 있는 환자들에게 인터넷으로 알려 주고 있었다. 나는 환자의 수술경과를 의료진에서 대외적으로 알리지도 않았는데 많은 사람들이 알고 있어서, 그 영문을 알아보니 실은 환자의 경과가 인터넷상에서 실시간으로 알려지고 있었다. 그런데 다행히 환자의 경과는 예상외로 좋은 반응을 보이기 시작하였다. 수술 후 일주일 만에 검사한 감각 및 운동신경유발 검사에서 변화가 나타났다 환자의 상태는 시간이 흐를수록 변화가 뚜렷해지기 시작했다 이러한 수술 경과에 대해서 병원 측에서도 관심을 보였고, 줄기세포 회사의 H 박사 측에서는 연일 환자의 상태를 문의해 왔다. 환자의 경과에 대해서 논의하고, 또한 임상시험팀을 격려하기 위한 차원에서 H 박사가 광주를 방문하였다. H 박사는 임상시험 환자의 경과에 대한 기자회견에 대해서 언급하였는데, 일부 교수들이 성급한 발표일 뿐 아니라 임상시험을 다섯 명 정도 한 후에 발표해야 한다는 의견을 내놓았다. 그러나 결국은 경과에 대한 중간보고 형태로 언론에 알리는 것도 나쁘지 않다는 결론에 교수들이 동의하였다.

2004년 11월 9일 식약청 Y 사무관을 방문하여 면담을 가졌는데, 이 면담은 Y 사무관의 요청으로 이루어진 면담이었다. 그는 환자들의 과도한 줄기세포 응급임상시험에 대한 기대와 열기를 우려하는 부분을 집중 얘기하였다. Y 사무관이 언급한 내용은 응급임상시험의 안전문제, 시스템 운영문제 등이었는데 줄기세포 응급임상이 우선 제대혈 관리측면에서 검증받는 것이 필요하다는 것을 지적하였고, 우리나라 척수손상 환자가 17만 명이나 되는데, 만약 줄기세포 응급임상시험이 과열되면 감당하기 어려운 일이 벌어질지도 모른다고 우려하였다. 동시에 임상시험에 대한 언론보도를 가능한 자제해 줄 것을 요청하였다.

척수손상 줄기세포 임상시험은 병원 내에서도 큰 반향을 일으켰으며, 병원장도 많은 관심을 가지고 주시하고 있었다. 줄기세포 응급임상시험은 줄기세포 회사와 병원과의 긴밀한 협조가 필요한 부분이 많았다. 예를 들면, 응급임상시험 환자에 대한 병원비와 진료비를 임상시험팀에서는 감당할 길이 없었고, 그렇다고 환자들에게 요구하기도 힘든 부분이 많았다. 즉 원칙상 임상시험은 환자가 비용을 지불하지 않는 것이 원칙이었다. 임상시험을 진행하면서 나는 병원 측의 협조가 절실하던 차에 병원장에게 자초지종을 보고하였고, 병원장은 H 박사와 면담을 희망하였다. 당시 임상시험팀은 환자에게 투여하는 제대혈 줄기세포를 공급받는 것 외에는 환자에게 소요되는 진료비, 검사비, 입원비 등 일체를 임상시험팀에서 자체

해결해야 했다. 이러한 이유 때문에 나는 병원장과 H 박사가 만나서 상호 협력을 얘기하고, 향후 척수손상에 대한 줄기세포 임상연구가 보다 순조롭게 진행되기를 희망하였다. 그런데 막상 만나서 식사자리를 갖긴 했는데, 병원장과 H 박사의 대화가 썩 매끄럽지 못하게 진행되었다. 상호 협력을 모색하기 위해서 가진 자리가 오히려 상호 불신의 자리가 된 것 같았다. 나는 앞으로의 줄기세포 임상시험 연구가 순탄치 못할 것 같은 예감이 들었다.

2004년 11월 24일 오전, H 박사로부터 기자회견 계획을 통보받았다. 기자 회견은 11월 25일, 신라호텔 영빈관 토파즈 홀에서 오전 11:00에 갖는다는 연락을 기자회견 바로 전날 통보받은 것이다. 그리고 임상시험팀에서 참석해 임상경과를 브리핑해 달라는 것이었다. 나는 즉시 병원장에게 가서 이러한 사실을 보고 했더니, 병원장은 일언지하에 우리 병원은 기자회견에 협조할 수 없다고 하였다. 그래서 나는 H 박사에 전화를 해서 병원장의 입장이 기자회견에 협조할 수 없다고 하므로 임상시험팀에서는 참석이 어렵다고 통보하였다. 그러자 H 박사가 다시 전화로 노발대발하면서, 어떻게 그럴 수 있느냐고 막 흥분하였다. 그렇지만, 병원장이 승인하지 않는 임상시험 관련 기자회견을 개인 자격으로 가서 협조할 수 없는 일이었다. 11월 24일 오후는 내가 외래 진료를 하는 날이기 때문에 나는 오후에 환자를 진료하고 있었다. 그런데 진료가 끝나갈 무렵인 오후 5:00경에 병원장으로부터 전화가 왔다. 병원장의 말인즉, <이번 줄기세포 임상시험은 송 교수가 처음부터 주관하여 진행해 왔으니, 송 교수가 알아서 판단하여 결정하시오> 하였다. 그래서 곰곰이 생각해 보니 이것은 회사와의 신의(信義) 문제라는 생각이 들었다. 즉 지난 11월 3일 H 박사가 광주에 왔을 때 임상시험팀 교수들이 기자회견에 관해서는 회사의 결정에 일임한다고 한 약속이 있는 상황인데, 이제 와서 협조를 해 줄 수 없다고 하는 것은 연구자로서 신의(信義) 문제라고 생각하였다. 나는 병원장실로 찾아가서 내일 기자회견에 임상시험팀에서 한 사람이 참석하여 임상적인 경과를 브리핑해야겠다고 보고하고는 그다음 날 아침 서울로 향했다.

2004년 11월 25일 오전 11:00 신라호텔 영빈관 토파즈 홀에서 기자회견이 있었다. 기자회견 장에 들어가자 전면에 커다란 플래카드를 걸었는데 <척수손상 환자줄기세포 치료 성공>이라는 타이틀이 걸려 있었다. 나는 주최 측인 회사 관계자에게 타이틀에 <치료성공>이라고 쓰는 것은 타당하지 않다고 하고 타이틀을 내리라고 요구했다. 그러나 회사 측은 이미 기자회견이 진행되었기 때문에 내릴 수 없다고 하였다. 내 순서가 되자 환자의 수술부터 현재까지의 경과를 브리핑하였다. 브리핑에서 나는 다시 한 번 타이틀에 적힌 대로 <치료성공>이라고는 말할 수 없으며, 단 한 명의 사례이기 때문에 앞으로 관찰이 필요하고, 임상시험을 더 수행해 봐야 하겠지만, 현재 환자의 상태로 봐서는 상당한 가능성이 보인다고 하였다. 이는 마치 "고래를 잡는 어부가 고래의 꼬리부분을 보고 흥분을 감추지 못하는 심정"이라고 심경을 말했다. 그렇다면, 환자에게 나타난 임상적인 변화는 있었는가?

환자의 줄기세포 시술이 있기 전날, 임상시험팀은 환자의 전반적인 소견을 두고 갑론을박하는 토론 시간을 가졌다. 환자의 척수 부위를 촬영한 MRI 소견상 손상된 부위의 척수는 거의 흔적을 찾기 어려운 상태로 가늘어져 있었다. 뇌척수액이 관류하는 통로마저 막혀 있었다. 우리는 환자의 소견으로 보아 이번 임상시험에 기대를 걸기는 어렵다는 결론을 내렸다. 사고로 인하여 척수를 다친 지가 19년이나 지났고, 이미 하지의 근육들이 위축되어 기능을 상실한 상태였기 때문에, 설령 척수신경이 회복되는 일이 있어도, 다리의 기능을 회복하기는 어렵겠다고 하였다. 환자의 손상부위는 T9/10으로서 환자의 배꼽 아랫부위로는 운동 및 감각신경이 기능을 하지 않고 있었다. 임상시험팀은 수술을 앞두고 다시 한 번 열띤 토론에 들어갔다. 그것은 제대혈로부터 유래한 간엽줄기세포를 척수의 어느 부위에다 주입할 것인가 하는 문제였다. 임상팀에서는 이미 1년 전에 환자의 척수강 내에 줄기세포를 주입한 바 있었는데, 환자에게 별다른 변화를 볼 수 없었다. 즉 척수 손상된 부위에 주입하지 않고 비교적 안전한 방법으로 척수강 내에 주입하는 방법이 있고, 척수의 건강한 부위에 손상을 초래할 수 있는 척수 내에 직접 주입하는 방법을 두고 임상팀은 논의를 계속하였다. 결국, 우리는 척수 내에 직접 주입하기로 결정하였다. 여기에는 환자의 적극적인 자세도 한몫을 하였다. 환자인 **황OO** 씨는 확신에 차서 의료진에게 용기를 불어 넣었다. 환자의 적극적인 자세에 힘을 얻어 우리는 척수 내에 직접 세포를 주입하기로 결정한 것이다. 수술 후 3일째, 환자가 외래진료를 보고 있는 나에게로 휠체어를 타고 내려왔다. 그리고 하는 말이 배꼽 아랫부분의 감각이 이상하다고 하였다. 나는 그녀가 정신적으로 기대하는 마음이 크기 때문에 주관적으로 느끼는 생각이라고 여기고, 별다른 설명 없이 그녀를 병실로 돌려보냈다. 그런데 수술 후 일주일째 검사한 감각 및 운동신경 전위유발 검사에서 변화가 나타나기 시작하였다. 그리고 그 변화는 매주 검사할 때마다 나타났다. 우리는 놀라움과 기대, 그리고 호기심 가운데 환자를 계속 관찰하였다. 환자는 자신의 몸에 나타난 변화에 스스로 놀라워하면서, 찾아온 많은 환자들에게 자신에게 나타난 변화를 나타내 보여 주었다. T9/10 부위에 머물러 있던 감각 및 운동신경의 발현 부위가 점차로 아래쪽으로 내려가기 시작하였다. 그리고 L2 부위까지 발현되었다. 환자는 허리부분의 근육을 사용하여 누워서 무릎을 들어 올리기도 하고, 보행 연습 시 발을 흔드는 운동을 예전보다 잘할 수 있었다. 이러한 변화는 2005년 1월 15일 그녀가 서울로 이사를 가기 전에 측정한 마지막 10회째의 검사 소견에도 나타난 기록이었다. 기자 회견 때에 발표한 내용은 이와 같은 객관적인 평가소견이었다. 기자회견 후에 KBS TV에서 인터뷰를 하였는데, 그날 저녁 뉴스가 방송되었다. 그 후 각 언론사와 지방신문 등 여러 언론 매체에서 인터뷰 요청이 들어왔고, 또 환자를 직접 인터뷰한 내용이 신문과 방송, TV에 소개되었다. 국내 언론뿐 아니라, 해외에서도 관심을 가지고 취재하였고, 임상시험경과 소식은 그야말로 국내외의 뉴스가 되었다. 연구실과 병원 교환실은 업무가 마비될 상황에 이르기까지 문의전화가 쇄도하였다.

기자회견이 초래한 여파는 긍정적인 부분도 있었지만, 부정적인 여파도 컸다. 모 TV방송국에서는 저간의 줄기세포가 환자들에게 상업적으로 시술이 되면서, 피해를 본 환자들의 주장을 보도하면서, 우리가 시행한 척수손상 줄기세포 임상시험의 실상을 추적형태로 보도하기에 이르렀다. 젊은 여자 방송작가로부터 상당히 무례한

언사의 전화를 받기도 하였다. 알고 보니 줄기세포를 공급한 회사에서는 기자회견 내용과 기자 회견 때 발표한 임상 소견을 CD로 만들어 홍보용으로 널리 배포하고 있었다. 이곳저곳에서 척수손상 줄기세포 임상시험의 결과에 대하여 신뢰할 수 없다는 반응을 보이는가 하면, 또 한편에서는 수많은 환자들이 전화로 문의해 오고, 외국에서조차 방송을 보고 편지와 이 메일을 보내왔다. 멀리 유럽에서 한국에까지 찾아온 환자도 있었다. 이러한 반응들은 한편으로는 너무 과도한 기대와 희망으로 번져 가고 있는 모습을 반영하였고, 또 한편으로는 진지한 과학적 순수성마저도 불신하고 공격하는 모습을 나타내었다. 임상의사의 의학적 관심과 도전이 바이오 기업의 상업적인 이해관계와 얽히는 순간 문제가 복잡해져 가는 것을 느꼈다. 유일한 해결책은 나머지 네 사람의 임상시험을 통해서 제대혈 줄기세포의 임상적 효용성을 과학적으로 더 관찰해 보는 것이었다. 그러나 우리의 기대는 곧 물거품으로 돌아갔다. 후속 임상시험이 난관에 부딪힌 것이다.

황OO 환자의 수술 후 경과 관찰은 주로 전기진단학적인 검사로서 감각신경 전위유발 검사와 운동신경 전위유발 검사로서 이루어졌다. 이러한 평가는 재활의학과 교수가 맡았는데, 황OO 환자는 수술 후 만 3개월째인 다음 해 1월 12일 4:00에 검사한 10회째 평가를 마지막으로 2005년 1월 31일, 서울로 옮겨 갔다. 수술 후 10회째 평가한 환자의 경과는 지속적인 호전을 보이고 있었는데, 그녀는 임상시험 팀과의 관계를 끊고, 서울로 옮겨 간 것이다. 황OO 환자가 서울로 가게 된 배경에는 줄기세포 2차 시술과 관계가 있었고, 회사 측과 병원의 갈등이 원인이었다. 척수손상 임상시험 기자회견이 나간 후 병원장은 환자의 임상경과에 대한 자료를 더 이상 회사 측에 보내지 말라는 지시를 내렸다. 환자의 평가를 담당했던 교수는 병원장이 지시하자, 더 이상 자료를 보내지 않았고, 회사는 환자의 2차 시술을 위한 줄기세포와 앞으로 계속해야 할 나머지 4명의 환자를 위한 줄기세포를 조선대 병원에 공급할 수 없다는 입장을 보였다. 1차 수술로 상당한 호전을 보인 황OO 환자는 조대병원에서 2차 수술을 받으려고 기다리고 있었는데, 병원과 회사의 관계가 악화되자 혹시 2차 수술을 못 받게 되지나 않을까 하여 불안하게 여기고 있었다. 그런 중에 회사에서는 황OO 환자에게 우리 병원에서는 수술을 받지 못할 것이니 서울로 올라오라고 종용하면서 집을 얻어 주고, 남편의 직장도 알아봐 주겠다고 제안하였다. 결국, 그녀는 2005년 1월 31일 서울로 가면서, 나에게는 서울로 떠나기 전날 전화로 알려 주었다.

그녀는 서울로 간 후에 줄기세포 회사와 협력관계에 있던 서울의 한 대학병원 분원인 K병원 신경외과에서 2005년 5월 줄기세포 2차 시술을 받았다. 나는 그녀의 2차 수술결과가 궁금하였다. 그래서 서울 출장에 즈음하여 검사해서 아내와 함께 그녀의 집을 방문하였다. 그녀는 2차 수술을 받고 집에서 요양 중이었다. 그런데 그곳에서 잠시 얘기를 나누던 도중에도 그녀는 제대로 앉지를 못하면서 몹시 고통스러워하고 있었다. 보다 못해 아내가 병원에 한번가 보라고 권면하기까지 하였다. 그녀의 집을 나오는데, 나에게 CT 사진이라고 하면서 CD 한 장을 건네주는 것이었다. 그다음 주에 그녀로부터 전화가 왔다. 혹시 CT 사진을 보았냐는 것이다. 아직 그녀가 준 CD를 열어 보지 못한 터라 아직 보지 못했다고 하니까 꼭 확인을 부탁하는 것이었다. 마침 며칠 후 임상시험팀의 정기 미팅이 있어서, 회의 중에 나는 황OO 환자를 방문한 얘기며, 수술 후 상태에 대해서 대화를 나누면서 CD를 열어 보았다. 그런 데 그곳에 모인 교수들이 모두 놀라지 않을 수 없었다. CT 소견에 수술을 받고 난 그녀의 척추는 심하게 변형을 보이고 있었다. 그녀는 수술부위의 감염으로 서울의 다른 병원에서 오랜 치료를 받은 후에야 겨우 생명을 유지하고, 후유증에서 벗어났다. 그녀의 상태는 예전보다 더 못한 상태로 돌아갔다. 결국, 그녀는 2차 수술을 시행한 병원과 줄기세포 회사를 상대로 법적인 소송을 제기한다는 소문이 들려왔다. 그런 와중에, 그녀의 상태에 관심을 집중하고 있던 방송국에서는 2차 수술 이후의 그녀 상태를 추적하면서, 최초 임상시험을 시행하였던 우리 대학의 결과를 취재 한다고 하여 나는 또 한 번의 인터뷰에 응해야 했다. 2차 수술의 합병증으로 사경(死境)을 헤매던 그녀가 겨우 회복된 후, 그녀의 상태는 처음보다 더 못한 상황이 되었고, 언론에 그녀의 근황이 보도되자 줄기세포 임상시험은 찬 서리를 맞은 듯하였다. 꿈을 향하여 도전하던 임상의사의 용기가 꺾이는 기분이었다.

줄기세포 응급임상시험으로 인해서 언론의 조명을 받게 되자 2004년 12월부터 여기저기서 연구를 같이하자고 하는 제의가 들어왔다. 일본에서, 미국에서, 독일에서 연구소를 같이하자는 제의가 들어왔는데, 일본에서 들어온 제의는 자신들이 이미 확립한 배아줄기세포를 이용하여 임상시험과 척수손상 환자의 치료를 하자는 것이었고, 독일에서는 함께 연구를 수행하자는 이메일이 왔다. 이 무렵 동료 교수를 통해서 연구소를 설립해 주겠다고 하는 국내 투자자의 제의가 또 들어왔다.

투자자들은 동료 교수와 같은 대학에 근무하는 지명도가 높은 교수를 통해서 연구소 설립을 제의해 왔다. 그 제안은 연구자의 입장에서 마다할 이유가 없는 제안이었다. 나는 이분들이 제안하는 내용이 너무 황당하기도 하고, 믿기지가 않고, 또 이해할 수 없는 부분도 있었으나, 식사하면서 여러 가지 얘기를 나누는 가운데 이분들의 제안이 상당한 타당성이 있으며, 줄기세포 분야에 대한 기본적인 기대와 확신에 근거하고 있기 때문에 공감이 되는 부분이 많았다. 그래서 이들의 제안을 수락하기로 하였다. 이분들의 줄기세포 분야에 대한 전망과 향후 가능성에 대한 확신은 많은 부분 공감이 갔으며, 연구자인 나보다 바이오산업의 미래 동향을 읽을 줄 아는 안목에 은근히 놀라기도 하였다. 다만, 궁금한 것이 왜 하필 나에게 투자를 하겠다는 것인지 얼른 이해가 가지 않았지만, 함께 자리를 같이한 동료 교수와 그분들의 말이 줄기세포 임상시험으로 내가 이미 상당히 유명하고, 특히 투자자의 한 분의 매형인 L 교수가 이 지역의 우수한 연구자에게 투자를 해 달라고 적극 권한 점도 작용했다고 하였다. 나는 혹시 이분들이 나만이 갖고 있는 줄기세포의 기술이 있을 것이라고 기대해서 나를 지목하지나 않았는지 염려가 되었다. 그래서 이번 척수손상 줄기세포 임상시험의 성격을 소상히 설명하면서, 줄기세포는 서울의 모 회사로부터 공급받아, 임상시험팀에서 환자의 척수 내에 이식하는 수술을 수행한 것이라고 설명하였다. 아무튼 그 자리에서 나는 연구비를 투자받아서 줄기세포 연구를 수행하는 것을 원칙적으로 동의하는 것으로 결론을 내렸다. 그분들이 투자하겠다고 제시한 연구비의 규모는 더 컸지만, 후에 나는 실행 단계에서 대략 30억 원의 연구비를 구체적으로 제시하였고, 그분들은 내가 제시한 연구비 규모로 정확하게 투자해 주었다.

나는 그동안 줄기세포를 서울의 줄기세포 회사로부터 공급받아 임상시험을 수행하였다. 그러다 보니, 많은 어려움이 있었다. 정말 연구해야 하는 줄기세포와 관련된 기초연구는 엄두도 낼 수 없었다. 동물실험을 한 번 수행하려고 해도, 회사의 줄기세포에 대한 보안 때문에 많은 제약이 따랐다. 줄기세포를 필요한 만큼 공급받지 못해서 임상시험 외에는 하고 싶은 연구를 수행할 수가 없었다. 설령 좋은 임상시험 성적을 낸다고 할지라도 회사로부터 공급받은 줄기세포에 의존하는 연구는 결과적으로 회사가 그 성과를 가져가는 형국이었다. 따라서 독자적인 연구를 할 수 있다는 것은 모든 연구자들이 바라는 바였다. 나는 그동안 국가 연구비에 많이 선정되는 덕분에 비교적 많은 연구비를 운영해 왔다. 그러나 정말 연구다운 연구를 수행하려면 박사, 석사 연구원들을 채용하여 연구해야 하는데, 그렇게 하기 위해서는 연간 1~2억의 연구비를 수혜받아야만 박사급 연구원을 쓸 정도가 된다. 그래서 연구자가 연구비만 충분히 지원된다면 무슨 연구인들 못 하겠는가 하는 것이 내 소신이었다. 내가 투자자들의 제안을 거절할 이유가 하나도 없었다. 연구비만 충분히 지원된다면 학창시절부터의 소망인 척수손상으로 인한 사지마비, 전신마비, 하반신 마비 등의 환자를 일으켜 세우는 괄목할 만한 연구 성과를 낼 수 있는 것이다.

연구소의 설립과정은 매우 속전속결로 이루어졌다. 투자자 중의 한 분의 매형인 L 교수가 모든 절차를 맡아서 수속을 밟았다. 법

인설립, 주주구성, 지분 배정 등의 법적인 절차에 이어서, 연구소장의 영입과 연구원의 채용이 이루어졌다. 나는 교수직을 병행하면서 벤처기업의 대표를 맡아야 하였다. 연구소가 대학 내에 자리하여야 하기 때문에 연구소 공간을 얻고자 많은 노력을 기울였다. 대학의 분위기는 외부 기업이 학내에 들어오는 것을 얼른 용납하지 못하는 듯하였다. 총장을 만나서 브리핑을 하고, 기획조정실장과 식사를 하면서 연구공간을 탄원하였으며, 산학 협력단 직원들과는 무수하게 만나서 얘기를 나누었다. 대학에 건물도 그렇게 많고, 공간도 많이 있는 것 같은데 연구소 공간으로 내어 줄 몇 평방미터의 공간은 없었다. 산학협력단 직원들도 교수가 벤처기업을 만들어 시작하는 것을 개념적으로 이해하지 못하고 있었다. 자꾸 하는 말이 내가 투자받은 돈을 대학에 넣어 두고, 대학으로 하여금 이를 관리하도록 하라는 것이었다. 주식회사 기업의 속성을 이해하지 못하고 대학의 입장에서만 생각하고 요구하였다. 동시에 교수가 기업의 대표이사를 맡으려면 대학으로부터 겸직승인을 받아야 한다. 나는 겸직을 승인해 달라고 서류를 제출하였다. 그러나 겸직 승인은 병원장이 동의를 해주지 않았다. 의과대학 임상교수가 환자나 많이 보아야 할 것이지 무슨 회사의 대표이사를 한다는 거냐고 하였다. 연구소를 설립하기는 하였지만, 대학 내에 연구소 공간을 얻을 수도 없었고, 교수로서 겸직 승인도 얻을 수 없게 되자 난감하기만 하였다. 그래도 어찌하든지 연구를 수행할 공간을 얻어 보려고 각 방면으로 알아보았다. 마침내 학내에서는 공간을 얻을 가망이 없다고 생각하고, 학교 근방에 임대건물을 얻으려고 하던 참인데 연구소 공간을 내어 주겠다고 하는 교수가 있었다. 마침 그분은 실험실 공간이 남아 있던 차에 나의 딱한 소식을 전해 들은 모양이었다. 이렇게 해서 나는 나의 연구실이 있는 같은 건물 내에 연구소 공간을 얻을 수 있었다. 연구소 공간으로 자리를 잡아 연구소의 개소식을 조촐히 갖게 된 날이 2005년 6월 7일이었다. 약 5개월가량을 연구소 공간문제로 전전긍긍하였던 것이다. 연구소 공간을 정식으로 갖지 못한 5개월 동안, 연구원들은 한 명, 두 명 늘어나는데, 연구원들이 있을 곳은 없고 하자 내가 실험실로 쓰던 곳에 책상을 붙여 두고 불편하게 지냈다.

줄기세포 연구소가 설립되자 나는 본격적으로 제대혈 유래 간엽 줄기세포를 자체 배양하고 생산하여 척수손상 환자에 대한 치료제를 개발하고자 꿈에 부풀어 있었다. 그동안 제대로 된 실험실을 갖추지도 못했고, 연구원도 아르바이트 학생을 데리고 연구하던 열악한 환경에서도 줄기세포를 연구하고자 애쓴 보람이 있었다. 석사 연구원을 중국으로 파견을 보내기도 하였고, 줄기세포회사와 공동으로 임상실험을 추진하면서 많은 어려움도 있었는데, 이제 마음껏 연구다운 기초연구를 할 수 있다는 생각에 그 힘들고 위험부담이 많은 응급임상시험은 더 이상 할 필요가 없다고 생각하였다. 제대로 된 연구가 축적된 이후에 충분한 과학적, 이론적 정립이 이루어지면 그때 가서 임상시험을 정식으로 진행할 수 있는 것이다.

그런데 연구소가 설립되고 나자 나는 기업으로부터 연구비를 지원받아서 하는 연구의 근본적인 속성과 한계를 느끼기 시작하였다. 연구소 설립을 제안하여 투자를 성사시켜 준 측에서는 나와 생각이 약간 달랐다. 나는 당시에 수개월 동안 척수손상 줄기세포 임상시험으로 인하여 매스컴에 자주 오르내리곤 하였다. 사회적인 이슈가 될 정도로 척수손상의 줄기세포 치료는 세간의 관심을 모았고, 황우석 박사의 배아줄기세포 연구의 영향으로 줄기세포는 난치병 치료의 떠오르는 희망으로 등장한 것이다. 이런 것들은 본질상 연구와는 거리가 먼 것들이었지만, 기업을 하는 입장에서는 사회적 관심과 이슈가 중요하였던 모양이다. 그분들은, 내가 계속해서 언론의 조명을 받을 수 있으면 좋겠다는 입장을 표명하였다. 그리고 사회적 관심을 모으고 있는 줄기세포 임상시험을 중단하지 말고 수행해 달라고 하는 구체적인 요구까지 하였다.

나는 깊은 우려와 근심을 하지 않을 수 없었다. 결국 기업의 연구비를 지원받아서 연구한다는 것이 쉬운 일이 아니라는 것을 알았다. 언제인가 외국의 만화에서 본 듯한 권총으로 위협받으면서 연구하는 과학자의 모습이 연상되었다. 그러한 우려는 그것으로 끝나지 않았다. 아직 본격적인 줄기세포 연구가 시작되기도 전에 내가 세간을 놀라게 할 줄기세포 치료법을 개발하였다고 하는 언론 보도가 난 것이다.

식약청의 한 사무관이 보도 자료를 보고 나에게 제보해 주었다. 나는 투자 회사 측의 관련된 분들에게 전화를 걸어 보도 자료를 냈는가를 확인하니 대수로운 일이 아니라는 듯 얼버무렸다. 아직 보도 자료가 어떤 내용인지 확인하지 못했지만, 짐작건대 시신경 환자의 줄기세포 임상시험에 관한 보도 자료를 낸 것 같았다. 당시 나는 안과교수와 함께 시신경환자에 대한 줄기세포 임상시험을 추진해 오던 중이었다. 그러나 연구소 설립과 동시에 그동안 줄기세포를 공급받던 회사로부터 줄기세포를 공급이 어려워지자 시신경 임상시험은 우여곡절 끝에 또 다른 줄기세포 회사인 M사로부터 줄기세포를 공급받기로 하여서, 나와는 사실상 직접적인 관계가 없던 상황이었다.

그런데 나에게 허락은커녕 일언반구 상의도 없이 시(視)신경 줄기세포 임상시험에 관해 보도 자료를 냈다고 하니 황당하기 이를 데 없는 것이었다. 나는 보도 자료를 철회하도록 요구하였다. 그러나 잠시 후 한 경제신문사로부터 보도 자료에 대한 확인 전화가 왔다. 나는 기자에게 사실관계를 설명하면서 보도자료 철회를 요구하였고, 그 신문사에서는 기사화하지를 않았다. 하지만 나에게 확인전화를 해 오지 않았던 또 다른 인터넷 신문에 다음 날 기사가 나간 것이다. 나는 인터넷으로 기사를 읽고 기절초풍하지 않을 수 없었다.

기사내용은 <맹인이 눈을 뜨게 하는 치료법을 개발하였다>는 것이다. 즉 자신들의 회사에서 투자한 (주)OO 연구소 S 교수가 맹인의 눈을 뜨게 하는 치료법을 개발하여 내년쯤 상용화가 가능하고, 구체적인 진행과정으로 이미 식약청에 임상시험이 승인이 되어 언제쯤 임상시험이 진행이 될 예정이라는 것이었다. 나는 이 문제가 주식투자자들의 이해관계로 발전할 수 있겠다는 것을 직감할 수 있었다. 그동안 나의 연구실에는 투자자라고 하는 분들이 전화를 해서 언제쯤 좋은 결과가 나오느냐, 임상시험은 언제 하느냐 등의 문의를 해 오곤 하였다. 투자자들은 식약청에까지 전화해서 척수손상 줄기세포 임상시험을 왜 승인해 주지 않는 것이냐는 항의를 하기도 하였다. 그래서 나는 언론보도가 주가와 직결된 문제임을 본능적으로 느꼈다. 당시 투자를 해 준 회사의 주가가 연일 오르고 있었던 때였다. 나는 언론보도가 나간 다음 날 투자를 해 준 회사의 대표이사 앞으로 언론보도 정정요청과 함께 나의 허락과 동의도 없이, 아무런 사전 문의도 없이 연구내용을 임의로 보도한 사실을 항의하는 항의서신을 내용증명으로 보냈다. 만일의 사태에 대비하여 나를 보호하기 위한 최소한의 수단이었다. 나는 언론보도가 나가기 전에 이미 그분들에게 시신경 줄기세포 임상시험 건은 보도할 내용이 아니라고 하는 사실을 얘기하였다. 보도 자료가 나갔다는 제보를 받고는 보도자료 철회를 요구하였다. 그리고 인터넷으로 신문기사를 확인하자마자 신문사에 전화를 걸어 항의와 책망을 하면서 기사 내용을 삭제 할 것을 요구하였다. 그런데 어찌 된 영문인지 나의 요구와 항의는 받아들여지지 않았다. 이제 내가 할 수 있는 최소한의 자기 방어는 항의서한을 내용증명으로 보내는 것이었다. 그리고 며칠 후에 다른 신문에 그 기사가 허위 보도라고 하는 기사가 떴다. 이미 식약청에 사실 관계를 확인해 본 후에 기사를 작성한 듯하였다. 그리고 나에게도 그 기사를 실은 기자로부터 인터뷰 전화가 왔다. 나는 있는 그대로 얘기를 해 주었고, 내용증명을 보내 항의하였다는 말도 해 주었다. 결국, 처음 보도 자료를 내고 신문기사를 실었던 투자회사 측은 경찰과 금융감독원, 그리고 검찰의 조사를 받게 되었다. 나 역시 경찰의 방문조사와 금융감독원의 방문조사를 다섯 시간 이상 받게 되었다. 금융감독원이 마침내 관련자 여섯 명을 검찰에 고발하면서, 나는 참고인 자격으로 검찰의 소환조사를 받게 되었다. 어느 날 서울중앙지검에서 전화가 왔다. 출석을 요구하는 전화였다.

처음에 중앙지검에 출석할 때는 가벼운 마음으로 올라갔다. 내용증명을 보여 주며, 사실관계를 있는 그대로 얘기해 주기만 하면 나는 금방 조사가 끝나고 나와는 무관한 사건이 될 것으로 생각하였다. 그런데 나의 기대는 어긋났다. 나는 무려 13시간 동안의 조사를 받으면서 거의 녹초가 되고 말았다. 검사실에 들어가니 검사는 나에게 상당히 예우를 갖추어 주는 인상을 받았다. 조사관도 존칭어를 쓰면서 깍듯이 예우를 갖추었다. 그러나 밤 11시까지 계속되는 조사를 받으면서, 나는 지치고 또 너무나 힘들었다. 조사를 마치고 어두운 중앙지검 건물을 걸어 나오는데, 나도 모르게 눈물이 났다. 힘들었다. 중앙지검의 출석요구는 한 번으로 끝나지 않았다. 두 번째는 다섯 시간 동안 조사를 받았다. 세 번째 출석 때에는 대질심문을 받았다. 이때도 여덟 시간 이상의 조사를 받았다. 그리고 나는 모든 조사가 끝나고 일이 종결되었다고 생각하였다.

그런데 2007년 9월 어느 날 추석을 앞두고 중앙지검 검사실로부터 전화가 왔다. 담당검사와 조사관이 바뀌었다. 조사관이 나에게 출석을 요구하면서 <교수님도 어느 정도 관련이 되어 있으니 나와 주셔야 하겠습니다.> 하는 것이었다. 전화를 끊자마자 불길한 예감이 들었다. 이전과는 전화상으로 전해 오는 느낌이 달랐다. 이곳저곳을 수소문하여 도대체 그 사건의 전개가 어떻게 되어 가고 있기에 한두 번이 아니고 네 번째나 나를 참고인으로 부르는가를 알아보았다. 아는 인맥을 통해서 검사실의 분위기를 알아본 것이다. 다행히 고검에 계시는 한 분을 통해서 소상하게 그 내막을 들을 수 있었다. 현재 나의 신분은 참고인이 맞는데, 피내사자의 신분이기는 하지만 언제든 피의자로 바뀌게 될 가능성이 있다는 것이다. 그 배경이 최근에 조사를 받은 피의자가 나를 물고 늘어지고 있고, 책임을 나에게 떠넘기고 있다는 것이다. 그리고 매우 중요한 조언을 해 주었다. 즉 진술서를 작성하여 가지고 가서 임의 제출 형식으로 제시하면 많은 도움이 될 것이라는 것이다. 그분은 작성 양식에서부터, 조사를 받을 때 흥분하지 말 것과 상대방과의 대질심문에서 불리한 내용이 나오면 적극적으로 대처하라고 하였다. 그래서 나는 그분이 가르쳐 준 대로 A4용지에 글씨크기 14호로 약 100여 쪽의 내용을 만들어 제본해 가지고 올라갔다.

나는 3년 전의 일들을 서술하면서 나의 교수수첩을 전적으로 의지하였다. 나는 기록하는 습관이 있다. 거의 모든 것을 기록하고자 한다. 그래서 나의 손에는 항상 교수수첩이 들려 있다. 누구와 식사를 하다가도 메모해야 할 내용이 있으면 그때그때 기록한다. 이런 습관 덕분에, 3년 전 연구소를 시작하면서 있었던 모든 과정들과 사건들이 내 교수수첩에 소상이 날짜와 시간, 장소, 대화내용까지 기록이 되어 있었다. 나는 사실에 근거한 기록을 무려 100여 쪽 서술하였다. 몇 년 몇 월 며칠 몇 시, 어디에서 누구와, 어떤 내용을 대화하였는지가 분 단위까지 기록이 되어 있었다. 조사관도 나의 수첩을 참고한다고 해서 수첩을 빌려 주었다. 나중에 안 일이지만 내 수첩에 수사의 매우 중요한 단서가 되는 사건의 날짜가 기록되었다고 전해 들었다. 나는 100여 쪽의 진술서를 작성하느라 추석연휴 3일 동안 시골 부모님 댁에 내려가지 않고 광주에 머물면서 글만 썼다. 이렇게 장문(長文)의 글이 효력이 있었던지 2008년 2월 어느 날 중앙지검으로부터 전화가 왔다. 맡겨 놓은 수첩을 찾아가라는 것이었다. 다시는 가고 싶지 않은 곳이었지만, 학회참석 차 서울에 갔을 때 제과점에서 롤빵을 하나 사 들고 중앙지검 검사실을 방문하였다.

세상을 살아가면서, 이처럼 나와는 전혀 무관한 일로도 이렇게 고생을 하게 되었다는 생각을 하니 참으로 씁쓸하였다. 나는 검찰에 불려 다니는 동안 또 하나의 사실을 알게 되었다. 네 번째 검찰의 출석요구를 받게 되자 주변에서는 변호사를 선임하라는 충고를 많이 해 주었다. 그래서 평소에 잘 알고 있던 변호사를 통해서 서울 로펌에 있는 변호사를 소개받았다. 검사장 출신이라고 하는데 매우 유명하다고 하였다. 그런데 문제는 변호사 선임료였다. 일단 사건의 전모를 대략 파악한 변호사는 나에게 변호사 선임료로서 수천만 원을 제시하였다. 그것으로 끝나는 것이 아니라 성공하였을 때의 성공사례금으로 또 수천만 원을 제시하였다. 약 6천여만 원 이상의 비용을 제시하였다. 나는 대학교수로서 만일의 하나 기소를 당하거나, 혹은 재판을 받아 죄가 있다는 판결이 나오면 교수직을 유지할 수 없다. 이런 측면에서 보면 변호사 선임료가 아무리 비싸더라도 울며 겨자 먹는 식으로 변호사를 선임하는 것이 좋을 것 같았다. 주변에서는 변호사를 반드시 선임하라고 하는 충정어린 조언도 있었다. 그런데 아버지께서 조용히 말씀하셨다. 아버지께서 보시기에는 아직 참고인 조사를 받는 단계이므로, 좀 더 지켜보고 결정해도 좋겠다는 하셨다. 아버지는 기도하시는 분이다. 그래서 나는 아버지의 말씀대로 변호사 선임하는 문제를 일단 없던 것으로 하였다. 모든 일이 지나고 보니까 그때 아버지의 말씀이 옳았다.

44

설교자의 고뇌

학창시절의 꿈이었던 설교자의 사역을 감당하게 되었으나 설교자로서의 삶이란 그렇게 만만한 것이 아니었다. 매 주일 한 편의 설교를 준비하여 주일날 메시지를 전하는 것이 어려운 일이 아니라, 설교자의 삶이란 실제로 목자의 삶을 살아야 하는 것이 쉽지 않았다. 설교자에게 생명은 하나님의 말씀을 바로 증거하는 일이다. 설교자는 메신저이다. 자신의 사상을 전하는 것이 아니라 하나님의 말씀을 대언하는 자이다. 그래서 메신저는 하나님의 말씀을 정확하고 바르게 이해하는 것이 가장 중요하며 또 이를 바로 전달하는 것이 중요하다. 하나님의 말씀을 변질시키거나 가감해서는 안된다. 자기생각과 틀리다고 해서 자기 생각대로 각색을 해서도 안된다. 더 나아가 하나님의 말씀의 깊은 의미와 영적 부요를 충만하게 드러냄으로써 성도들의 영혼을 살찌우고 강건하게 하는 사명이 있다. 메신저가 성경 하나님의 말씀에 대한 이해가 부족하여 충만한 의미를 드러내지 못한다면 메신저로서의 역할을 다하지 못한 것이다. 그런데 설교자도 허물과 죄가 있는 인간이다 보니 하나님의 말씀을 때로는 변질시키는 우(愚)를 저지르기도 하고 알고도 바른 진리를 분명히 증거하지 못하는 경우도 있다.

나의 메시지에 중대한 변화가 일기 시작한 것은 2006년 초였다. 계기는 평소 친분을 맺고 가까이 지내는 J 목사님과 성경을 공부하면서 평소에 나의 신학적 입장과 부딪히는 부분이 나오면서 부터였다. 맨 처음 문제가 되는 부분은 율법문제였다. 나는 율법이 예수님이 오시면서 폐하여졌다고 알고 있었다. 우리가 율법으로는 의롭다 함을 받지 못하기 때문에 율법의 행위가 아니라 믿음으로 구원을 받는다. 그래서 예수 그리스도를 믿는 자들은 이제 율법에 매이지 아니하고 은혜의 법 곧 성령의 인도하심을 받는다. 동시에 율법은 너무나 높고 고상한 법이어서 인간은 스스로의 힘으로 율법을 지킬 수가 없다. 따라서 율법을 지키려고 하는 노력은 신약시대에 와서 예수 그리스도를 믿는 믿음과 은혜로 바뀌었다고 생각하고 있었다. 또한 율법은 우리가 다 지킬 수도 없고, 율법의 역할은 우리가 죄인임을 알도록 하는 데 있다고 믿었다. 그런데 예수님은 율법이 폐하여지지 않았다고 하셨다. 나는 성경을 새롭게 공부하면서 율법에 대한 바른 이해를 하게 되었다. 율법에 대한 성경적이고 바른 정의가 필요하다. 그럼에도 불구하고 많은 사람들이 이 율법에 대한 바른 지식이 부족하다.

두 번째 중요한 문제가 바로 한 번 구원은 영원한 구원인가 하는 점이었다. 나는 로이드 존스의 견인이론에 영향을 받아 한 번 구원받은 성도의 타락은 없다고 믿고 있었다. 그러나 성경을 주의 깊게 살펴보니 그것이 아니었다. 즉 믿는 성도라도 타락하여 버려

질 수 있으니 구원을 이루기 위해서 힘써서 싸우라는 말씀이 너무나 많이 나오는 것이었다. 출애굽 당시 이스라엘 백성들은 하나님의 백성들이었다. 즉 오늘날로 말하면 믿는 성도들이었다. 그러나 이스라엘 백성들 중 다수가 광야에서 죽고 약속의 땅 가나안에 들어가지 못했다. 이는 곧 믿는 자라도 신앙생활 중에서 타락하면 구원을 얻지 못한다는 말이다.

세 번째 믿음의 진정성 문제였다. 즉 진정한 믿음이란 믿음에 따르는 증거가 나타나야 한다는 것이다. 믿음 만큼이나 애매모호한 말도 없다. 그래서 어떤 사람은 예수님을 믿는다고는 하는데, 실제로는 예수님의 제자로 살아가지도 않고, 예수님의 말씀이 생명이요 진리임을 확신하지도 못하는 것이다. 진정으로 예수님을 믿는다는 것은 믿음의 증거인 믿음의 행위가 나타나야 한다. 또, 진정으로 예수님을 믿는다는 것은 입술로만 주여, 주여 부르짖는 자가 아니라 하늘에 계신 아버지의 뜻대로 행하는 자이다. 예수님을 믿는다는 것은 예수님을 임금과 구주로 모시고 따르는 생활이다.

넷째, 설교자는 회개와 심판을 가르쳐야 한다는 것이다. 나는 그동안 설교란 듣는 자들에게 하나님 나라의 영적 빛을 비추는 일이라고 생각하였다. 또 설교란 상처입은 영혼들에게 위로와 소망과 하나님의 사랑을 전해 주는 일이라고 생각하였다. 그러나 설교자에게 더욱 중요한 일은 회개와 심판을 가르치는 일이다. 설교에서 회개와 심판을 가르치지 않는다면 그 설교자는 좁은 길을 가르치지 않고 넓은 길만을 가르치는 거짓 선지자이다.

다섯째, 사람의 교훈이 아니라 하나님의 말씀을 전하고 가르쳐야 한다는 것이다. 사람의 교훈이란 사람들의 지혜와 생각에서 온 것들이다. 반면에 하나님의 말씀은 하나님께로부터 온 말씀이다. 신학이론이나 교리, 어느 단체의 철학, 이념 등이 바로 사람의 교훈이다. 하나님 말씀 자체를 증거해야지 사람의 지혜와 생각으로 각색한 교훈을 가르친다거나 교리와 신학이론을 성경 하나님의 말씀보다 앞세우지 말아야 한다는 것이다.

J 목사님과 성경을 공부하면서 기존에 내가 알고 있던 신학적 기초와 다른 점들에 대해서 나는 갈등하고 고뇌하기 시작하였다. 한동안은 J 목사님의 가르침이 잘못된 교리라고 생각하고 관계를 끊은 적도 있었다. 이러한 갈등의 시간은 6개월이나 계속되었다. 기독교서점에서 수많은 구원론 관련 책들을 사다 읽으면서 고민하고 숙고하였지만 이 문제를 해결할 수 없었다. 나는 주일 메시지에 한 주(週)는 J 목사님에게서 배운 대로, 다른 한 주는 내가 기존에 알고 있던 내용대로 전하였다. 메시지에서 가르치는 바가 이리저리로 방황한 것이다. 그런데 어느 날 나에게 한 줄기 진리의 빛이 임했다. 서울 큰 믿음 교회 변승우 목사님의 설교를 들으면서 나의 지금까지의 갈등과 고뇌가 한순간에 사라지는 것을 체험하였다. 나는 변승우 목사님의 책을 읽고 설교를 들으면서 새로운 영적 기쁨을 누리게 되었다. 나의 설교는 확신을 얻게 되었다. 그런데 변승우 목사님이 설교 중에 하던 말이 현실로 나타나기 시작하였다. 진리를 제대로 증거하면 핍박이 있다는 것이었다. 진리를 제대로 선포하면 싫어하는 사람이 나오게 되어 있다는 것이다. 나의 설교가 바뀌자 불평하는 동역자들이 생겨났다. 신앙생활의 연륜이 가장 오래된 동역자들이었다. 이들은 나의 설교에 문제제기를 하였다. 설교가 이상하고 심지어는 이단 같다는 말까지 들려왔다.

나의 설교에 대한 불평과 불만이 쌓여 갔다. 급기야 한 동역자가 교회로 떠나더니 2007년 1월 첫 주에는 두 가정이 예배에 나오지 않는 것이었다. 나는 이들 중 한 가정을 광주 2부로 가서 예배를 드리도록 도왔다. 나머지 한 가정은 스스로가 광주 2부로 옮겼다. 나는 이 일로 마음에 큰 상처와 아픔을 맛보았다. 설교자로서 이 날까지 지내오면서 이토록 힘든 시간은 가져 보지 못했다. 설교단에 선다는 것이 너무나 힘들었다. 모든 것을 그만두고 싶었다. 하나님의 말씀을 바로 전하고자 하는 한 가지 일념 뿐이었는데, 메신저의 삶이란 이렇게 만만한 것이 아니라는 것을 절감하였다. 이렇게 가장 오래된 동역자들이 세 가정이나 떠나고 보니, 주위에서는 정말 나를 이상한 눈초리로 바라보는 느낌이었다. 설교에 무엇인가 문제가 있다고 의심하는 눈치였다. 다행히도 남은 동역자들은 더 이상 요동하지 않았다. 어린 동역자들이지만 묵묵히 나의 설교를 들어주고 불평 없이 신앙생활을 하는 것을 볼 때 큰 위로와 힘이 되었다. 나의 사역에 어려움의 광풍이 닥치자 그동안 다른 교회에 출석하고 계시던 부모님께서 광주 7부 예배에 참석하여 휑하니 빈자리를 메워 주셨다. 부모님이 그냥 자리만 지켜 주시는 데도 역사는 안정을 찾아가는 것을 보았다. 나의 심령도 서서히 안정을 찾기 시작하였다. 이제는 말씀을 전하는 나도 그렇고 주일예배 설교를 듣는 동역자들도 설교로 말미암아 힘든 시간은 지나갔다. 나는 더욱 큰 확신과 기쁨으로 하나님의 말씀을 증거하고 있으며, 동역자들도 나의 메시지를 듣고 은혜를 받는다.

45

멈 출 수 없 는 길

　　의과대학 시절 나의 꿈은 세계적인 의사가 되어 중풍병 환자, 사지마비 환자를 고치는 것이었다. 나는 이 꿈을 의과대학 시절 독일어 성경책에 기록하여 둔 것을 교수가 된 후에 발견하였다. "Ich will allen gelaemten heilen." 그리고 또 하나의 꿈은 위대한 메신저가 되는 꿈이었다. 메신저가 되어 하나님의 말씀을 선포하는 것이 학창시절부터 나의 가슴을 사로잡았던 꿈이었다. 의과대학 시절 나는 나의 꿈을 교과서 여기저기 적어 두기를 좋아했다. 지금도 그때 보던 해부학 책인 Gray anatomy를 보면 한자로 "중추신경계와 로마서 강해"라고 여기저기 낙서처럼 쓰인 것을 본다. 나는 일주일 중 엿새 동안은 열심히 환자를 보고, 주일에는 하나님의 말씀을 전해야 하겠노라고 다짐했다. 나는 학창시절과 군복무 시절, 그리고 전공의 시절에 이어 교수가 되고서도 이 꿈을 한 번도 놓아 본 적이 없었다. 나의 가슴속에는 항상 이 꿈이 활화산처럼 활활 거리며 불타고 있었다. 현재 나는 이 꿈을 향해 달려가고 있는 중이다.

실제적으로 광주 7부 사역에 대한 하나님의 부르심은 나에게 놀라운 은총이다. 하나님은 나의 인생길에서 몇 번의 부르심으로 나를 찾아오셨다. 맨 처음은 대학 1학년 때 처음 대학생 성경읽기선교회(UBF)로 발걸음을 인도하신 때이다. 당시는 생각하기를 내가 스스로 이곳을 찾아왔다고 믿었다. 그러나 인도하심에는 하나님의 계획과 섭리가 있었다. 두 번째는 의과대학을 졸업하고 군복무하던 때이다. 군복무 3년째 되던 해, 8·15 광복절 기념철야 기도회가 있었다. 그 밤에 나와 사라동역자는 동일한 하나님의 부르심을 들었다. 대학생성경읽기선교회로 부르시고, 이 시대 젊은이들을 위한 사명을 새롭게 깨닫도록 하셨다. 세 번째는 전공의 과정이 끝나고 산부인과 의사로서 나의 진로를 고민하던 때였다. 전공의 4년차 시절, 나는 진로를 놓고 기도하였다. 그동안은 대학병원에서 전공의 과정을 하고 있었기 때문에 UBF 사역에 동참할 수 있었지만, 이제 수련을 마침과 동시에 근무처가 어디냐에 따라 시골이든 다른 도시든 가야 할 상황이었다. 그런데 하나님은 나를 조선대학교 교수로 불러 주셨다. 이때 하나님이 나를 교수로 불러 주시지 않았다면 나는 아마도 시골 어느 작은 병원에서 산부인과 과장을 맡아서 일하고 있었을 것이다. 하나님은 나의 진로를 친히 인도하셨다. 내가 모교의 교수가 되어 캠퍼스에 머물게 된 사건이야말로 하나님이 나를 이 사역 가운데 부르신 가장 확실한 증거였다. 하지만 캠퍼스 목자로서 설교자의 사역을 감당해 나가는 동안 나는 순간순간 한계를 느낀다. 때로는 부르심에 대한 확신이 흔들리는 경우도 있다. 이럴 때면, 다시 하나님께 나아가 조용히 하나님의 음성을 기다리며 나의 실존을 하나님 앞에서 직시하고자 한다. 하나님은 그때마다 부르심을 새롭게 해 주시고, 이 사역의 존귀함과 엄중함을 말씀하신다. 위대한 메신저라고 하기에는 현재 섬기고 있는 사역이 너무 초라하다. 그러나 하나님은 나에게 말씀 진리를 선포하는 일과 이 일에 대한 확신과 긍지를 계속해서 부으시고 북돋워 주신다.

분명히 나에 대한 하나님의 부르심은 교수로서 부르심과 동시에 설교자로서의 부르심이다. 하나님은 나에게 교수로서 감당해야 할 중차대한 연구사명도 부여하셨다. 줄기세포 치료를 통한 척수손상의 정복을 위해서 줄기세포 치료제를 개발하는 일이다. 오바마가 미국 대통령에 취임하면서 배아 줄기세포의 연구가 다시 재개되고 탄력을 받고 있으며, 한국도 배아줄기 연구뿐만 아니라 인간 체세포 복제배아 줄기세포의 연구를 조건부 허용하게 되었다. 배아 줄기세포와 체세포 복제배아 줄기세포 연구는 인류의 재앙이다. 인간 복제라는 넘어서는 안 될 영역을 침범하는 행위이다. 하나님은 인간복제를 기뻐하지 않으신다. 인간복제는 인간의 욕심을 이용한 사단적인 프로젝트이다. 내가 연구하는 성체줄기세포의 중요성과 의의가 바로 이러한 맥락 가운데 있는 것이다. 성체 줄기세포를 통한 불치 및 난치 질환의 치료가 성공해야 하는 이유도 여기에 있다. 인간 체세포 복제를 주장하는 사람들의 명분은 난치병의 치료인데 사실 난치병의 치료라고 하는 명분 때문에 인류는 치명적인 범죄행위를 하게 되는 것이다. 그 범죄 행위란 하나님의 영역인 생명 창조의 문제를 인간의 욕심과 기술로 접근하려는 것이다. 결국, 인간 체세포 복제배아는 인간복제로 이어지고, 인간복제는 복

제인간의 출현으로 이어질 것이다. 복제인간의 출현은 곧 인류의
재앙이 되는 것이다. 그러므로 성체줄기세포를 이용한 불치 및 난
치질환의 정복은 인간복제를 막는 역할을 하는 것이다. 나의 연구
가 하루빨리 빛을 보아야 할 이유가 여기에 있다.

송창훈

▌약 력

순천중고등학교졸업
조선대학교 의과대학 졸업
육군군의관
산부인과 전문의
전남대학교 대학원 의학박사
미국 시카고 University of Illinois at Chicago
산부인과 방문교수
현, 조선대학교 의과대학 교수, 산부인과 과장
대학생성경읽기선교회(UBF) 광주7부 책임목자
(주)JB줄기세포연구소 대표이사

▌주요논문 및 저서

산과학(대한산부인과학회)
고위험임신(조선대학교출판부)
조산아 관리현황과 정책연구(집문당)
현대의학이 직면한 패러다임의 변화(한국학술정보(주))
글쓰기로 세계를 정복하라(이담북스)
파로호의 젊은 함성(한국학술정보(주))

꿈을 향한 도전

초판인쇄 | 2009년 8월 28일
초판발행 | 2009년 8월 28일

지은이 | 송창훈
펴낸이 | 채종준
펴낸곳 | 한국학술정보㈜
주 소 | 경기도 파주시 교하읍 문발리 파주출판문화정보산업단지 513-5
전 화 | 031) 908-3181(대표)
팩 스 | 031) 908-3189
홈페이지 | http://www.kstudy.com
E-mail | 출판사업부 publish@kstudy.com

등 록 | 제일산-115호(2000. 6. 19)
가 격 | 14,000원

ISBN 978-89-268-0307-3 03040 (Paper Book)
      978-89-268-0308-0 08040 (e-Book)

이담 books 는 한국학술정보(주)의 지식실용서 브랜드입니다.